思想政治教育研究文库

大数据时代
高校思想政治教育工作创新研究

张 强 著

九州出版社
JIUZHOUPRESS

图书在版编目（CIP）数据

大数据时代高校思想政治教育工作创新研究／张强著．－－北京：九州出版社，2023.3
ISBN 978-7-5225-1734-6

Ⅰ.①大… Ⅱ.①张… Ⅲ.①高等学校—思想政治教育—研究—中国 Ⅳ.①G641

中国国家版本馆 CIP 数据核字（2023）第 054345 号

大数据时代高校思想政治教育工作创新研究

作　者	张　强　著
责任编辑	姬登杰
出版发行	九州出版社
地　　址	北京市西城区阜外大街甲 35 号（100037）
发行电话	（010）68992190/3/5/6
网　　址	www.jiuzhoupress.com
印　　刷	唐山才智印刷有限公司
开　　本	710 毫米×1000 毫米　16 开
印　　张	14.5
字　　数	235 千字
版　　次	2023 年 3 月第 1 版
印　　次	2023 年 3 月第 1 次印刷
书　　号	ISBN 978-7-5225-1734-6
定　　价	95.00 元

★版权所有　侵权必究★

目 录
CONTENTS

第一章　大数据时代高校思想政治教育工作创新背景与发展概述 ………… 1

 第一节　大数据时代高校思想政治教育工作创新背景 ………… 1

  一、"网络强国"的建设目标号召高校思想政治教育工作要与时俱进 …… 1

  二、全民参与的信息化变革倒逼高校思想政治教育工作革故鼎新 ……… 1

  三、大数据的技术应用加速了高校思想政治教育工作迭代升级 ………… 2

 第二节　大数据时代高校思想政治教育工作创新重要意义 ………… 3

  一、理论意义 ………… 3

  二、实践意义 ………… 3

 第三节　大数据时代高校思想政治教育工作创新研究问题与文献综述 … 4

  一、研究主要问题 ………… 4

  二、文献可视化分析 ………… 5

  三、国内外研究现状述评 ………… 10

 第四节　大数据时代高校思想政治教育工作创新研究的思路框架 …… 16

  一、研究的总体思路 ………… 16

  二、研究的主要内容 ………… 17

第二章　大数据时代高校思想政治教育工作创新的核心概念阐释与
**　　　　理论概述** ………… 21

 第一节　大数据时代高校思想政治教育工作创新的相关概念阐述 …… 21

  一、大数据时代 ………… 21

  二、大数据时代高校思想政治教育工作的内涵 ………… 23

  三、大数据与高校思想政治教育工作的关系 ………… 24

 第二节　相关理论基础 ………… 25

  一、马克思主义关于人的全面发展学说 ………… 25

  二、思想政治教育环境理论 ………… 27

  三、大数据驱动决策理论 ………… 28

第三章　大数据时代高校思想政治教育需求调查 ········ 32
第一节　大数据时代高校大学生思想政治状况概况 ········ 32
一、大学生思想政治状况的解读 ········ 33
二、大学生思想政治状况的界定 ········ 33
三、大学生思想政治状况的概况 ········ 34
第二节　大数据时代大学生思政教育状况的实证调查 ········ 46
一、学生对大数据时代高校思想政治教育认知情况 ········ 47
二、学生对大数据时代高校思想政治教育认知的交叉分析 ········ 51
第三节　教师对大数据时代高校思想政治教育认知情况 ········ 75
一、教师对大数据时代高校思想政治教育总体认知 ········ 75
二、教师对大数据时代高校思想政治教育的认知交叉分析 ········ 80

第四章　大数据时代高校思想政治教育工作供给现状 ········ 113
第一节　思想理论教育与价值引领 ········ 113
一、思想理论教育与价值引领的意义 ········ 113
二、大数据时代思想理论教育的探索 ········ 114
第二节　班级建设 ········ 115
一、班级建设和学生骨干培养的现状 ········ 116
二、大数据时代班级建设和学生骨干培养的对策 ········ 117
第三节　学风建设 ········ 120
一、大学生学风建设问题分析 ········ 120
二、大数据时代学风建设的思考 ········ 122
第四节　心理健康教育 ········ 124
一、大学生心理健康教育的问题分析 ········ 125
二、以协同理念构建大数据时代高校心理健康教育体系 ········ 126
第五节　网络舆情与危机事件处理 ········ 129
一、高校大学生网络使用现状 ········ 129
二、存在的问题分析 ········ 131
三、高校网络舆情与危机应对的路径分析 ········ 132
第六节　职业价值观教育 ········ 136
一、大学生职业价值观培育的社会价值 ········ 136
二、大数据时代职业价值观培育的策略分析 ········ 137

第五章 大数据时代高校思想政治教育工作存在的问题及成因 …… 143
第一节 大数据时代高校思想政治教育工作存在的问题 …… 143
一、立德树人的工作理念和模式不够明显 …… 143
二、思想政治教育工作大数据供给不新颖和采集难并存 …… 144
三、大数据时代高校思想政治教育工作展示与凝聚能力较弱 …… 145
四、大数据分析引发了高校思想政治教育的伦理困境 …… 148
五、专职专业的工作队伍不全面和制度建设难实施 …… 150
第二节 存在瓶颈原因分析 …… 151
一、大数据思维转变不到位 …… 151
二、大数据时代高校思想政治教育内容供给不精细 …… 151
三、吻合大数据的思想政治教育工作方法不健全 …… 152
四、高校思想政治教育工作大数据平台建设滞后 …… 153
五、高校大数据思想政治教育工作人才队伍建设不完善 …… 153
六、大数据时代高校思想政治教育工作体制机制不协调 …… 154

第六章 大数据时代高校思想政治教育工作目标构建 …… 155
第一节 大数据时代高校思想政治教育工作的场域环境 …… 155
一、大数据时代高校思想政治教育工作创新面临的机遇 …… 155
二、大数据时代高校思想政治教育工作创新面临的挑战 …… 157
第二节 大数据时代高校思想政治教育工作创新的目标定位 …… 159
一、大数据时代高校思想政治教育工作创新的总体设计 …… 159
二、大数据时代高校思想政治教育工作创新的基本原则 …… 160
三、大数据时代高校思想政治教育工作创新的具体目标 …… 162
四、大数据时代高校思想政治教育工作创新的关键领域 …… 165

第七章 大数据时代高校思想政治教育工作方法创新 …… 172
第一节 大数据时代高校思想政治教育工作方法创新的必要性 …… 172
一、提升大学生思想政治教育科学性的要求 …… 172
二、满足高校思想政治教育工作信息化的需求 …… 173
三、实现高校思想政治教育个性化培育的需要 …… 173
四、增强大学生思想政治教育有效性的需要 …… 174
第二节 大数据时代高校思想政治教育工作方法创新的内涵及特征 …… 174
一、思想政治教育方法 …… 174

二、大数据时代高校思想政治教育工作方法创新 …………………… 175
第三节　大数据时代高校思想政治教育工作方法创新的维度 ……… 177
一、高校思想政治教育工作认识方法的创新 …………………… 177
二、高校思想政治教育工作实施方法的创新 …………………… 179
三、高校思想政治教育工作调节评估方法的创新 ……………… 182
第四节　完善高校思想政治教育工作方法创新的实践路径 ………… 184
一、树立高校思想政治教育工作大数据挖掘思维 ……………… 184
二、完善高校思想政治教育工作大数据平台 …………………… 185
三、加强高校思想政治教育工作大数据人才队伍建设 ………… 186

第八章　大数据时代高校网络思想政治教育工作模式创新 …………… 187
第一节　大数据时代高校网络思想政治教育工作模式创新内涵 …… 187
一、高校网络思想政治教育工作模式创新 ……………………… 187
二、网络思想政治教育工作及其构成要素 ……………………… 188
第二节　高校网络思想政治教育工作实践模式优化路径 …………… 189
一、"四位一体"融合发展 ………………………………………… 190
二、"五大功能"创新导向 ………………………………………… 192
三、"六大保障"创新优化 ………………………………………… 195

第九章　大数据时代高校思想政治教育工作协同机制创新 …………… 200
第一节　高校思想政治教育工作的协同效应的内涵及表征 ………… 200
一、高校思想政治教育工作的协同效应的基本内涵 …………… 200
二、高校思想政治教育工作的协同效应的实现表征 …………… 204
第二节　我国高校思想政治教育工作协同效应存在的主要问题 …… 210
一、思想政治教育工作的协同现状 ……………………………… 210
二、我国高校思想政治教育工作协同存在的主要问题 ………… 212
第三节　我国高校思想政治教育工作协同的实现机制及对策建议 … 214
一、多元协同:建构党委领导下多元共治思政权力结构与发展模式 … 214
二、过程协同:创新高校思想政治教育工作的协同制度体系 …… 215
三、系统协同:开拓高校思想政治教育工作的协同场域和平台 … 216

参考文献 ……………………………………………………………………… 218

第一章

大数据时代高校思想政治教育工作创新背景与发展概述

第一节 大数据时代高校思想政治教育工作创新背景

一、"网络强国"的建设目标号召高校思想政治教育工作要与时俱进

"网络强国""数字中国"的建设目标已经成为最新的国家战略，要求要加快发展数字经济，促进数字经济和实体经济深度融合。大数据工作已经成为国家战略的重要组成部分，是"网络强国"建设的重要抓手，提出了一系列保障网络安全、清朗网络环境、推动媒体融合发展等新部署。习近平总书记在全国宣传思想工作会议等重要场合中，提出要将网上舆论引导作为宣传思想工作的重中之重来抓，对高校网络思想政治工作具有很强的现实指导意义，也提出了新的更高要求。

"网络强国"的推进除了技术层面的理解，还应该从思想、文化等角度进行深入解读，大数据时代的高校思想政治教育工作是其中应有之义。近年来，互联网络发展迅猛，已经成为思想交锋的角斗场和政治较量的主阵地，新老问题相互交织、热点难点相互影响，为此，大数据时代高校思想政治教育工作必须跟进。大数据场域是高校思想政治教育工作的重要领域和实践阵地，要想占领网络舆论阵地的制高点，高校网络思想政治工作的排兵布阵、推陈出新就显得尤为重要。

二、全民参与的信息化变革倒逼高校思想政治教育工作革故鼎新

根据中国互联网络信息中心发布的历年《中国互联网络发展状况统计报

告》发现，从2015年开始，我国互联网普及率已超过50%，而截至2020年3月，我国网民规模为9.04亿，短视频用户规模已达7.73亿，其中学生群体居多，20~29岁的大学生占比21.5%[①]，PC青年学生向移动终端的快速转移更是推动了全民信息化时代的到来，人人都有麦克风、人人都具发言权，无限激发了青年学生的主动性和创造性。

网络信息无所不及，网络产品层出不穷，扩充了高校网络思想政治工作模式的素材库，但同时意味着青年学生对网络思想政治工作模式的接受和认同起点也水涨船高，这无疑给网络思想政治教育工作提出了更高的要求。网络信息海量庞杂、琳琅满目，网络思潮多样多变、交融交锋，网络舆论众声喧哗、裂变传播，能不能及时捕捉学生群体的声音，能不能迅速回应学生群体的诉求，能不能正确引导青年学生群体的价值观，能不能弘扬先进的网络文化，能不能传播中国好声音，能不能满足青年学生的思想文化需求，都需要网络思想政治工作根据现实需求进行升级完善、革故鼎新。

三、大数据的技术应用加速了高校思想政治教育工作迭代升级

大数据主要是指以各种载体散落在各种信息中的数据集合。当前，以体量大、多样性、价值密度低、快速化为主要特征。大数据已经成为推动社会发展的重要力量，影响了社会的方方面面。对社会重大舆情做好准确研判，大数据技术的参与应用必不可少。

大数据技术的兴起与广泛运用，也为高校思想政治教育工作创新提供了必要的技术支撑。如在舆情研判和舆论引导中，可以利用大数据技术，通过网络数据搜集的爬虫技术，全视角获取纯粹的事实、一手的材料，即不经过修饰、篡改的全部的事实性数据，做出准确的舆情研判[②]。通过对网络舆情进行监测预警和深度分析，可以帮助高校思想政治教育工作更具导向性，营造积极向上的网络空间；通过全面实时搜集网言网语的海量数据，能够使高校思想政治教育工作体系更接地气，更符合青年学生群体的上网习惯；通过建立系统化的大数据分析与应用模式，为高校思想政治教育工作提供量化决策依据。

---

① 中华人民共和国国家互联网信息办公室．第46次《中国互联网络发展状况统计报告》[EB/OL]．中国网信网，2020-09-29．
② 李希光．大数据时代的舆情研判和舆论引导[J]．思想政治工作研究，2014（1）：10-16．

第二节 大数据时代高校思想政治教育工作创新重要意义

一、理论意义

大数据时代高校思想政治教育工作的研究，具有重要的理论意义。首先，在大数据时代背景下研究大学生思想政治教育，进一步丰富了高校思想政治教育工作的内涵和外延，在思想政治教育理论中嵌入了大数据思维和方法，有利于提升高校思想政治教育工作的实效性。其次，基于马克思主义的思政理论、人的全面发展理论等开展深入的学理研究，建构了大数据时代的高校思想政治教育工作模式，拓展了教育学等学科的学术视野。最后，基于大样本的实证分析，对大数据时代高校思想政治教育工作的总体概况进行分析和判断，进一步丰富了高校思想政治教育的学术研究方法，使得思想政治教育方法更具有科学性。综上所述，这对现阶段高校思想政治教育工作具有重要的理论指导意义。

二、实践意义

大数据时代开展高校思想政治教育工作研究，具有重要的实践意义，主要表现在以下三个方面：一是在思想政治教育载体和渠道方面，实现了新探索。大学生思想政治工作的顺利开展，离不开教育中介、载体和渠道。传统的第一课堂为主体，第二课堂社会实践为补充的模式，存在一定的缺陷和不足。总体表现为相对固定单一，缺少灵活性，缺乏创新性，学生的接受度较低，这也影响了大学生思想政治教育的效果。大数据的应用增加了思想政治工作的灵活性和获取信息来源的多样化。学生的地位和角色发生了重大变化，从被动逐步转为主动，从集中培养到个性化培养。在大数据时代，大学生思想政治工作可以借助大数据思维和技术，如将微信、微博等新媒体广泛应用于高校思想政治教育工作中，实现教育载体的巨大创新，极大地提高了高校思想政治教育工作的效率和效果。高校可利用这些新载体和新渠道，及时了解学生的思想动态，开展针对性的高校思想政治教育工作。二是在内容和空间上，拓展了新领域。高校大学生思想政治教育工作，是利用各种思政工作载体，传播、影响、熏陶大学生的思想观念和价值理念的过程。在大数据时代，大学生思想政治工作的内容和空间不断拓展。与传统大学生思想政治工作的内容相比，吻合大数据时代特征的更多信息化内容成为思想政治工作的新内涵，大学生思想政治工作的教育信息资源不断丰富和拓展。另外，大数据有利于拓展大学生思想政治工作新空间。从第一课堂到第二课堂，再到大数据时代的"慕课""网课"等第三课堂，大学生思想政治工作的空间不断拓展。比如，通过对学生关注的词和词组的研究，可以找到学生思维扩散和思想传播的过程。对学生关注内容的大数据分析，是网络思想政治教育的重要内涵，其价值和意义日趋重要。三是增强了思想政治教育的有效性和针对性，体现了新价值。如何提高大学生思想政治教育工作有效性是当前高校思想政治教育理论研究者和实践工作者急需解决的现实问题。大数据的特殊性，可以有效地实现大学生思想政治教育工作的有效性和针对性。大数据已经成为高校思想政治教育工作者用之分析大学生思想和行为的"显微镜"，可以实现教育的精准化，以最快的速度找到问题的根源。

通过对学生行为的大数据分析，可以精准地掌握大学生的不同需求，高校可以提供个性化的思想政治教育，从而提高大学生思想政治教育工作的有效性。大学生思想政治教育工作的有效性和针对性是高校思想政治教育工作的生命线，它是实现大学生全面发展的关键。

第三节 大数据时代高校思想政治教育工作创新研究问题与文献综述

一、研究主要问题

聚焦于当前高校思想政治教育工作针对性和实效性这一根本问题，尝试从大数据的视角切入，通过认识、借助、整合和利用大数据，把握大学生思想变化趋势，分析大学生需求规律，创新高校思想政治教育工作策略，实现提升高校思想政治教育效果的最终目标。

二、文献可视化分析

（一）文献检索情况概述

使用中国知网对"大数据时代高校思想政治教育工作创新研究"的文献进行检索，使用主题关键词"大数据"和"思想政治教育"，检索时间范围为 2012—2022 年，文献来源类别限定为北大核心以及 CSSCI，文献检索范围为学术期刊，共检索到 504 条结果（检索时间为 2022 年 12 月 9 日）。

利用中国知网数据分析工具对所检索到的文献进行分析得到下图。从图 1-1 中可以发现，近十年来相关研究领域每年的发文量呈现波动上升趋势，2015—2017 年间上升趋势较快，近两年上升趋势有所放缓。从图 1-2 中可以发现，相关研究主题的研究主要在高等教育、教育理论与教育管理、思想政治教育三个学科下进行，表明教育学理论在该研究领域的主要理论。从图 1-3 中可以看出，近十年来相关文献的基金分布第一位为国家社会科学基金，第二位为教育部人文社会科学基金，基金等级都比较高，表明相关研究主题受到了国家有关部门的高度重视。

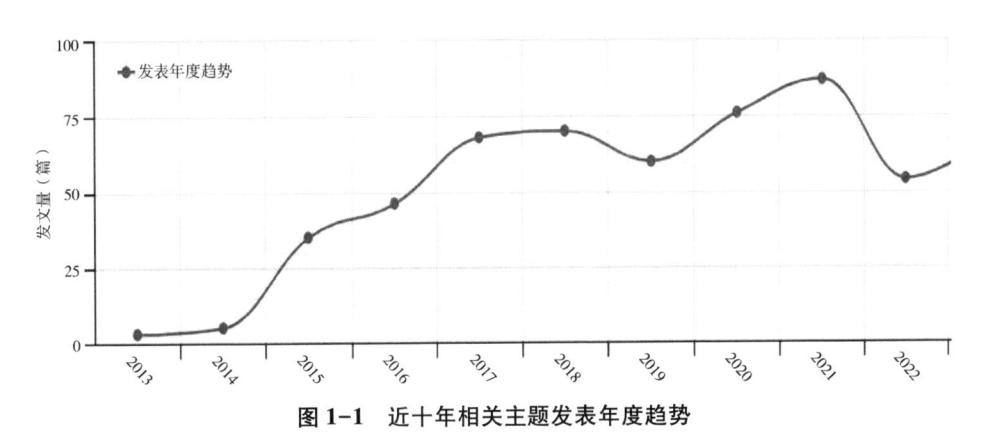

图 1-1　近十年相关主题发表年度趋势

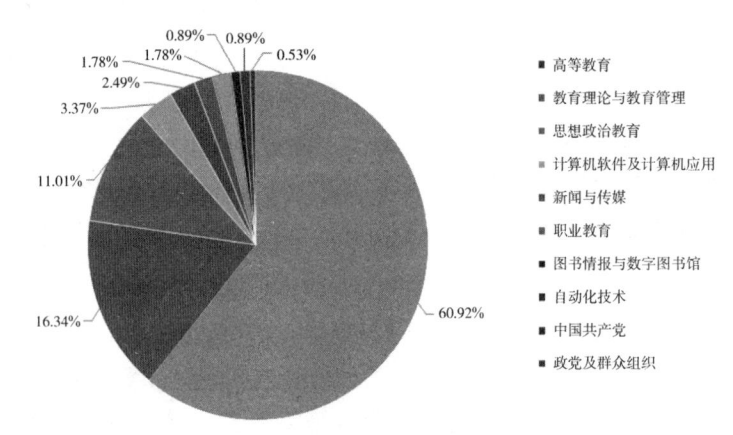

图 1-2　近十年相关主题文献学科分布

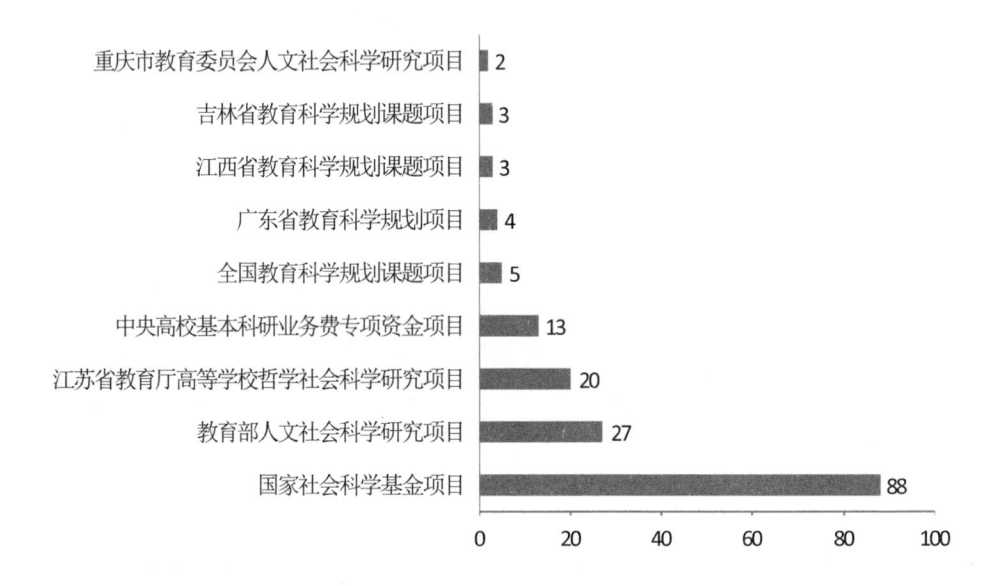

图 1-3　近十年相关主题文献基金分布

（二）文献可视化分析

将检索到的 504 篇文献以 RefWorks 格式导入 CiteSpace 软件进行可视化分析，CiteSpace 注重以树形图及连线等表示各个主题关系强弱，主要绘制研究当前领域的热点聚集图谱。

1. 文献作者及机构可视化共现

通过对近十年相关主题文献作者以及机构之间的合作以及发文数量进行量化分析并利用 CiteSpace 进行可视化呈现得到图 1-4 与图 1-5。在图 1-4 中，各个节点表示的是文献作者，节点之间的连线表示的是作者之间的合作关系，作者姓名字号越大，则该节点所代表的作者发表的文献数量越多；连线数量越多，表明作者间合作越紧密。在图1-4中，共有229个节点和44条连线，节点数量远大于连线数量，表明从近十年的文献来看，虽然从事相关主题研究的研究者数量较多，但相互之间的合作却较少。如在图1-4中，吴满意、冯刚、崔建西、刘宏达等学者发文量均较多，但相互之间却缺乏交流合作。吴满意、高盛楠等学者所组成的研究团队合作较密切，发文数量亦较多，研究主题围绕"精准思政"，但崔建西以及刘宏达等其他数量众多的学者均为个人单独发文，研究主题也各不相同。总的来说，相关主题的学者研究表现出明显的分散特性。

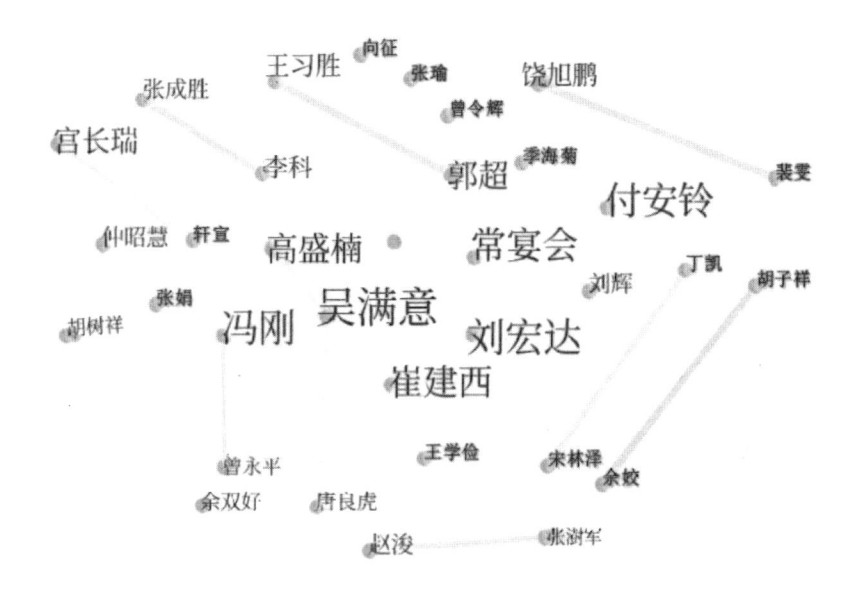

图1-4 作者共现图谱

在图1-5中，各个节点表示的是机构的文献发表数量，节点之间的连线表示的是机构之间的合作关系，节点表现为大小不等的同心圆环，其形状越大，则表明该机构发文越多；节点之间的连线数量越多，表明机构之间合作越紧密。在图1-5中，共有229个节点和76条连线，节点数量大于连线数量，表明相关主题的文献之中，机构之间的合作并不十分紧密，呈现较为分散的特性。

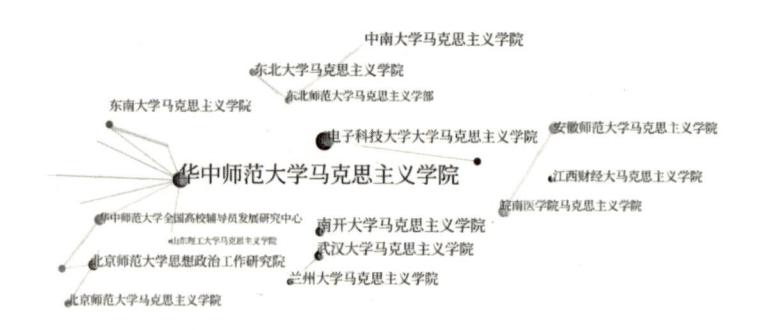

图 1-5　机构共现图谱

2. 研究热点可视化共现

将关键词作为节点，以对相关主题的研究热点进行可视化分析，得到如图 1-6 所示的研究热点可视化图谱。在图 1-6 中，各个节点分别代表一个关键词，共有 273 个节点以及 266 条连线，图中节点越大表明在所检索的 504 篇文献之中该关键词出现的频率越高。图 1-6 表明，在本次检索的 504 篇文献当中，"大数据""高校""大学生""创新""人工智能""精准思政"等关键词是受到研究者关注最多的主题。同时，图 1-6 中各个节点之间的连线也较为庞杂，这是由于关键词本身较多所造成的。

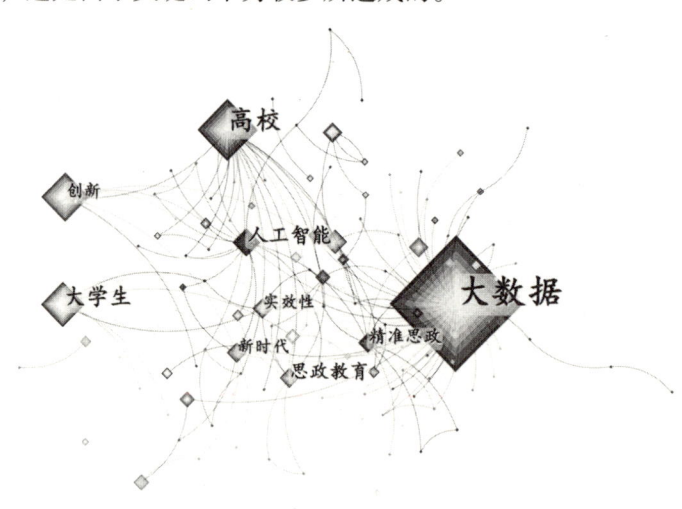

图 1-6　研究热点可视化图谱

通过 CiteSpace 软件的关键词聚类这一功能，将图 1-6 中联系较为紧密的关键词进行聚类分析，得到如图 1-7 所示的关键词聚类图谱。CiteSpace 依据网络结构和聚类的清晰度，提供了模块值（Q 值，即 Modularity）和平均轮廓值（S 值，即 Mean Silhouette）两个指标，当 Q 值>0.3 时，聚类结构就是显著的；当 S 值达到 0.5 就可认为聚类是令人信服的。图 1-7 左上角的数据显示 Q 值=0.7074，S 值=0.816，因此说明该聚类图谱的聚类结构十分显著，且结果令人信服。在图 1-7 中，聚类#0 围绕"大数据"展开，包含了新媒体、传播结构、微传播等研究关键词；聚类#1 围绕"高校"展开，包含了协同育人、圈层化、协同创新等研究关键词；聚类#2 围绕"新时代"展开，包含了守正创新、创新、变革等研究关键词；聚类#3 围绕"对策"展开，包含了新媒体、技术赋能等研究关键词；聚类#4 围绕"大学生"展开，包含了互联网、以人为本等研究关键词；聚类#5 围绕"思政教育"展开，包含了优化研究、有效途径等研究关键词；聚类#6 围绕"精准思政"展开，包含了创新发展、学科交叉等研究关键词；聚类#7 围绕"互联网+"展开，包含了信息安全、意识形态等研究关键词。

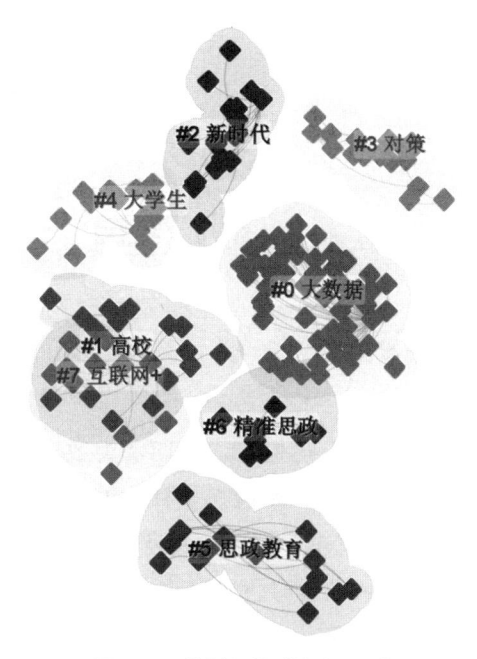

图 1-7 关键词聚类知识图谱

将关键词共现图转换成为关键词时序图谱，结合 CiteSpace 软件总结的 2012—2022 年出现的研究爆发点，对大数据时代高校思想政治教育工作创新研究的演变进行可视化分析。从图 1-8 中可以发现，2012—2013 年，围绕"新环境""新发展""大数据"形成第一波研究爆发点；2014—2015 年，围绕"互联网""微传播""协同管理"等关键词形成了第二波研究爆发点；2016—2020 年，围绕"价值观""易班""心理健康""亲和力""全面发展""媒介融合""精准思政"等关键词形成了第三波研究爆发点；2021—2022 年，围绕"主体意识""协同论""数据思政""技术赋能"等关键词形成了第四波研究爆发点。

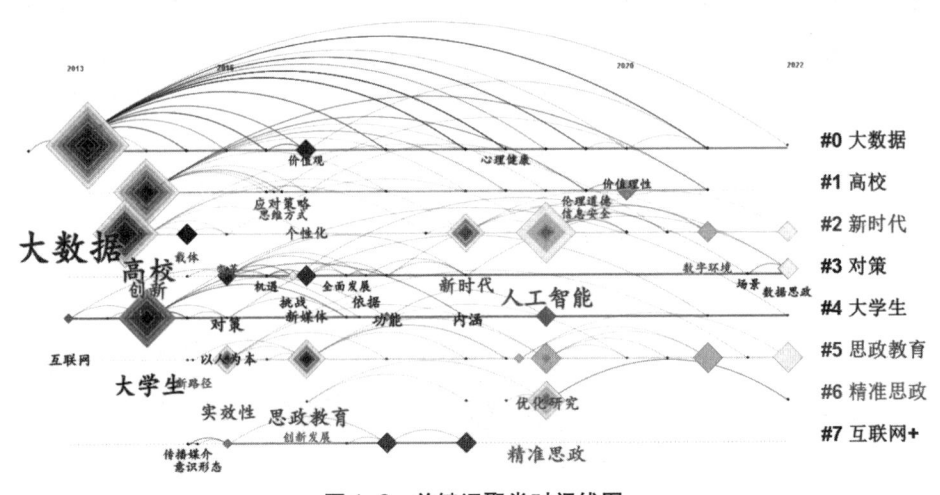

图 1-8 关键词聚类时间线图

三、国内外研究现状述评

（一）国外的相关研究

大数据时代最早由麦肯锡公司提出，他们认为数据是一种重要的生产要素，要积极地加以利用，数据已经渗透在全社会的各个行业中。英国学者维克托·迈尔-舍恩伯格和肯尼思·库克耶，是当前学术界研究大数据的西方代表性学者，他们在书中指出大数据时代已经来临，将会影响社会的方方面面，极大地改变了社会的生产方式和生活方式，将会推动社会的转型发展。大数据时代教育领域的变革也不可避免，要适时地调整教育思想、教育方法、教育载体来应对这种变革，从而提高教育的效果。

探索教育与大数据的融合，西方国家开展了丰富的研究和实践，以网络教育、教学最为典型和成熟，其中最具典型的是"慕课"的应用。"慕课"是最早开始探索大规模开展网络课程的简称，将课程进行数字化应用，构建课程网络数据库。全世界都可以通过互联网免费享用这些课程资源，极大地改变了传统的学习方式和教育方式，这种学习的数字化模式深深地影响着高校的思想政治教育工作，对思想政治教育工作的思维、方法、载体等都产生了重大的革新。

另外，西方学术界开展了大量的"大数据+教育"的相关研究，这为我国开展大数据和教育方面的创新研究提供了经验借鉴。这种大数据的布局发生在企业和政府等领域中，在西方的教育规划中也凸显了大数据思想。大数据与教育的融合发展已经成为主流态势，"大数据+教育"已经深入人心。首先，建立了大数据支撑的产、学、研决策支持系统。政府制定的大数据战略实现了大数据教育的政策和资金的保障，企业研究大数据转化为生产率，科研院所也积极将数字服务成果投入学校，如美国颁布的《大数据研究与发展倡议》，德国的"弗劳恩霍夫研究院"成立了大数据联盟，四年前日本的大数据行业规模达4200亿日元。其次，运用大数据促进教育事业高质量发展。无论是西方的"慕课"等课程模式，还是虚拟课堂、虚拟实验室等教学资源建设，都已经成为国内外高校重点发展的关键领域，成为推进教学改革，提升教学质量的重要载体，在教育的个性化、针对性和科学性等方面产生了重要作用。最后，大数据对精准开展思想政治教育研究提供了重要支撑。国外将大数据广泛应用于学生的监测和教育中，通过日常行为采集各类学习、就业、行为等数据，进行分类汇总和处理，生成个性化画像，这为进行精准教育提供了重要依据。

总之，国外学者对大数据的基本内涵与特征进行了深入的研究，对大数据时代的背景、作用和意义进行了再次强调，这为开展本研究提供了良好的研究基础。但现有国外研究，更多的是在实践层面进行探索，缺少在教育领域特别是思想政治教育领域的系统阐述，并且理论方面稍显不足。

（二）国内研究现状

国内关于数据方面的研究，起步较晚，成果较分散。近年来，政府和学术界日渐重视，大数据的应用和研究工作快速发展。国家高度重视大数据的相关应用，2015年国务院印发《促进大数据发展行动纲要》，对大数据的开发共享提出了框架设计，并对运用大数据推动资源整合、社会治理、创新发展、安全保障等方面进行了具体的部署和安排。我国科技部等国家部委专门部署了关于云计算、互联网的相关工作专项。国家相关研究机构，如国家哲社办、自然基金委等，将大数据相关内容列入各类研究计划和专项。全国各个省区市也高度重视大数据战略，认为这是促进当地经济社会发展的重要契机。如2013年《上海推进大数据研究与发展三年行动计划》发布，2014年广东省专门成立大数据管理局，积极进行大数据战略布局，制定区域战略规划。2015年，贵州成为首个大数据综合试验区，规划通过3—5年的努力，将贵州建设成全国大数据汇聚的应用高地、综合治理示范区、产业发展集聚区、政策创新先行区。中央和地方的大数据战略接连出台，这为大数据思维和方法在社会各个方面的推广和应用，提供了良好的政策环境。

国内学术界围绕大数据也展开了诸多研究。其中信息管理专家徐子沛是代表性学者之一，其著作《大数据》是国内比较早开展大数据研究的代表性著作，对大数据战略、治理和教育等进行了详细论证。陈谭等人著的《大数据时代的国家治理》一书，着重强调了大数据的研究、开发与利用，对于实现数据治国和数据强国的重要战略意义。随着大数据的发展，学界对高校思想政治教育工作领域的研究也日渐增多，主要表现在以下四个方面。

1. 关于大数据的相关研究

对大数据内涵的研究，国内学术界尚未形成统一的界定。在国外研究的基础上，国内学者结合我国国情，提出了自己的思考和理解。信息管理学者徐子沛[1]认为，大数据的容量和规模巨大，超出了传统意义上对数据信息的理解范围，需要积极地应对大数据带来的机遇与挑战。邬贺铨院士[2]认为，大数据的应用前景广泛，反映了最前沿的信息技术，可以促进经济社会发展，具有无穷潜力。常宴会[3]认为，大数据不仅是一种数据应用方法，更是一种反映社会变动、回应人们思想困惑的思维方式。周涛[4]认为，大数据具有重要的社会价值，是基于海量数据分析所带来的商业变革、教育理念、生活方式和思维观念的总和。

2. 大数据时代高校思想政治教育工作的机遇与挑战研究

一直以来，关于大数据时代对高校思想政治教育工作的影响，存在着机

---

[1] 涂子沛. 大数据[M]. 桂林：广西师范大学出版社，2012：57.
[2] 邬贺铨. 大数据时代的机遇与挑战[J]. 求是，2013（4）：47-49.
[3] 常宴会. 思想政治教育者把握大数据时代的意义和方式[J]. 思想理论教育，2022（9）：94-99.
[4] 周涛. 为数据而生：大数据创新实践[M]. 北京：北京联合出版公司，2016：38.

遇和挑战两种论点。一方面，部分学者认为大数据时代是推进高校思想政治教育工作的良好契机。丰富的思想政治教育资源，更加全面、准确、动态的学生数据信息，功能强大的数据信息搜集能力、准确的数据分析能力、动态的预警干预能力，可以有效地助力高校思想政治教育工作的顺利开展。翟乐、李建森[1]认为，大数据的应用，促进了高校思想政治教育工作的数据革新，这可以有效地推进高校思想政治教育工作的数字化转型，提高教育的实效性。许烨[2]提出了大数据带来了重大发展机遇，对高校思想政治教育工作的信息化转型、更新教育理念、革新教育方法等方面都会产生积极的影响。付安玲[3]认为，大数据时代给教育对象的人带来了"网络成瘾"等一系列问题，高校思想政治教育工作的价值凸显，要坚持马克思主义的人学向度，实现立德树人的根本目标。王绍霞[4]从大数据优化了高校思想政治教育工作的过程角度，讨论了运用大数据搜集学生信息，在把握学生思想动态和行为变化上抢占了先机，能够有效地提供工作的时效性。另一方面，在看到大数据带来了巨大发展机遇的同时，部分学者认为大数据也给高校思想政治教育工作带来了巨大挑战，增加了工作难度。大数据的迭代、交融、复杂，使得高校思想政治教育工作数据信息真实性、数据伦理安全、专业人才要求、思维理念升级等各个方面带来了巨大挑战。冯多、李大棚[5]认为，大数据在激活高校思想政治教育资源的同时，也带来了一系列问题，如大数据人才队伍储备建设不足、融合高校思想政治教育的技术不够、大数据产生的伦理危机等。胡启明[6]则认为应该谨慎看待大数据带来的巨大机遇，不要盲目崇拜，要审慎反思，对大数据的"全知"幻觉、"全样本"的迷信、忽略了经验和情境、存在虚拟的真实性等方面有独立的思考和判断。

---

[1] 翟乐，李建森. 大数据时代思想政治教育的演进理路、现实困境及实践策略[J]. 思想教育研究，2022（7）：47-52.
[2] 许烨. 大数据时代提升高校思想政治教育实效性的策略研究[J]. 湖南社会科学，2022（3）：134-139.
[3] 付安玲. 大数据思想政治教育价值的人学向度[J]. 思想教育研究，2021（12）：48-53.
[4] 王绍霞. 大数据时代高校思想政治教育时效性探析[J]. 学校党建与思想教育，2015（23）：23-26.
[5] 冯多，李大棚. 大数据驱动高校思想政治教育创新的活力、困境及进路[J]. 现代教育管理，2022（7）：113-121.
[6] 胡启明. 大数据视域下思想政治教育研究反思[J]. 思想理论教育，2020（4）：75-80.

3. 大数据时代高校思想政治教育工作的创新研究

学术界对大数据时代高校思想政治教育工作的创新开展了诸多讨论，主要聚焦于价值研究、路径研究、方法研究等几个方面。在价值研究方面，虞亚平[1]提出了大数据重塑了高校思想政治教育工作的价值理念，赋予其新的价值定位，数据为本成为高校思想政治教育的价值定位之一。崔海英[2]对大数据满足高校思想政治教育工作的意识形态安全需求、大学生成长自我需求等，体现了大数据重要的政治价值和教育价值。在路径研究方面，学术界围绕思维意识、管理机制、人才队伍、数据平台、伦理保护等方面探讨大数据时代高校思想政治教育工作建设的路径。辛宝忠、于钦明、姚凤祯[3]提出要实现理念革新，强化数据意识，优化学校管理机制，强化互联网思维、提升工作人员大数据信息化能力等方面，推进高校思想政治教育工作的数字化、信息化。檀江林、吴玉梅[4]认为，推进大数据时代高校思想政治教育工作的体制机制创新，提升信息化水平，完善相关的规章制度，建立统一共享的信息数据平台等，有利于高校思想政治教育工作质量的提升。在方法研究方面，随着高校思想政治教育工作融合大数据研究的逐渐增多，高校思想政治教育工作方法的创新也是其中比较重要的一个方面。崔建西、邹绍清[5]认为，高校思想政治教育工作在大数据时代要实现认知方法的革新，要用整体性思维、复杂性思维以及动态性思维进行思考，实时关注大学生思想和行为的变化，并提出了具体的教育方法，如在高校思想政治教育工作信息选择方面，建议利用大数据信息进行目标数据选择；在高校思想政治教育工作传播方法上，利用信息推送、监督预测等开展工作；在信息反馈方法上，进行大数据评价、动态反馈信息等。王颖、戴祖旭[6]建议，基于大数据开展高校思想政治教育工作评价

---

[1] 虞亚平．大数据驱动高校思想政治教育：价值定位与价值实现［J］．中国高等教育，2020（6）：31-33．

[2] 崔海英．大数据时代高校网络思想政治教育的价值维度与实现方式［J］．黑龙江高教研究，2015（3）：33-36．

[3] 辛宝忠，于钦明，姚凤祯．运用大数据创新高校思想政治教育工作路径探究［J］．思想理论教育导刊，2019（8）：138-141．

[4] 檀江林，吴玉梅．大数据时代大学生思想政治教育路径探究［J］．思想理论教育，2016（3）：72-75．

[5] 崔建西，邹绍清．论大数据时代思想政治教育方法的创新［J］．思想理论教育，2016（10）：83-87．

[6] 王颖，戴祖旭．大数据时代高校思想政治教育评价方式改革探究［J］．学校党建与思想教育，2018（16）：52-54．

改革，运用校园信息系统，打破部门数据使用壁垒，提高精准思政的方法，形成评价新范式。

4. 大数据时代高校思想政治教育工作的对策研究

大数据给高校思想政治教育工作带来了机遇的同时也造成了一定的挑战，需要采取各种措施，积极应对可能产生的风险。围绕培养大数据思维、重视大数据人才队伍建设、提高大数据技术使用能力、强化数据安全等方面，积极开展工作，切实提高大数据时代高校思想政治教育工作的实效性。王功敏[①]强调要融合大数据思维，对高校思想政治教育工作理念、形式、方法进行革新，增强高校思想政治教育工作导向力，有效实现高校思想政治教育工作的目标。王卫国、陈迪明[②]提出要综合运用大数据思维和方法，在形成性评价、多元化评价方面及时完善，加强高校教师人才队伍建设，促进高校思想政治教育工作发展。

常宴会提出，高校要加强思想政治教育工作队伍技术能力培养，切实增强应对大数据技术的挑战，基于大数据信息平台，运用各种信息技术，加强数据分析、预测、评价等功能。张林茂[③]强调要建立健全高校思想政治教育工作融合大数据的体制机制，要将大数据的优势与学生个性化发展诉求结合起来，提升数据挖掘和效用分析能力。在顶层设计中引入大数据，提高工作能力，依靠教育者将行动推向深入。

综上所述，国内外学术界从理论和实践等维度，对大数据时代的教育工作进行了深入研究。国外学者在界定大数据内涵、特征的基础上，强调其对人类社会的重大作用，在生产方式和生活方式中可能会带来的重大变革和机会，这对本研究的开展，提供了有益的经验借鉴。国内学术界虽然起步较晚，但发展迅速，对大数据内涵、大数据时代高校思想政治教育工作的机遇与挑战、大数据时代高校思想政治教育的创新研究、大数据时代高校思想政治教育工作的对策研究等方面开展了诸多研究，形成了一定的共识，这对开展更深入的高校思想政治教育工作研究具有重要的价值意义。但当前的研究围绕

---

① 王功敏. 大数据时代大学生思想政治工作导向力研究 [J]. 思想理论教育导刊, 2018 (2): 137-140.

② 王卫国, 陈迪明. 大数据时代高校思想政治理论课创新路径探析 [J]. 思想教育研究, 2017 (7): 84-88.

③ 张林茂. 在大数据时代创新高校个性化思想政治教育 [J]. 中国高等教育, 2018 (Z3): 47-49.

大数据时代高校思想政治教育工作的供需关系、高校思想政治教育工作创新的机制研究的相对不足，使得大数据与高校思想政治教育工作精准融合较弱，极大地制约了高校思想政治教育工作的创新性发展。并在此基础上，学术界也提出了完善大数据时代高校思想政治教育工作的路径，一方面，进一步提高高校思想政治教育工作者大数据思维和方法的掌握，统一思想，提高认识；另一方面，加大大数据思想政治教育工作人才队伍建设的力度，加强培训和培养。因此，要在国内外学术界研究的基础上，加强对大数据重要性的认识，积极探究大数据时代高校思想政治教育工作的创新，具有重要的价值和意义。

第四节　大数据时代高校思想政治教育工作创新研究的思路框架

一、研究的总体思路

聚焦于当前高校思想政治教育工作有效性这一根本问题，尝试从大数据的视角切入，分析这一问题的学理渊源和理论内涵，并基于社会调查进行实证研究，把握大学生思想变化趋势，分析大学生需求规律，创新高校思想政治教育工作策略，从而实现提高高校思想政治教育效果的最终目标。

全书的逻辑思路如下：

第一，从理论上阐释大数据时代高校思想政治教育工作创新的合理性。通过梳理学术界关于这一主题的相关研究文献，依托马克思主义人的全面发展理论、思想政治教育环境论、大数据驱动决策理论，对著作的学理性进行深刻的研究。大数据是一种全新的理念、思维和载体，有利于推动高校思想政治教育工作高质量发展，提高其针对性和实效性。

第二，对大数据时代高校思想政治教育工作需求的现状进行论证。利用大样本的调查数据，围绕大学生政治信仰与政治制度认同、道德观念与道德行为取向、理想信念与人生价值观选择等内容，对大数据时代大学生整体思想状况进行调查。从学生和教师两个维度，对大数据时代高校思想政治教育认知和需求进行分析。

第三，对当前高校思想政治教育工作的供给情况进行分析。对当前高校思想政治教育工作的内容、手段等供给情况进行系统的梳理，结合当前高校大学生思想政治教育工作的载体，如思想理论教育与价值引领、党团和班级建设、学风建设、心理健康教育、网络舆情危机事件处理、职业价值观教育等内容进行评估和思考。

第四，探究大数据时代高校思想政治教育工作供需不平衡的问题及内在原因。大数据时代立德树人的工作理念和模式不够明显、思想政治教育工作大数据供给不新颖和采集难并存、大数据时代高校思想政治教育工作展示与凝聚能力较弱、大数据分析引发了高校思想政治教育的伦理困境、专职专业的工作队伍不全面和制度建设难实施是当前存在的主要问题。大数据思维转变不到位，大数据时代高校思想政治教育内容供给不精细，吻合大数据的思想政治教育工作方法不健全；高校思想政治教育工作大数据平台建设滞后，高校大数据思想政治教育工作人才队伍建设不完善，大数据时代高校思想政治教育工作体制机制不协调是产生这一问题的主要原因。

第五，提出完善大数据时代高校思想政治教育工作的目标模式及对策建议。基于当前大数据时代高校思想政治教育工作创新的外部生态，构建实现大数据时代高校思想政治教育的战略目标模式。并从大数据时代高校思想政治教育工作方法创新、模式创新、协同机制创新三个维度提出了完善的对策建议。

二、研究的主要内容

根据研究思路，本书整体划分为九章内容，具体安排如下：

第一章是大数据时代高校思想政治教育工作创新的背景与发展概括。对研究背景、研究意义、研究问题与文献综述、研究思路和主要内容等进行总体分析与阐释。网络强国建设、全民参与的信息化变革、大数据技术的应用加速是大数据时代高校思想政治教育工作创新的背景，这一变革创新具有重要理论和实践意义。通过 CiteSpace 软件对大数据时代高校思想政治教育工作创新进行可视化分析和文献综述，并提出了本研究的研究思路和主要内容框架。

第二章是大数据时代高校思想政治教育工作创新的核心概念阐释与理论概述。对大数据时代、大数据时代高校思想政治教育工作的内涵进行深刻剖析，并在此基础上就两者的关系进行研究。马克思主义关于人的全面发展学说、思想政治教育环境理论和大数据驱动决策理论，为大数据时代高校思想政治教育工作的深入研究提供了学理依据，这是后续推进研究的重要理论源泉，体现了深厚的学理价值。

第三章是大数据时代高校思想政治教育需求调查。充分了解和掌握高校思想政治教育需求情况，是开展大数据时代高校思想政治教育工作的重要前提。围绕大学生政治信仰与政治制度认同、道德观念与道德行为取向、理想信念与人生价值观选择等内容，对大数据时代大学生整体思想状况进行调查，掌握整体的大学生思想行为动态。在此基础上，分学生和教师两种人群，围绕基本特征、面临的挑战和面临的机遇等方面对大数据时代高校思想政治教育开展了实证调查与分析。

第四章是大数据时代高校思想政治教育工作供给现状。在了解教师和学生对大数据时代高校思想政治教育需求的基础上，对当前高校思想政治教育工作的内容、手段等供给情况进行系统的梳理，结合当前高校大学生思想政治教育工作的载体，如思想理论教育与价值引领、党团和班级建设、学风建设、心理健康教育、网络舆情危机事件处理、职业价值观教育等内容，对高校思想政治教育工作的供给情况进行分析和讨论。

第五章是大数据时代高校思想政治教育工作问题及成因分析。在对大数据时代高校思想政治教育供需不平衡的基础上，对存在的问题及原因进行深入分析。大数据时代立德树人的工作理念和模式不够明显、思想政治教育工作大数据供给不新颖和采集难并存、大数据时代高校思想政治教育工作展示与凝聚能力较弱、大数据分析引发了高校思想政治教育的伦理困境、专职专业的工作队伍不全面和制度建设难实施是当前存在的主要困难，通过挖掘发现存在瓶颈的主要原因为思想转变不到位、内容生产不精细、方式手段不健全、平台载体不多样、队伍培训不完善、体制机制不协调等几个方面。

第六章是大数据时代高校思想政治教育工作目标构建。本章主要是在前文分析的基础上，探究大数据时代高校思想政治教育工作的外部生态，并据此构建大数据时代高校思想政治教育工作创新的目标模式，主要包括总体设计、基本原则、具体目标和关键领域等几个环节。这是本研究的核心部分。

第七章是大数据时代高校思想政治教育工作方法创新。大数据时代创新高校思想政治教育工作的方法，是提升大学生思想政治教育科学性的要求、满足高校思想政治教育工作信息化的需求、实现高校思想政治教育个性化培育的需要、增强大学生思想政治教育有效性的需要。对大数据时代高校思想政治教育工作方法创新的内涵及特征进行了阐释。从认识方法、实施方法和工作调节评估方法三个维度,全面论证方法创新的内容。最后从树立高校思想政治教育数据挖掘思维、完善高校思想政治教育工作大数据平台、加强高校思想政治教育工作大数据人才队伍建设三个角度,提出了完善高校思想政治教育工作方法创新的实践路径。

第八章是大数据时代高校网络思想政治教育工作模式创新。高校网络思想政治教育工作,是大数据时代高校思想政治教育工作的具体实践,加强这一模式的创新对融合大数据思维和技术,优化高校思想政治教育工作具有重要的价值意义。对高校网络思想政治教育创新的内涵、构成要素进行深入分析,在此基础上提出了"四位一体"融合发展、"五大功能"创新导向、"六大保障"创新优化的高校网络思想政治教育工作实践模式创新。

第九章是大数据时代高校思想政治教育工作协同机制创新。要实现上述八章提出的全部目标,需要调动高校各种资源,实现全员、全程、全方位育人。首先,对大数据时代高校思想政治教育工作协同效应的内涵及表征进行深刻的论述,在此基础上提出了当前我国高校思想政治教育工作的协同效应存在的主要问题;其次,从多元协同、过程协同、系统协同三个维度提出了完善大数据时代高校思想政治教育工作协同的对策建议。具体技术路线图如图1-9所示。

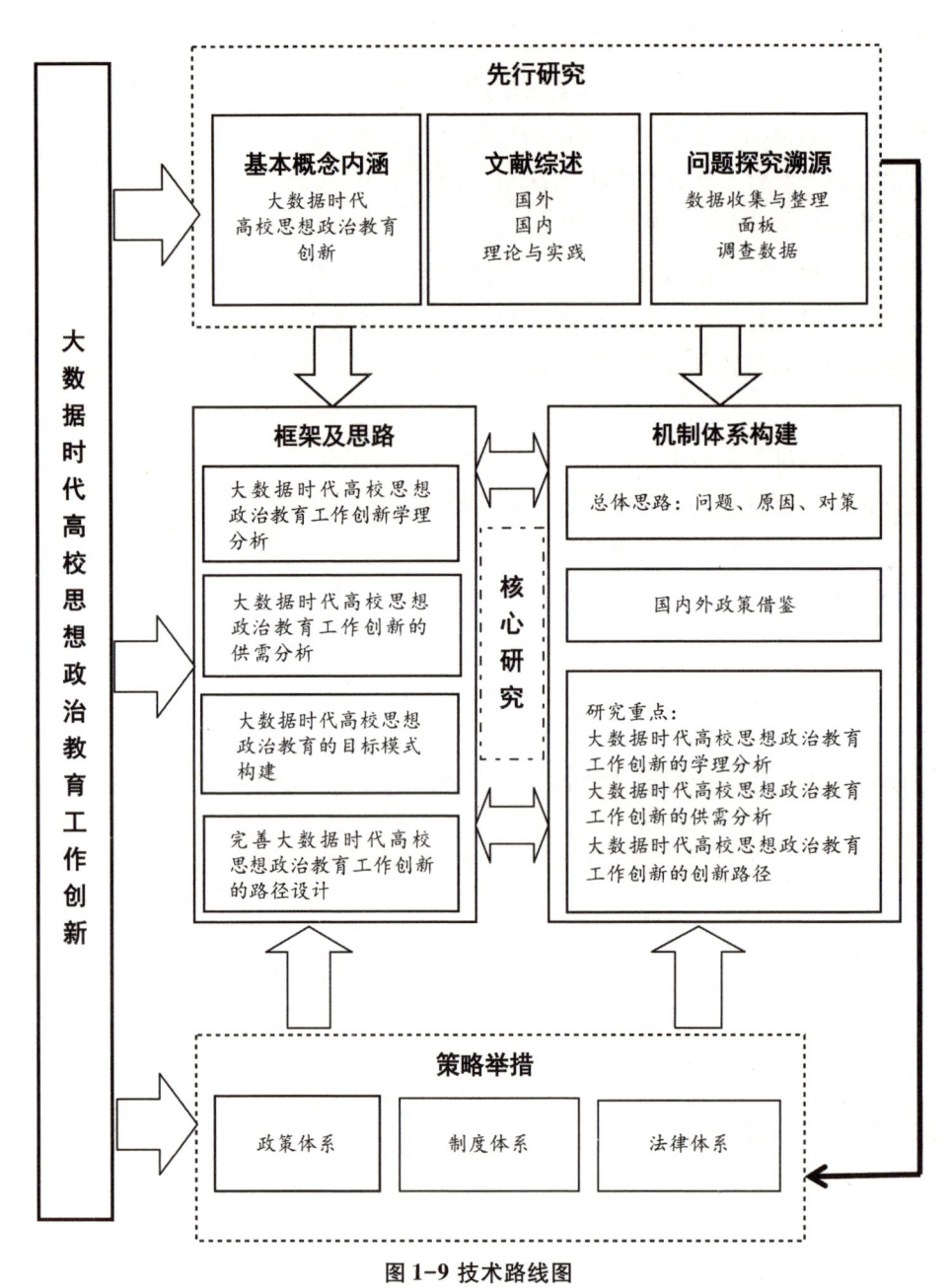

```
┌─────────────────────────────────────────────────────────────┐
│                         先行研究                              │
│                                                              │
│   ┌──────────────┐   ┌──────────────┐   ┌──────────────┐   │
│   │ 基本概念内涵  │   │  文献综述    │   │ 问题探究溯源  │   │
│   │  大数据时代  │   │    国外      │   │ 数据收集与整理│   │
│   │高校思想政治教育│   │    国内      │   │    面板      │   │
│   │    创新      │   │  理论与实践  │   │   调查数据   │   │
│   └──────────────┘   └──────────────┘   └──────────────┘   │
└─────────────────────────────────────────────────────────────┘
```

┌─────────────────────────┐   ┌─────────────────────────┐
│   框架及思路   │   │   机制体系构建   │
│   │   │   │
│ 大数据时代高校思想   │ 核心   │ 总体思路：问题、原因、对策│
│ 政治教育工作创新学理   │ 研究   │   │
│ 分析   │   │ 国内外政策借鉴   │
│   │   │   │
│ 大数据时代高校思想   │   │ 研究重点：   │
│ 政治教育工作创新的   │   │ 大数据时代高校思想政治教育│
│ 供需分析   │   │ 工作创新的学理分析   │
│   │   │ 大数据时代高校思想政治教育│
│ 大数据时代高校思想   │   │ 工作创新的供需分析   │
│ 政治教育的目标模式   │   │ 大数据时代高校思想政治教育│
│ 构建   │   │ 工作创新的创新路径   │
│   │   │   │
│ 完善大数据时代高校   │   │   │
│ 思想政治教育工作创新   │   │   │
│ 的路径设计   │   │   │
└─────────────────────────┘   └─────────────────────────┘

大数据时代高校思想政治教育工作创新

┌───┐
│   策略举措   │
│   │
│   ┌──────────┐   ┌──────────┐   ┌──────────┐   │
│   │ 政策体系 │   │ 制度体系 │   │ 法律体系 │   │
│   └──────────┘   └──────────┘   └──────────┘   │
└───┘

图 1-9 技术路线图

第二章

大数据时代高校思想政治教育工作创新的核心概念阐释与理论概述

第一节 大数据时代高校思想政治教育工作创新的相关概念阐述

一、大数据时代

当前学术界关于大数据尚未有统一的界定，都是从不同的学科、不同的视角对大数据的特征和价值进行论述。阿尔文·托夫勒是国外最早开展大数据研究的代表学者之一，《自然》杂志2008年推出的大数据专辑象征性地提出了这一概念。首次对大数据的概念进行科学界定的是麦肯锡公司，其对"大数据"的定义如下："大数据是指那些超出了传统数据库软件采集、储存、管理和分析能力的数据集。大数据是一个动态的数据集合，它将跟随科技的发展而不断增多。"[1]舍恩伯格在2013年提出，大数据是一种全新的生活方式，可以用数据分析的方法有效地提出最后的见解[2]。

信息管理专家徐子沛，是目前国内研究大数据的代表性学者，他的著作《大数据》一书，对数据战略、治理和教育都进行了深入的研究，成为国内比较早开展大数据研究的专家学者。陈谭等人著的《大数据时代的国家治理》一书，着重强调了大数据的研究、开发与利用，对于实现数据治国和数据强国的重要战略意义。2012年开始大数据在各行业备受关注，2013年在我国研

---

[1] CHVIM, MANYIKA J, BUGHINJ, etal. Big Data: The Next Frontier for Innovation, Competition, and Productivity [M]. New York: Mc Kinsey Global Institute, May: 27, 2011.

[2] ［英］维克托·迈尔-舍恩伯格，肯尼思·库克耶. 大数据时代 [M]. 盛杨燕，周涛，译. 杭州：浙江人民出版社，2013：4.

究领域开始得到重视,至今在我国已迎来关注热潮。如郭晓科认为,大数据是超出了常见的处理分析能力的集群①,陈潭则从资产的角度,阐释大数据将来是重要的新型资产②。从学界的研究中不难发现,大数据是经过采集、挖掘、分析和处理等环节,提炼出对经济和社会发展有巨大价值的数据资源,具有重要的价值和意义。

大数据是一个全新的时代,伴随着网络化、信息化的特定阶段,能够基于网络、数据、技术等进行精准性分析和个性化处理,成为人类创造更多机会的全新时代。对大数据时代的特征,国内外尚未达成统一的意向。有概括为种类多、速度快、容量大三大特征为代表的IBM公司,也有认为其具有量大、多元、速度快、价值高、密度低五大特征的IDC研究人员。国内学者更多地从容量、速度、多样、价值四个维度来理解大数据的特征,主要代表学者有张耀灿、王学俭、付安玲、傅雅琦等。容量大,可以理解大数据的规模,可以体现为对研究对象的整体性覆盖;速度快,指大数据时代信息传递、更新、迭代迅速;多样性,则强调数据的动态和静态、结构和非结构等多种形式并存③;价值高,则是讨论大数据带来的经济效益和社会效益,通过数据分析提升了效率,产生了良好的价值。

在查阅相关文献综合学界研究的基础上,大数据可以概括为是在一定的时间、空间范围内,对纷繁复杂的各类数据进行收集、分析、预测,并将其应用于政策决策的过程。大数据具有数量庞大、价值丰富、形式多样等特点,大数据是一种技术手段,更是一种数据分析思维,重视数据的内在关系,大数据已经成为新的技术革命。

当前高校已经形成了各种大数据信息环境。从大学生视角来讲,主要包括大学生寝室数据信息、食堂消费数据信息等生活类大数据;选课信息、学习成绩信息、作业信息、图书馆数据信息等学习类大数据;课外活动、社会实践、党团经历、创新竞赛等活动类大数据。从教师的视角来讲,包括教师教案PPT等各类教学信息、论文课题等科研数据;从学校管理来讲,包含各类师资信息、资产信息、招生信息、后勤信息等。在高校中大数据信息包括静态和动态两种形式,既有相对固定的通知、新闻、数据等静态信息,又有

---

① 郭晓科.大数据[M].北京:清华大学出版社,2013:5.
② 陈潭,等.大数据时代的国家治理[M].北京:中国社会科学出版社,2015:86.
③ 陈明.大数据概论[M].北京:科学出版社,2015:5.

各种交流平台产生的师生互动、点评等动态信息，已经形成了大数据环境。在进行高校思想政治教育过程中，必须重视这一客观环境，利用其为高校思想政治教育服务。

二、大数据时代高校思想政治教育工作的内涵

2015年8月31日，国务院印发了关于《促进大数据发展行动纲要》的通知，其中明确要求加大数据技术在教育领域的应用。教育与大数据的融合已经成为教育事业发展的必然趋势，将引起教育的全方位变革。国内学术界，也敏感地认识到这一点，大数据与教育的融合问题也成为研究的热点问题。当前学术界对大数据时代高校思想政治教育工作还未形成统一的定义，都是从不同的视角，讨论大数据与思想政治教育的互动。高校思想政治教育工作，在大数据时代要不断创新工作的载体、工作的内容、工作的机制，实现其高质量发展。目前的学术界主要聚焦在以下三个方面：第一，高校思想政治教育工作要积极吻合大数据时代的来临，充分认识其带来的重大机遇，在思维和方法等方面进行系统创新；第二，对大数据的功能要理性认识，在看到其带来的巨大机遇的同时，也要对其可能产生的挑战进行充分研究，不断提高教育者应对和解决问题的能力；第三，对大数据提升改进高校思想政治教育工作的方法、机制等进行深入研究，提高其教育实效性。代表性作者有王寿林、邱启照、孙鹏、朱偓、李怀杰、夏虎、崔海英等。

大数据时代高校思想政治教育工作，主要是指对大学生的日常行为数据进行搜集、分析和预测，包括大学生的生活、学习、心理等方面数据。通过大数据分析，展示和预测大学生思想动态、变化和趋势，通过数据来支持决策，最终提高高校思想政治教育的效果。

当前利用学生行为大数据提高高校思想政治教育水平已经成为高校思想政治教育的有益尝试。如对大学生的学习行为、生活行为、心理行为等大数据的分析，挖掘有价值的数据，监控和反馈各种异常数据，梳理不同行为之间的数据关系，探究大学生学习、生活和心理状态，可以成为高校思想政治教育工作的有效手段和载体。通过大数据分析，对大学生进行行为画像，如优秀学生的成长轨迹、创新创业典型的培养模式等，可以作为高校思想政治教育经验推广的有效案例，进一步提高高校思想政治教育工作的效果。

三、大数据与高校思想政治教育工作的关系

学术界围绕大数据与高校思想政治教育关系这一主题，从特征、理念、路径方法等维度，开展了相关研究。胡纵宇、黄丽亚[①]认为，大数据是高校思想政治教育改革的推进器，高校思想政治教育要与时俱进，借用大数据改进和提高思政教育效果。夏晓东（2014）[②]认为，大数据可以用来分析高校大学生思想动态、思维方式和行为特征。黄欣荣[③]认为，大数据时代，高校思想政治教育应该采取整体性、多样化和关联性等新的思维方式。

综合学术界研究成果发现，大数据在促进高校思想政治教育工作过程中发挥了重要作用，这在当前学术界已经形成了共识。而高校思想政治教育工作如何影响大数据，相对分析得较少。探究两者之间的关系，可以从以下两个方面展开。

（一）大数据在高校思想政治教育工作中的作用

大数据对高校思想政治教育工作具有双重作用，一方面，能够对高校思想政治教育工作发挥积极作用，放大其功能；另一方面，如果大数据监管不当，也会给高校思想政治教育造成负面影响。大数据对高校思想政治教育的积极影响。首先，大数据创新了高校思想政治教育的载体和途径。在大数据时代，各种新的思想政治教育载体如微信、QQ、微博、慕课等，有效地改进了传统的思想政治教育载体，打破了时间和空间的限制，提高了高校思想政治教育的互动性、传播的即时性等。其次，大数据丰富和完善了高校思想政治教育的形式和内容。与传统的第一课堂思想政治教育形式相比，大数据通过音像、视频、图片、音频等各种形式，提高了思想政治教育内容的吸引力。内容上与时俱进，对大数据时代各种大学生关心的热点问题、素材等进入高校思想政治教育的范畴。最后，通过大数据进行思想政治教育的分析和预测，提高针对性。对高校思想政治教育进行大数据调研、分析和评价，掌握大学生思想政治诉求，提供差异化、针对性的思想政治教育，具有重要价值和

---

① 胡纵宇，黄丽亚. 大数据时代大学生思想政治教育面临的问题及应对［J］. 学校党建与思想教育，2014（13）：64-66.
② 夏晓东. 大数据时代下思想政治教育面临的机遇与挑战［J］. 前沿，2014（ZA）：211-212.
③ 黄欣荣. 大数据对思想政治教育方法论的变革［J］. 江西财经大学学报，2015（3）：94-101.

意义。

　　大数据监督和管理不当，也会产生诸多负面影响。首先，大数据动摇了传统思政教育主体的主导地位。在传统思政教育中，思政教师和辅导员处于主导地位。而大数据时代，大学生对信息的获取变得更为便捷，传统思政主体的主导地位会不同程度地受到影响。其次，大数据时代高校思想政治教育工作面临伦理问题。其中最为重要的是数据的隐私和安全问题。全面掌握大学生的行为数据如出入记录、消费记录等已经涉及大学生隐私，再加上数据安全的担心，大数据给高校思想政治教育工作带来了重大的伦理问题。

　　（二）高校思想政治教育工作对大数据应用的影响

　　在大数据时代，高校思想政治教育不是处于从属和配合的地位，而应该在这一新的形势下，发挥积极作用，引领和转化大数据。作为高校思想政治教育工作的主体，无论是思政课教师还是辅导员等一线思政工作者，都要积极利用大数据，创新思政教育载体，丰富其形式和内容，引领大数据。

　　将各种思想政治教育内容，通过大数据载体，转化为大学生易于接受的形态，占领大数据空间，进行大数据传播。将思想政治教育中的理想和信仰、爱国主义、道德和法律、世界观和人生观等内容，结合大学生思想变化的规律；将传统思想政治教育文化资源、红色文化资源、新时代社会主义核心价值观、中国梦等优秀思政教育资源，结合大数据传播特点，占领大学生接触最多的大数据空间，传播积极的正能量。从而真正实现引领大数据发展，转化大数据内容，发挥思想政治教育的主导作用。

第二节　相关理论基础

一、马克思主义关于人的全面发展学说

　　马克思关于人的全面发展理论是大数据时代高校思想政治教育工作创新的重要理论来源。马克思关于人的全面发展学说是科学性和价值性的统一，主要从以下四个方面进行理解：一是提出了人的自由全面发展的目标性。对发展的理解始于对人的发展"异化"的批判，从无产阶级的立场出发，提出了每个人的自由发展是一切人的自由发展的条件的重要论断。二是全面阐释

人的发展的内涵。劳动的"异化"根源在于私有制，人的发展"异化"来自大工业时代的分工，造成了人的片面发展。马克思认为，人应该是全面发展，是包括人的劳动能力、社会关系、自由个性的全面发展。三是深刻分析了人的全面发展的现实道路，主要来自生产力与生产关系的矛盾运动以及人的活动规律，人的全面发展与社会的和谐进步是高度一致的。四是深刻揭示了人的发展的三大阶段，即人的依赖关系占统治地位、以物的依赖关系为基础的人的独立性阶段、人的自由和全面发展的阶段。

马克思的人的全面发展的理论，对人的需求、人的技能和人的社会关系都进行了预设和思考。在人的需求方面，马克思认为与生存性需求相比，未来社会更需要满足人的发展型需求，这是社会发展的必然；在人的技能方面，要重视人的劳动价值，特别是人改造世界、改造自然这种创新能力的培养；在人的社会关系方面，人的本质属性在于其社会性，要实现人与自然、人与社会的和谐统一。马克思主义关于人的全面发展理论，在于强调通过各种努力，推动社会进步后，每个人的发展不受外在环境的束缚，摆脱对物的束缚，实现更加自由的发展。与重视制度相比，马克思更加重视人的全面自由的发展。大数据时代高校思想政治教育工作改革创新，在完善制度规范、优化工作流程、提高工作效率的同时，要更加重视人的发展，通过运用大数据思维和技术，全面挖掘大学生的潜能，提升其综合素质，培养其综合能力，实现人的全面发展。高校思想政治教育工作，在大数据时代，要综合运用大数据技术，为大学生的全面发展创造各种环境基础、资源供给、政策保障等。

马克思在其著作中指出，人的自由全面发展，是整个社会努力奋斗的目标。人的自由全面发展主要是指人能够充分自由地发挥个人能力，包括人的才能与需要的全方位完善、人的社会关系的拓展与丰富、个人与社会的协调发展。高校思想政治教育工作的目标是实现"立德树人"，马克思主义关于人的全面发展理论，是大数据时代高校思想政治教育工作政策质量导向的重要依据。

在实现价值引领、知识传授的同时，也要培养大学生全面发展的能力，这是每个大学生所追求的人生目标。满足育人对象全面发展的需要，全方位地完善育人内容、育人过程、育人资源，促进程序科学和民主参与，有利于提升高校思想政治教育工作的科学化水平。人的社会关系的全面发展，提升了大数据时代高校思想政治教育工作的质量。社会属性是人的本质属性，将大学生放在大数据时代环境中进行培养，重视人与社会的协调发展，鼓励在实现社会价值中成就自我价值，有利于提升高校思想政治教育工作质量。

二、思想政治教育环境理论

对思想政治教育环境的研究，国内学术界开展了较多的研究，金林南、王燕飞①，卢忠萍、王欣②，郑含③、周琪④等对思想政治教育环境的内涵、特征、作用等进行了详细的研究。大数据时代的到来，网络、新媒体等信息技术的兴起，改变了高校思想政治教育工作的环境，亟须对思想政治教育环境的基础理论进行深入研究，为大数据时代高校思想政治教育工作的研究提供学理思考。

马克思主义环境观是思想政治教育环境研究的理论基石，马克思主义认为人与自然是对立统一的关系，两者统一的因子是社会实践。两者的对立统一关系，一方面体现在环境影响和制约着人的发展。人不能脱离环境而存在，人是社会关系的产物，是环境的重要组成部分。另一方面，人具有主观能动性，能够通过社会实践影响客观环境。马克思关于环境和人的关系的论断，是思想政治教育环境理论的指导思想。在这一思想的指导下，要避免两种错误导向，既不要夸大环境的作用，形成环境决定论，也不要过于强调人的能动作用，脱离客观实际和规律。这两种错误思想在高校思想政治教育工作中都应该给予高度重视和关注。

学术界关于思想教育环境的内涵界定，尚未形成统一的结论。邱伟光、张耀灿⑤认为，思想政治教育环境，是指所有影响思想政治教育活动的外部因素的总和，是一个特殊的环境系统，具有复杂性、动态性、特殊性、可创性等特征。陈万柏、张耀灿⑥指出思想政治教育环境影响思想政治教育活动，是思想政治教育主体、客体发生活动的主要场域。刘书林⑦认为，思想政治教育

---

① 金林南，王燕飞. 思想政治教育环境研究的实践性思考 [J]. 思想理论教育，2022（6）：65-70.
② 卢忠萍，王欣. 全媒体时代思想政治教育环境研究 [J]. 思想理论教育导刊，2021（12）：119-123.
③ 郑含. 高校思想政治教育环境建构的反思及优化 [J]. 江苏高教，2021（9）：110-114.
④ 周琪. 思想政治教育环境论 [D]. 重庆：西南师范大学，2002.
⑤ 邱伟光，张耀灿. 思想政治教育学原理 [M]. 北京：高等教育出版社，1999：31.
⑥ 陈万柏，张耀灿. 思想政治教育学原理 [M]. 北京：高等教育出版社，2015：186.
⑦ 刘书林. 思想政治教育学原理专题研究纲要 [M]. 北京：人民出版社，2018：75.

环境是影响思想政治教育主体即大学生思想行为的重要因素，是开展思想政治教育活动开展的外部因素，具有重要制约作用。综合学术界的研究，思想政治教育环境主要是指那些能够对人的思想形成、发展和思想政治教育活动产生影响的因素的总和，这些因素包括自然因素、社会因素等，是思想政治教育系统中的重要组成部分。

思想政治教育环境对大数据时代高校思想政治教育工作有着重要的作用。首先，思想政治教育环境会影响高校思想政治教育工作主体、客体的思想。思想政治教育环境是一种客观的社会环境，是一种社会存在，会反映到作为思想政治教育主体的大学生思想中。思想政治教育环境，是主体思想形成和转化的外因，对思想政治教育主体的思想和行为起推动或者阻碍作用。其次，思想政治教育环境制约着思想政治教育主客体的行为。思想政治教育主体和客体的日常活动，要在客观的环境中进行，受各种硬件、软件环境的影响。最后，思想政治教育环境影响思想政治教育工作活动。大数据时代的教育环境对高校思想政治教育工作的方向、目标、内容、方法、载体等都产生了客观影响，高校思想政治教育工作过程，特别是在其确定目标、促成转化、信息反馈等各个环节，也都受到思想政治教育环境的影响。由网络、数据、新媒体等数据、信息构成的大数据环境对高校大学生思想、价值观和行为的形成、发展产生了越来越大的影响，亟须引起高度的重视。

三、大数据驱动决策理论

大数据驱动决策理论是大数据时代背景下，探究其如何影响人们决策的相关理论，对大数据时代高校思想政治教育工作的开展具有重要的理论指导意义。当前的大数据社会中，人们普遍使用互联网、智能移动终端、智能感知设备，由此产生了海量的数据信息流，这些基础的信息数据可以成为个人和组织决策的重要参考。这是对传统主要靠个人经验和知识，利用局部的信息进行决策模式的创新，是一种完全不同模式的创新决策范式，利用各种人工智能终端、传感设备搜集各种数据，建立大型数据库，运用大数据技术对数据信息流进行整合、分析，对社会问题进行定量化科学决策。在学术界研究的基础上，大数据驱动决策理论是指依托数据分析平台，对影响决策的因素进行数据采集、挖掘、分析、输出的智能化决策，是一种全新的思维、方法和工作的过程，是一种新的理念、新的范式①。利用这种大数据驱动决策，可以有效地帮助各类组织和个人，充分地挖掘各种数据，实现组织和个人内部数据和外部数据的融合，在此基础上实现组织和个人决策的精准研判和科学决策②。大数据驱动决策系统包括了数据采集、数据输入、数据分析、数据转换、数据输出等诸多环节，是一个多要素、多过程的系统工程，实现了系统集成，极大地提高了组织和个人决策的科学性和时效性。另外，大数据的类型、速度、分析过程等各个环节都会影响最终的决策结果，不可否认的是，大数据驱动决策理论已经成为当前组织和个人最常用的决策理论之一。

大数据驱动决策理论，不仅广泛地应用于企业管理、政府服务、社会治理、个人决策等领域，也深刻影响着高校思想政治教育工作领域，影响了高校思想政治教育工作的场域抉择、过程推测、形势预测、结果评估等各个方面。大数据打破了传统的高校思想政治教育主客体关系，推动着整个管理体系走向扁平化，创设了更加复杂的决策过程。因此，新时代高校思想政治教育工作要积极借鉴大数据驱动决策理论，吸收其大数据决策的思维和方法，深度融入高校思想政治教育工作的全过程，建构起大数据时代高校思想政治教育工作的决策支持体系。通过建立包括各个育人主体、客体在内的高校思想政治教育数据库平台，将高校思想政治教育工作以数据化、模块化，通过采集、挖掘、转换、输出等标准化、规范化流程，为高校思想政治教育工作决策提供强大的支持和帮助。

在大数据驱动下的高校思想政治教育工作决策系统中，首先，要采集各种大学生数据。高校信息化建设已经进行了较长时间，各个高校都已经构建了包括教学、科研、学生工作、生活管理等众多内容在内的信息化平台，积累了大批的数据，这些数据已经构成了校园大数据环境。在这一大数据环境中，学生的各种行为如学习、心理、生活等，被相应的数据系统采集保存，已经成为高校思想政治教育工作不可或缺的重要组成部分。其次，要利用大数据技术，对采集的大学生数据进行挖掘和分析，这是决策科学性的前提和基础。高校思想政治教育大数据分析是实现数据价值的重要环节。采集到的各种原始数据只有经过数据挖掘，通过数据统计、模型分析，揭示数据背后

---

① 陈国青，吴刚，顾远东，等. 管理决策情境下大数据驱动的研究和应用挑战——范式转变与研究方向［J］. 管理科学学报，2018（7）：1-10.
② 邵长安，关欣. 网络舆情数据驱动的决策模式分析［J］. 情报理论与实践，2018（5）：32-38.

的规律，大数据的价值才得以真正体现。一般经过 Map/Reduce 模型数据拆分、平衡处理数据的效率和准确性、进行云平台集成等环节。这是高校思想政治教育工作数据驱动决策的关键环节，要对采集到的各类数据进行最充分的挖掘、清洗和分析。最后，是对智能化分析处理之后的数据信息进行输出和应用。在对高校思想政治教育大数据进行分析之后，将结果进行展示和预测，对好的行为进行鼓励，对各种特殊的行为提前进行预警。从而为高校思想政治教育提前干预和决策，提供政策支持。这是高校思想政治教育工作数据驱动决策的价值体现，通过数据信息的海量挖掘、数据转换、数据关联，实现模块化分析，最终辅助高校思想政治教育工作科学决策，这对新时代提升高校思想政治教育工作质量具有重大的战略意义。

进入新时代，党和国家在大力推进高等教育综合改革下，"立德树人"作为教育的根本任务在党的十八大报告中被首次提及，在党的十九大、二十大报告中再次被强调，要坚定不移地落实立德树人的根本任务。为实现这一任务，需要聚合各种德育资源，打造德育共同体，"三全育人"政策和理念应运而生，它是高校落实立德树人根本任务的有效途径。将立德树人作为人才培养的中心环节，实现"三全育人"，在 2016 年全国高校思想政治教育工作会议上得以明确。2017 年，《关于加强和改进新形势下高校思想政治教育工作的意见》文件中强调，要贯彻党对高校的领导，要构建中国特色社会主义的高校育人体系。2018 年，在全国教育大会上提出了培养什么样的人的问题，即为谁培养人、如何培养人、怎样培养人，强调要通过理想信念教育、爱国主义教育等提升大学生的品德修养，将立德树人融入人才培养各个环节。2019 年，学校思想政治理论课教师座谈会召开，要构建党委领导、党政共管、各个部门各负其责、全社会协同配合的育人格局。高校思想政治教育工作要顺应教育教学规律、师生成长规律，将打破传统的工作固化思维，积极融合马克思主义人的全面发展理论、思想政治教育环境理论、大数据驱动决策理论等，以新的思维方式，新的技术手段，实现高校思想政治教育的理论传播、价值塑造和大学生综合素质能力的提升。高校思想政治教育工作要遵循德育的工作规律，尊重学生的个人成长需求，综合运用各种育人资源，实现立德树人。从"人"的发展层面导入需求期望，提升全员、全程、全方位育人的"三全育人"质量，就是要落实立德树人根本任务，培养德智体美劳全面发展的社会主义建设者和接班人作为主要目标，这与新时代教育评价改革的主要思想相吻合，回归"人"是教育主体的价值立场①。从系统耦合层面强化系统集成，构建高校课程、科研、文化、管理等"十大"育人体系，实现系统育人。从协同育人层面提升协同效用。把多元协同、过程协同和系统协同的理念，贯彻到主体协同、平台协同、场域协同和制度协同四个层面，建构符合我国高校思想政治教育工作实情和规律的协同工作体系，最终实现立德树人的价值目标。

---

① 张强，余钦，程玉莲. 新时代职业院校"三全育人"质量提升：现实困境、学理渊源与优化路径［J］. 职业技术教育，2022，43（16）：24-28.

第三章

大数据时代高校思想政治教育需求调查

第一节 大数据时代高校大学生思想政治状况概况

教育离不开特定的时代环境，在大数据时代，大学生思想政治教育环境发生了巨大的变化，为了解大数据对大学生思政教育影响的真实状况，并据以进行科学分析研究，进而为有关决策部门制定相关政策提供科学依据及合理建议。

大数据不仅是一个体量庞大和种类繁多的数据集，而且这样的数据集是无法用传统数据库工具对其内容进行撷取、管理的，需要借助新的工具和手段对其进行整合、挖掘和分析，从而获得新的知识和更大的价值。传统的高校思想政治教育工作，更多地依靠个人经验和局部的调研资料，对大学生的整体规律和特征的把握存在较大困难，特别是对学生思想行为的动态反应进行实时的跟踪和评估难度较大。融合大数据思维和技术，高校思想政治教育工作可以通过数据采集、挖掘、分析和处理，掌握大学生思想行为的普遍规律，在此基础上对个别对象进行针对性的思想政治教育，有利于提高其实效性和针对性。

通过抽样调查、问卷调查与个案访谈、全面调研和专题调研相结合方式，在全市11所高校进行了相关调查，通过对相关调研数据进行分析，我们认为：总体而言，上海大学生的思想敏锐、活跃、主流呈健康、向上态势，有着较强的政治信仰，道德水平较高，能够把个人理想融入共同理想之中，但同时因社会环境影响加上自身成长的特点，其思想中也存在一些矛盾和问题。希望通过认真分析这些矛盾与问题产生的原因，有助于更好地探寻和优化大学生思想政治教育的途径与方式。

一、大学生思想政治状况的解读

我国高校大学生的思想政治状况不断地发生着变化,并且在一段时期内呈现一定的规律性,有着过去、现在和未来的发展脉络。大学生思想政治状况的分析首先是一种动态的分析,涉及思想的发展变化过程,而不是一种静态的断面分析。因此要将大学生思想中的新情况、新变化及时做出判断,并进行针对性的引导和教育,然后再进行新一轮的思想政治状况分析,不断深化对大学生思想政治状况变化的研究和思考。

虽然大学生思想行为存在着变化,但某一年龄群体的大学生,在某一段时间内思想和行为具有相对的稳定性,这为基于大数据开展调查研究提供了一定的可能和便利。大学生思想和行为规律更具有动态性特征,会随着内在和外部环境的变化而变化,其动态思想一直处于变动之中。大数据时代,基于大数据信息,提炼和归纳大学生的思想和行为规律,并根据大学生思想和行为的变化,适时地进行动态调整,用于指导高校思想政治教育工作,这对提高思想政治教育的针对性和实效性具有重要价值和意义。

二、大学生思想政治状况的界定

大学生思想政治状况的内涵,目前学术界尚未形成统一的界定。但学术界围绕大学生思想政治状况开展了诸多的研究,形成了一系列的研究成果。很多研究成果被国家和社会采纳,成为国家政策文件或者社会政策。大学生思想政治状况可以作为名词进行理解,常作为某种整体状态的组成部分,如大学生思想政治状况分析等。另外,也可以作为动词理解,对大学生思想政治状况的调查、分析、处理等都是其内涵的重要组成部分。

综合国内外对大学生思想政治状况的理解,可以将其理解为:"为实现一定的教育目标,运用大数据等方法,对大学生的思想信息进行获取、分析和报告的完整过程。目的在于掌握大学生的思想实际,预测大学生思想变化的趋势,做到思想政治工作的超前性。它是做好大学生思想政治教育工作的基础和前提,也是提高思想政治教育的针对性和实效性的保障。"

三、大学生思想政治状况的概况

（一）调查设计与调查经过

以上海高校为研究对象，对来自全国各地的大学生思想政治状况进行了专题调研，围绕大学生政治信仰与政治制度认同、道德观念与道德行为取向、理想信念与人生价值观选择三大主题设计了15个问题，在全市范围内选取了10所不同类型的高校，其中"985高校"2所，"211高校"2所，"市属高校"4所，"高职民办高校"2所，共发放问卷1355份。其中大学生性别抽样分布为：男性占43.6%，女性占56.4%；政治面貌抽象分布为：中共党员（含预备党员）占21.2%，共青团员占66.7%，其他民主党派的占0.8%，群众为11.3%；年级的抽样分布为：本科一年级为20.5%，本科二年级为24.2%，本科三年级为27.1%，本科四年级为16.2%，高职一年级为5.1%，高职二年级为5.9%，高职三年级为1%；专业的抽样分布状况为：哲学专业占1.2%，经济学专业占14.4%，法学占9.8%，教育学占3%，文学占5.4%，历史学占1.5%，理学占16%，工学占25.7%，农学占2.1%，医学占2.5%，管理学占18.4%。基本状况如下图所示。

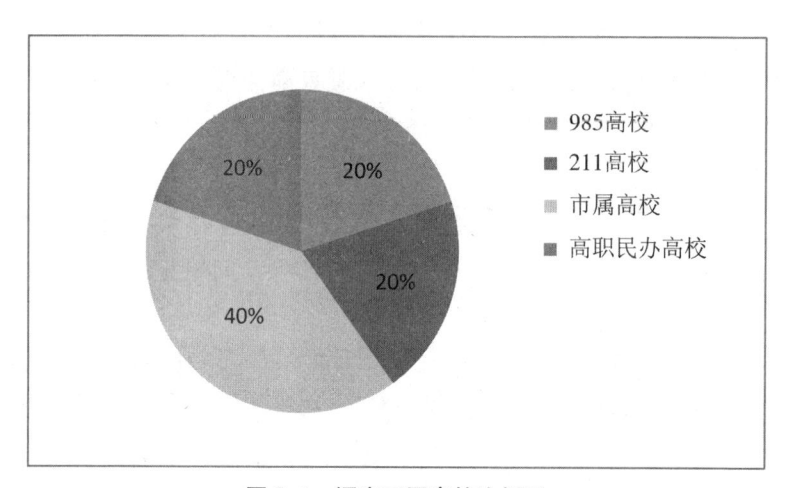

图 3-1 调查不同高校比例图

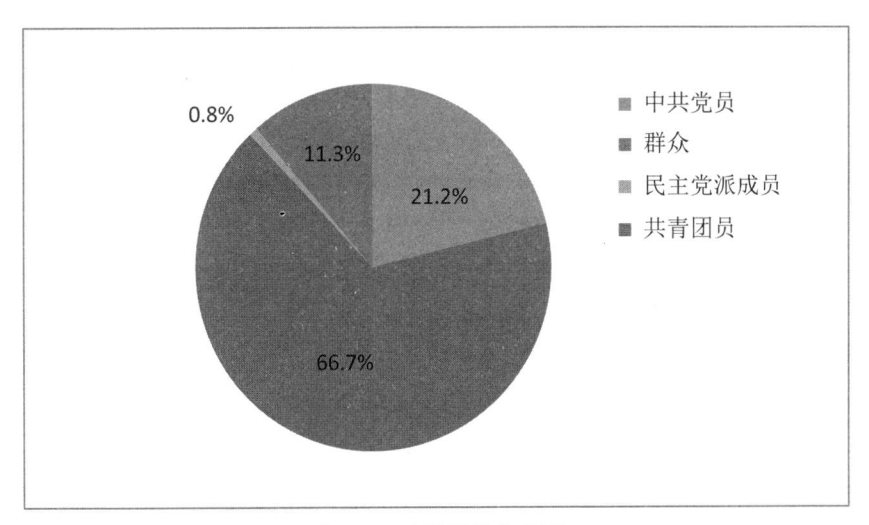

图 3-2　政治面貌分布图

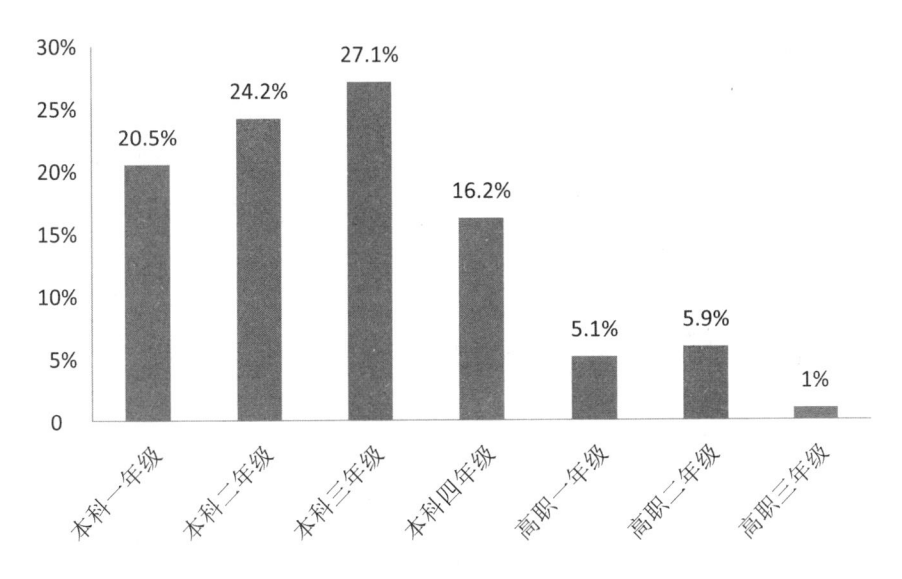

图 3-3　不同年级分布图

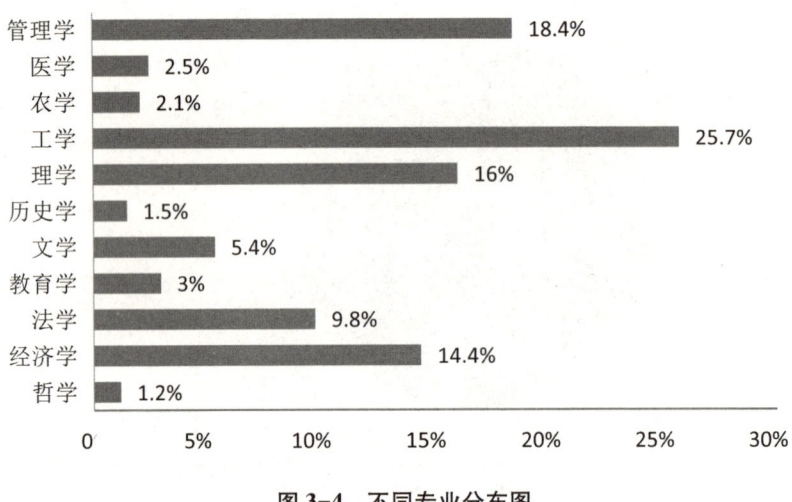

专业	百分比
管理学	18.4%
医学	2.5%
农学	2.1%
工学	25.7%
理学	16%
历史学	1.5%
文学	5.4%
教育学	3%
法学	9.8%
经济学	14.4%
哲学	1.2%

图 3-4　不同专业分布图

（二）调查结果分析

1. 大学生政治信仰与政治制度认同

政治信仰，是生活在特定社会历史条件下的社会群体或个人，对理想社会模式及其社会政治理论的笃信、追求与自觉。大学生政治信仰和政治制度认同科学与否，直接关系到党和国家的前途命运，关系到社会主义伟大事业的实现。针对大学生政治信仰与政治制度认同这一问题，展开了详细的调查，具体分析如下。

（1）大学生对政治目标的认同情况。党的奋斗目标在不同的发展阶段具有不同的特征，最高目标是实现共产主义，这个是始终未变的。进入新时代，我们党提出了两个一百年的奋斗目标，通过调查广大学生的认识，来了解其政治认同情况。

通过问卷分析，当前半数以上的大学生对国家的未来发展充满信心，对党的十九大中所展示的两个一百年的奋斗目标倍感鼓舞，相信中华民族伟大复兴事业一定能实现，大部分大学生对上海建设现代化国际大都市和"五个中心"工作表示满意。但也有部分同学表现出对主流话语、宣传的排斥感，如对两个一百年的奋斗目标能否如期实现抱有怀疑态度。

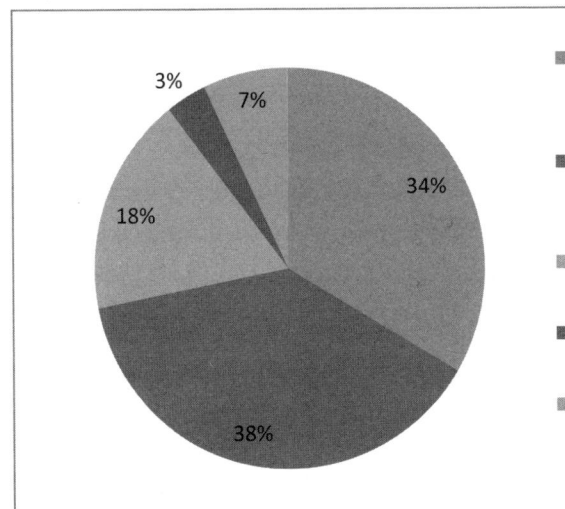

图 3-5 大学生对政治目标的认同情况

两个一百年的奋斗目标是党的十九大提出的关于我国现代化建设的方向指引，调查结果显示：对此 50% 以上的同学都表示深受鼓舞，33.6% 的同学对其如期实现充满信心，17.7% 的同学认为尽管存在困难，经过努力还是可以实现的。这表明中华民族伟大复兴的宏伟蓝图已经深深地印在广大大学生的心中，他们相信在党的领导下，经过艰苦奋斗一定能实现这一目标。调查中也显示存在着 38.3% 的同学虽感到目标振奋，但对于能否实现持怀疑态度，原因是与社会环境有关，部分学生对主流宣传出现了抵触情绪，此外也与他们对党的十九大报告具体内容学习、了解的程度有关。

在具体到上海时，有 64.8% 的大学生对上海的国际化大都市和"五个中心"工作表示满意。

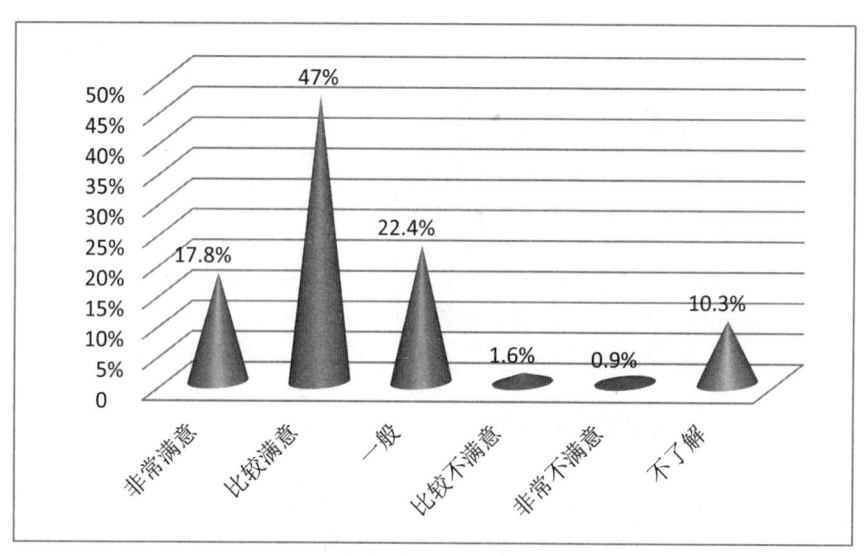

图 3-6 对上海"五个中心"建设的评价

（2）大学生对党领导全国人民实现伟大目标的信任情况。中国共产党是中国工人阶级的先锋队，同时是中国人民和中华民族的先锋队。调查大学生对党的信任情况，具有重要的价值意义。

通过调查，发现大学生对中国共产党的奋斗目标和所起的历史作用认同度较高，对改革开放以来所取得的巨大成就、对改革开放基本国策高度肯定，但对党和政府实际工作中存在一些问题的认识有夸大化和片面化的倾向。

从统计来看，大学生对改革开放的基本国策是积极认可的，能够认识到改革开放是一项符合人民利益的、中国经济社会发展必经之路。这表明我们学校关于改革开放宣传、教育活动取得了显著的成效，大部分学生都支持通过改革开放来发展中国。中国共产党是中国特色社会主义建设的领导者，多数同学能够认同、承认党为国家的发展作出了巨大的贡献，但调查中也显示了有38%的学生认为中国共产党暂时还没有做到全心全意为人民服务，可能随着以后改革消除党、政府内存在的一些弊端，才能做到。

这反映了现实中我们党和政府在一些事件的处理中存在的不足、出现的一些问题，对大学生的思想影响是很大的，也使得其思想日益复杂化，部分同学对党内存在的一些问题认识上出现了夸大化、片面化的倾向，这值得我们所有教育工作者注意，需要积极探寻教育之策。

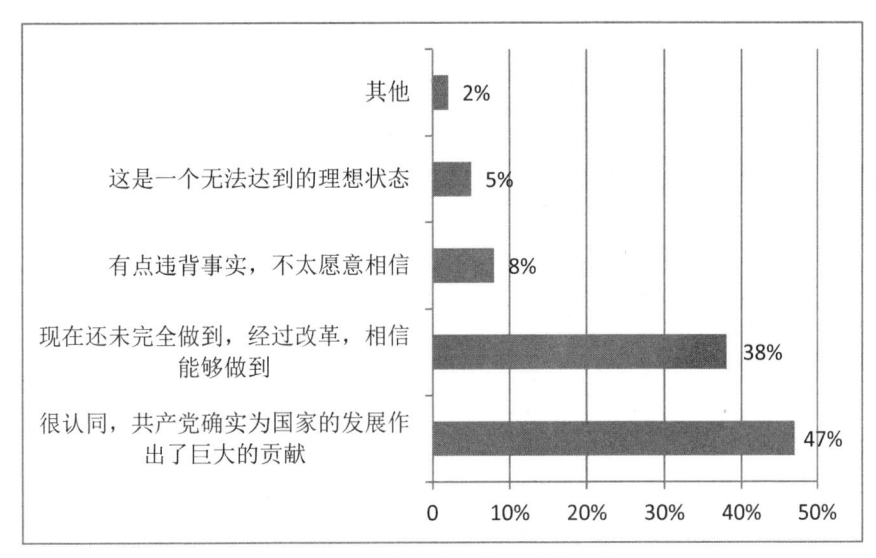

选项	百分比
其他	2%
这是一个无法达到的理想状态	5%
有点违背事实，不太愿意相信	8%
现在还未完全做到，经过改革，相信能够做到	38%
很认同，共产党确实为国家的发展作出了巨大的贡献	47%

图 3-7 大学生对改革开放的评价

另外，调查中发现大学生对于加入中国共产党持积极、开放的态度，总体认为加入党组织是积极向上的表现，可以更好地实现自己的人生价值。但一些同学的入党动机比较复杂，选择申请加入中国共产党是基于"工具理性"而非基于"价值理性"。

调查显示，有高达 70.9% 的同学有意愿加入中国共产党，认为加入党组织是光荣的，是自己在政治上积极追求进步的重要体现，有利于将来走上工作岗位之后，更好发挥自己的才能，实现人生价值目标。这表明当前我们党对高校大学生具有强大的吸引力，具有雄厚的青年群众基础。但在高兴之余，我们也应看到有 17.2% 的学生认为入党纯粹是功利思想的驱使，对他们的升职、晋升等有益处，这表明部分同学要求入党的动机还不纯正，存在着功利化的倾向，他们选择加入党组织不是因为信仰，而是基于入党能够为自己将来找工作，乃至于未来个人政治发展提供"敲门砖"。

（3）大学生对中国特色社会主义理论掌握情况。中国特色社会主义，是马克思主义与中国实际相结合的具体产物，是马克思主义的中国化、时代化的具体体现，是重大的理论和实践成果。

通过调查，发现大部分大学生都知晓中国特色社会主义理论这一党的重大战略思想，但对这一理论能深入体会，能熟悉和掌握核心内容的并不多。

调查显示，约有 53% 的上海大学生通过电视、报纸、网络等各种渠道学

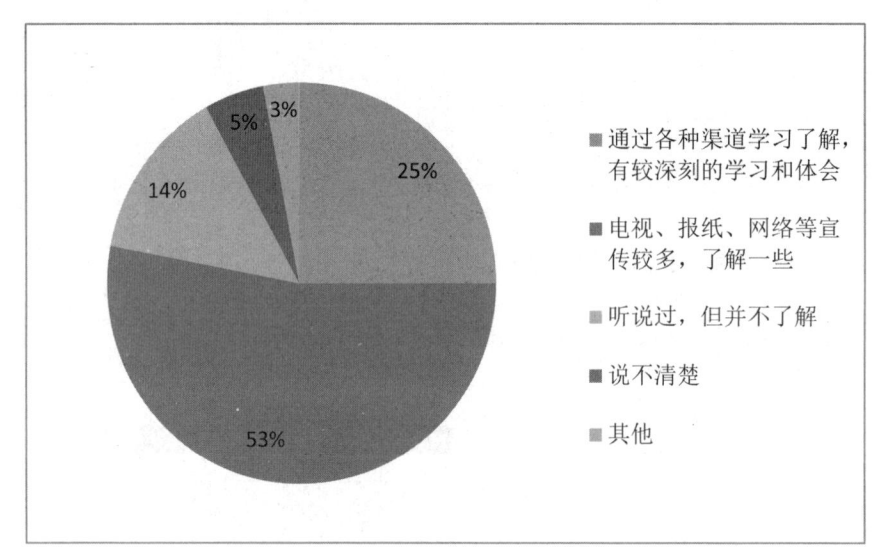

图 3-8　大学生对中国特色社会主义掌握情况

习了解中国特色社会主义理论这一党的重大战略思想，表明绝大多数学生是关心时事、关心党和国家的方针政策，这与上海教育资源丰富、信息网络资源发达的客观情况分不开。然而，我们在看到表面情况的同时，也要看到仅有25%的大学生，对党的十九大把科学发展观、中国特色社会主义理论等重大战略思想确立为党必须长期坚持的重大战略思想有深刻的学习和体会，其他的同学仅是听说过或者简单了解。在调查大学生学习思想政治理论课的效果时，仅有29%的同学表示比较喜欢，学习印象深刻。这表明党和国家的方针、政策并没有完全被大学生群体所接受、消化和吸收，思想政治理论课这一高校党和国家方针政策宣传的主阵地，效果不理想，当然造成这一问题的原因是多方面的，说明思想政治教育任务任重而道远。

（4）大学生对中国特色社会主义政治制度的认同与自信情况。中国特色社会主义道路、中国特色社会主义理论体系、中国特色社会主义制度是党和人民多年奋斗、创造、积累的根本成就，必须倍加珍惜、始终坚持、不断发展，坚持和发展中国特色社会主义，不断坚定中国特色社会主义的道路自信、理论自信、制度自信、文化自信。

通过对大学生的调查和访谈，发现大学生对中国特色社会主义总体上有着较高的认同和自信，但也有部分同学对这一制度持怀疑态度。

调查显示，绝大部分同学认可改革开放对中国的重大意义和作用，认为它是一项符合人民根本利益的基本国策；是一项伟大创举，符合中国特色社会主义发展的道路；是中国经济发展、社会进步的必经之路。通过对上海工程技术大学学生访谈，普遍感觉广大学生是对长期以来国家实施的诸如民族区域自治制度等政治制度持高度支持态度，对中国特色社会主义高度自信，坚信两个一百年的奋斗目标一定能够实现。

（5）大学生对社会主义发展过程中遇到的挫折认知情况。马克思主义哲学告诉我们事物发展是否定之否定即螺旋式上升、波浪式前进的过程。要客观、理性地看待发展中遇到的困难和挫折，坚持前进性和曲折性的统一。对社会主义发展过程中遇到挫折的客观评价，一方面，反映了大学生分析问题的水平和能力；另一方面，反映出大学生对于建设社会主义这样伟大的事业信念和决心。

通过对大学生的调查和访谈，发现大学生能够客观看待社会主义发展过程中遇到的挫折和问题，坚信奋斗目标能够实现，坚信社会主流是积极的，但也有部分同学把遇到的挫折和困难夸大化。

反腐败是大学生所关注的一个重要问题，多数同学对中国共产党近年来反腐败工作所取得的巨大成绩比较肯定，也相信随着反腐败的推进，党的肌体会越来越健康。但与此同时，也有部分同学把党内存在着的一些腐败问题与我们政治制度、体制联系起来，在思想认识上出现了偏差。

从调查数据来看，有80%以上的同学认可近年来党反腐败的工作是积极的，30%的学生相信随着我们党反腐败力度的加大，最终能克服党内存在的腐败问题。这表明党近年来的反腐败工作取得了扎实成效，所推出的一系列反腐政策、措施在大学生中反响良好。但部分同学受一些思潮的影响，特别是历史虚无主义思潮的影响，认为当前党内存在的一些腐败现象与我们的政治制度、体制有关，得出结论是：之所以党内存在着腐败，是因为我们的政治制度、体制有问题，要彻底解决党内、社会上的腐败现象与问题，唯有改变社会制度。这一点，应值得我们教育工作者的注意与关注，因为国内外一些敌对势力总是将矛头对着我们的政治制度，千方百计唤起人们，尤其是对国家、民族未来发展具有影响的大学生否定、歪曲我们的政治制度。

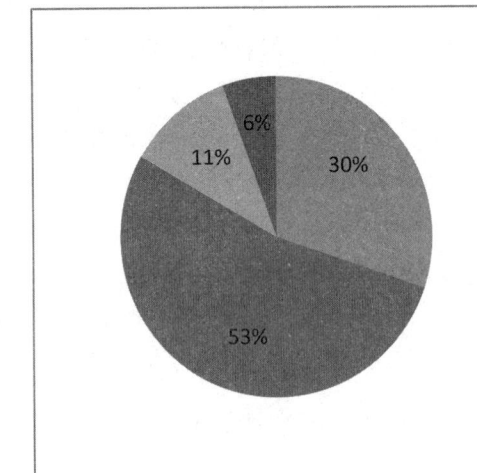

[饼图内容：
- 腐败不是中国特有的现象，我们要认清主流是好的，我对中国共产党反腐败斗争的前景充满信心：30%
- 中国共产党反腐败是积极的，但是腐败仍然大量存在，说明我们的政治体制确实存在问题：53%
- 近年来一些腐败大案频发，使我对中国共产反腐败不抱信心：11%
- 不好说：6%]

图 3-9　大学生对反腐败问题认识

2. 道德观念与道德行为取向

道德是一个人的立身之本，一个社会的道德水平是这个社会文明程度的重要体现。大学生道德观念以及其道德行为取向，直接关乎着高校德育工作的成败，也是衡量当今社会道德水准的重要指标和标杆。

（1）大学生对社会主义道德认知情况。社会主义道德是以社会主义公有制为主体的经济基础的反映，集中反映了社会公德、职业道德和家庭美德。通过对大学生的调查和访谈发现，大学生都能列举出基本的社会主义道德，但缺乏对社会主义道德体系化、全面的掌握和了解。

调查中，在问到一个具有理想人格的大学生应该具有什么样的品德时，绝大多数同学都能选择出勤劳俭朴、自强不息、乐观自信、仁义孝顺等基本的道德要求，但在对部分同学进行访谈时，问到《公民道德实施纲要》等具体内容时，大部分同学答不上来，这表明广大大学生知晓道德的基本要求，但对具体道德内容知之不详。

（2）大学生诚信意识、公德意识和社会责任感认知情况。通过调查发现，大学生诚信意识、公德意识和社会责任感较强，能够自觉地担负起当代大学生应当负起的社会责任，在一些目前社会存在的"是否应该做"争议事件中，大多数同学选择勇敢面对，而非回避。

当前社会上对于当一个老人摔倒时，是否应该将其扶起一事，在舆论上存在着一定的争议和分歧，这也引起了社会上关于"道德滑坡""道德堕落"的讨论，本次调查显示：当遇到这一类事件发生时，41.1%的同学选择上前将其扶起，56.6%的同学选择报警，怕被"讹诈""诬陷"的选择逃避的只占少数。这一调查结果与之前社会上关于此类问题的调查结果相比较显示：大学生选择处于道德责任感和内在良心，主动去帮助摔倒的老人，其比率远远高于社会平均水平，这说明了大学生的公德意识和社会责任感较强。

（3）大学生对传统道德的理解。通过调查发现，大学生认同传统的"孝"文化，认为无论社会如何发展、变化，尊老爱幼的传统美德不能丢，尤其是对父母的"孝"不能忘却。

调查显示，对于传统的"孝"文化，有高达81.6%的同学表示虽然改革开放至今，社会各方面发生了很多变化，但他们还是认为要继承传统的"孝"文化，这说明我们大学生尽管多数是独生子女，生活条件比较优越，但他们并非"只知索取，不知回报"的一代。"孝"文化的本质是一种感恩意识，感激父母对自己的养育之恩，弘扬"孝"文化对于我们在新的历史条件下，推进和谐社会建设、发扬家庭美德和社会公德建设有着重要作用。

（4）大学生对道德信念与不诚信、道德滑坡的认识和选择。通过调查发现，大学生都认识到不诚信与道德滑坡已经成为社会的一种普遍现象，但大学生在关键问题上的道德信念还是比较强的。

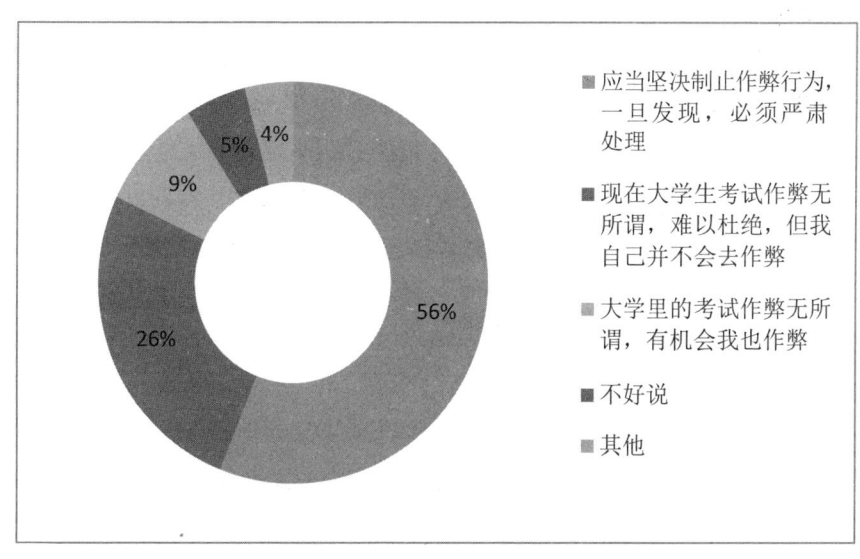

图 3-10 大学生对作弊行为认识

在对大学生普遍面对的作弊问题的调查中发现，56%的大学生认为应当坚决制止作弊行为，一旦发现，必须严肃处理；26%的大学生认为，作弊已经成为一种存在的客观情况，难以杜绝，但自己不会去作弊。也就是说共有近80%的大学生坚持不会作弊，坚守大学生心中的道德信念。但也发现有9%的大学生认为，大学里考试作弊无所谓，有机会自己也会作弊。虽然占的比重不多，但也应该引起我们的关心和重视，已经有一部分同学，丧失了道德信念，道德滑坡。

（5）大学生对社会公德、家庭美德、职业道德的认识和选择。针对人的三个活动领域，公共场所、家庭和工作单位提出了大家应该遵守的具体道德要求。

通过调查和访谈发现，大学生能够意识到社会公德、家庭美德和职业道德的重要性，但在具体面对和选择时，存在差异化现象。

在进行"老人摔倒能不能扶"这一问题调查时，约有41%的大学生选择毫不犹豫上前扶起并呼救，有56.6%的大学生选择打电话报警说明大学生的公德意识较强。在婚姻爱情观上，有60%以上的同学认同现实的经济基础比漂浮的爱情更重要，坚持爱情至上的只占14.4%，这说明了随着市场经济的发展，社会上追求利益、视物质利益为至高的思想蔓延到学校，部分同学耳濡目染，导致了轻情感、重现实利益，他们的趋利性的倾向还是比较浓厚。

3. 理想信念与人生价值观选择

理想与信念是属于人生价值观念体系的范畴。信念在人生价值观念体系中处于基础层面，理想是对信念的高层次的综合和升华。

（1）大学生对个人理想与国家理想关系的认知。理想有个人理想和社会共同理想之分。由于人们世界观的差异，其个人理想和社会共同理想是有差异的，由此，在处理两者之间关系上就存在着不同的认知和选择。

通过调查和访谈发现，大部分同学都能正确处理好个人理想和社会、国家理想之间的关系，做到把个人理想融入国家共同理想之中，用社会理想指导、规范个人理想。

在调查中发现，有55.5%的学生认为"在全球化时代也应重视发扬民族精神、提倡集体主义"。应该说有什么样的理想信念就有什么样的人生态度，调查显示多数同学认同个人理想与国家、民族的崇高的理想结合在一起，在实现民族、国家理想的过程中实现个人理想。

（2）大学生对社会理想的认知和选择。社会理想指社会全体成员的共同理想,是全体社会占主导地位的共同奋斗目标,在我国主要是指把忠诚共产主义事业、自觉维护社会整体利益、全心全意为人民等作为根本内容的道德理想。

通过调查发现,大学生普遍认可提倡集体主义、发扬为人民服务的社会道德理想,有着较强的思想道德境界。

在调查中发现,有64.2%的受访大学生认为大学生是社会精英,应该具有更高的社会责任感,关注民生,奉献社会;有55.5%的大学生认为在全球化时代,更应该重视和发扬民族精神、提倡集体主义。以上都展示了当代大学生良好的精神风貌。

(3) 大学生对个人理想的认知和选择。个人理想反映了个体对未来的追求和设想,包括职业理想、生活理想和道德理想等多个层面。

通过调查发现,绝大部分大学生坚持个人应该有崇高的理想,要有拼搏进取的意志,要志存高远。多数学生认为理想信念非常重要,在大学不仅要学习科学文化理论知识,同时也需要树立自己的理想信念,确立自己的人生理想。

调查发现:83.2%的学生认同"人应该有崇高的理想和坚定的人生信念",只有26.5%的同学接受"没有信仰的生活同样可以无缺憾,只要有事业";另外,在大学生的个人理想选择方面,访谈中的大部分同学都把道德理想和职业理想放在非常重要的位置。

(4) 大学生对爱国主义的理解。爱国主义是祖国人民最真挚的情感,大数据时代对爱国主义的调查具有重要的价值意义。

通过调查发现,上海大学生具有强烈的爱国情怀,认同通过理性的方式来表达对祖国的热爱,但也有部分学生,在一些涉及国家利益的重大事件中比较冲动,容易导致一些非理性行为的发生。

在调查中,以"您对于日本非法'购买'我国钓鱼岛的态度"为题,来调查大学生情感表达方式选择,从结果来看绝大多数同学对此表现愤慨,就表达情感方式选择而言,调查显示42%的同学认同政府号召,即将爱国情怀投入到学习工作中去,为把国家建设得更加强大作贡献,大约30%的同学认为要通过游行、抵制日货来表达爱国热情,表现无所谓的同学只占5%,这反映了当代大学生的爱国情怀比较浓厚,具有强烈的爱国热情,但对于其中部分同学表现出的非理性的倾向需要加以正确的引导。

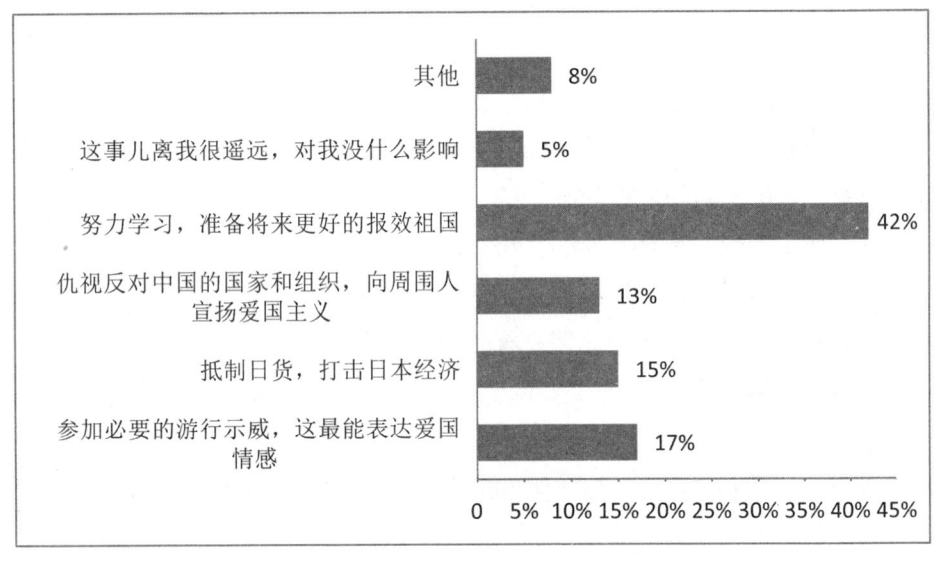

选项	比例
其他	8%
这事儿离我很遥远,对我没什么影响	5%
努力学习,准备将来更好的报效祖国	42%
仇视反对中国的国家和组织,向周围人宣扬爱国主义	13%
抵制日货,打击日本经济	15%
参加必要的游行示威,这最能表达爱国情感	17%

图 3-11　大学生对钓鱼岛事件的认识

第二节　大数据时代大学生思政教育状况的实证调查

随着国内互联网行业的不断发展,大数据时代的到来不断地对我们的生活、工作以及思维方式产生影响。在大学传统的思想政治教育工作中,都是将一些政治上的观点和道德方面的规范以及某些思想观念对学生进行教育,从而使大学生能够产生符合社会所需要的政治思想。而大数据时代的到来对传统思想政治的教育模式不断地进行冲击,因此积极改变传统思想政治教育范式,是适应大数据时代思想政治教育发展的重要工作。在大数据时代的背景下分析大学生思想政治教育所面临的挑战,同时对其新的发展方向展开研究,以期对我国高校思想政治教育工作的发展起到促进作用。大数据具有"体量大、类型多、速度快、价值大"等特点。

对大数据时代下大学生思政教育状况进行了专题调研,其中针对学生和老师对大数据时代下高校思政教育工作状况的理解分类调查,围绕基本特征、面临的挑战和面临的机遇等方面展开了实证调查与分析。

一、学生对大数据时代高校思想政治教育认知情况

（一）学生总体认知和评价

1. 对大数据的认知

学生对大数据的认知大多是从2012年麦肯锡公司提出大数据时代之后产生的，对大数据的认知判断也是近几年才更为详细的。在了解大数据时代大学生的生活变化时发现，当前利用手机、平板等移动设备获取数据和信息，已经成为大学生获取外界信息的主要途径，如图3-12所示占比达到了91.67%，这是大数据时代开展高校学生思想政治教育工作的重要前提，亟待引起高度的重视。

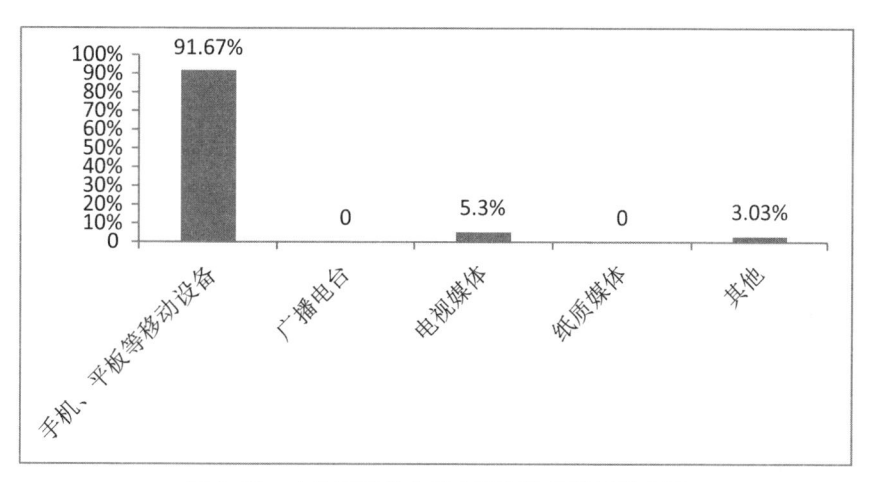

图3-12 大数据时代大学生获取信息的渠道来源

如图3-13所示，对大数据时代大学生获取信息的类型调查中发现，时事热点、社会生活、娱乐综艺排名前三，占比都超过了一半，其中选择时事热点的占比最高，达到了89.39%，这是新时代开展高校思想政治教育工作的新机遇，需要充分利用这一大数据时代的新趋势，提高思想政治教育工作的针对性和实效性。

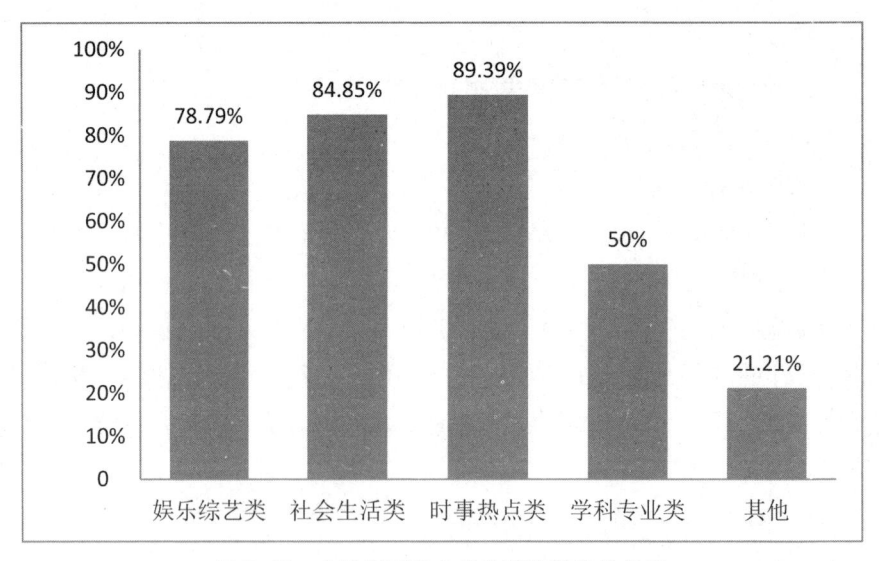

图 3-13　大数据时代大学生获取信息的类型

2. 对大数据时代思想政治教育的认知

通过对大数据时代下大学生思想政治教育的内容、主要手段、主要模式、主要载体的调查，我们发现，爱国主义、人生观、世界观、价值观、思想道德与法律基础、理想信仰等成为大学生首选的思想政治教育内容，其中爱国主义占比最高达到了 87.12%，人生观世界观价值观和道德修养与法律基础类排名次之，这也与当前的思想政治教育工作的内容范式基本吻合，如图 3-14 所示。

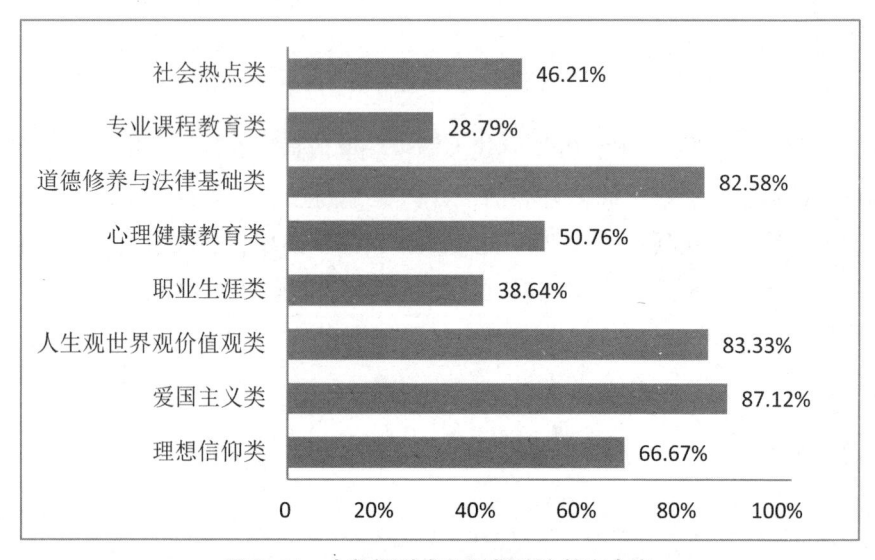

图 3-14　大数据时代下思想政治教育内容

在对大学生思想政治教育的主要手段调查中发现，传统的老师理论讲授第一课堂仍然占据第一位，是思想政治教育工作的主渠道，如图 3-15 所示占比达到 56%，道德社会实践等第二课堂排名次之，这也为大数据时代高校思想政治教育工作提供了方向。与此相对应的教师主导型的思政教育工作模式仍然是主要范式，占比达到了 48%，学生的主导地位还未最终形成，如图 3-16 所示。

如图 3-17 所示，在调查大数据时代大学生思想政治教育的主要载体时发现，微信、QQ、微博、抖音等电子载体已经成为学生获取思想政治教育的主要载体，占比达到了 80.3%，这一方面为大数据时代高校开展思想政治教育工作提供了重要参考，另外也提示需要对传统思想政治教育载体和渠道进行改革，适应大数据时代的社会要求。

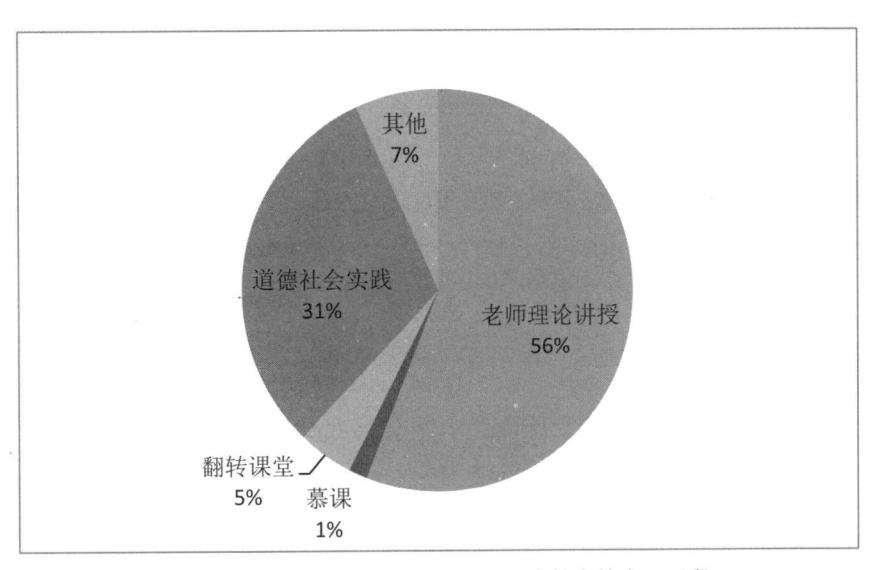

图 3-15　大数据时代大学生思想政治教育的主要手段

3. 对大数据与思想政治教育关系的认知在对大数据与大学生思想政治教育关系的调查时，通过调查大数据对大学生影响内容、人际沟通、大学生思想政治教育特征等方面，如图 3-18 所示，我们发现，大数据已经影响到大学生的方方面面，其中对生活方式的影响最大，占比达到 80.3%，其次为对价值观的影响，占比达到 71.21%，这使得高校开展思想政治教育工作成为可能，高校要积极应对这一外在环境变化。

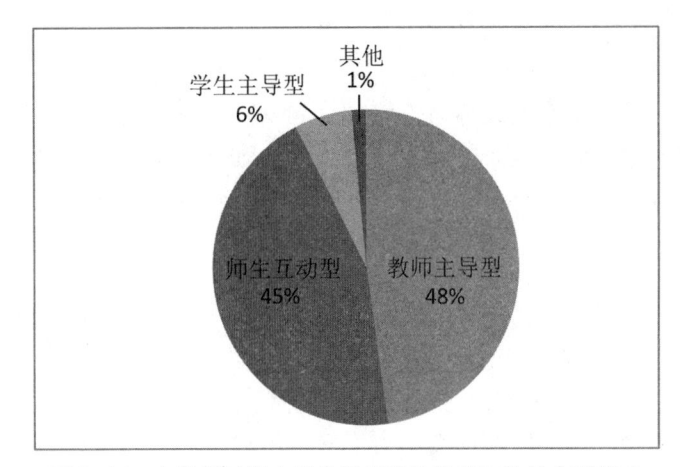

图 3-16　大数据时代大学生思想政治教育工作的主要模式

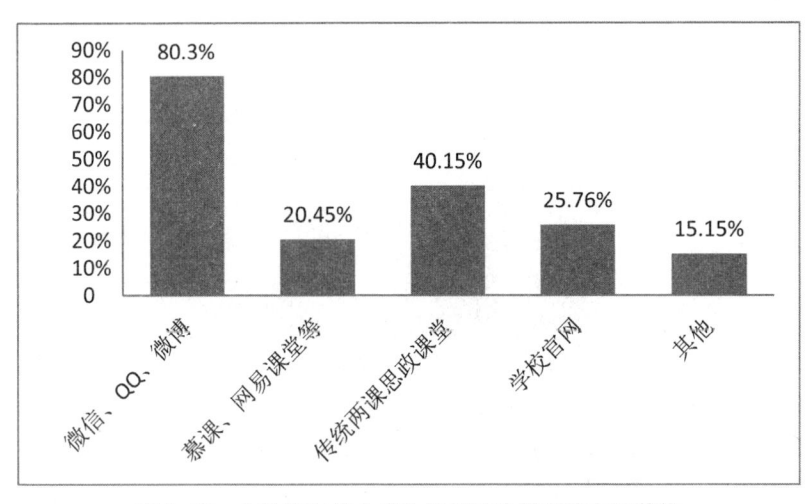

图 3-17　大数据时代大学生思想政治教育的主要载体

如图 3-19、图 3-20 所示，调查大数据时代师生关系和距离的变化发现，更多大学生认为因为大数据的便利，变得更加亲近，成为第一选择，占比 35%，也有近 16% 的大学生选择了疏远了，这提醒我们要注意大数据对大学生人际沟通的正向和负向的影响。另外，调查中也了解到，大学生认为大数据时代大学生思想政治教育更加呈现资源信息化、形式多样化等特征，这与传统思想政治教育相比有了很大改变，这也表明面对大数据带来的机遇与挑战，高校思想政治教育工作也逐渐与时俱进，开展信息化背景下的探索和实践，这也符合大数据时代大学生思想政治教育的现实经验。

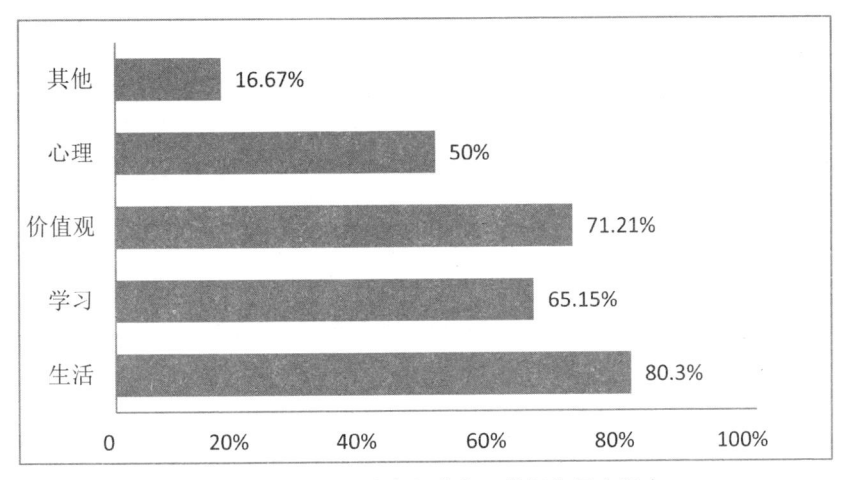

图 3-18 大数据影响大学生日常行为程度调查

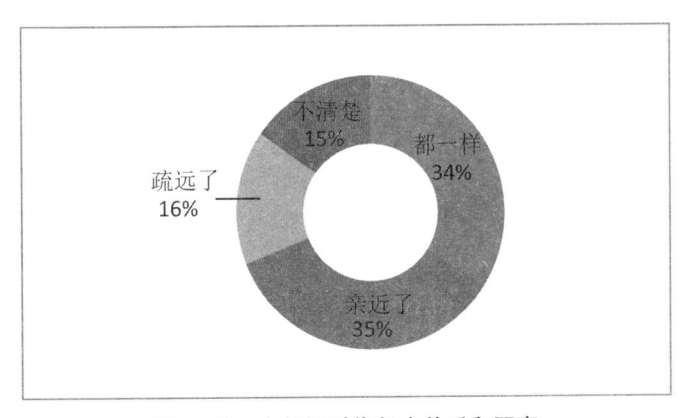

图 3-19 大数据时代师生关系和距离

二、学生对大数据时代高校思想政治教育认知的交叉分析

（一）性别差异分析

1. 对大数据的整体认知方面

如图 3-21、图 3-22 所示，通过性别交叉分析可以发现，男女生在获得大数据信息的主要途径基本一致，手机、平板等移动设备是主要渠道。男女生在获取信息内容上，主要接触娱乐综艺、社会生活、时事热点较多，而学科专业类和其他类偏少。女生对娱乐综艺类信息的关注度超过男生，男生对时事热点类信息的关注度超过女生。

思想政治教育形式多样化　73.48%
思想政治教育资源信息化　70.45%
思想政治教育主体明确化　35.61%
思想政治教育环境复杂化　40.91%

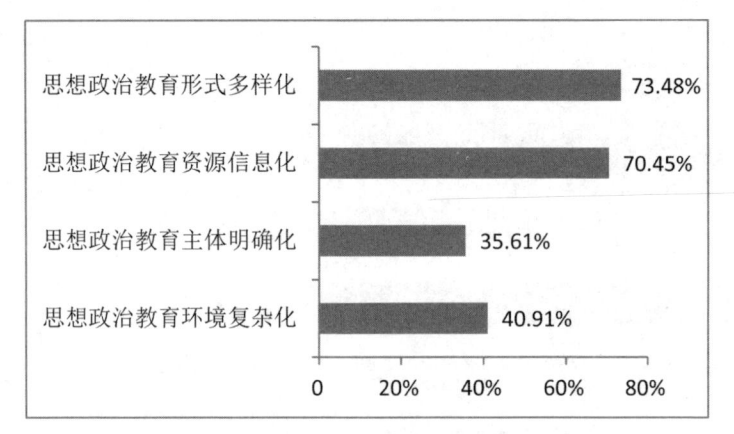

图 3-20　大数据时代大学生思想政治教育的特征

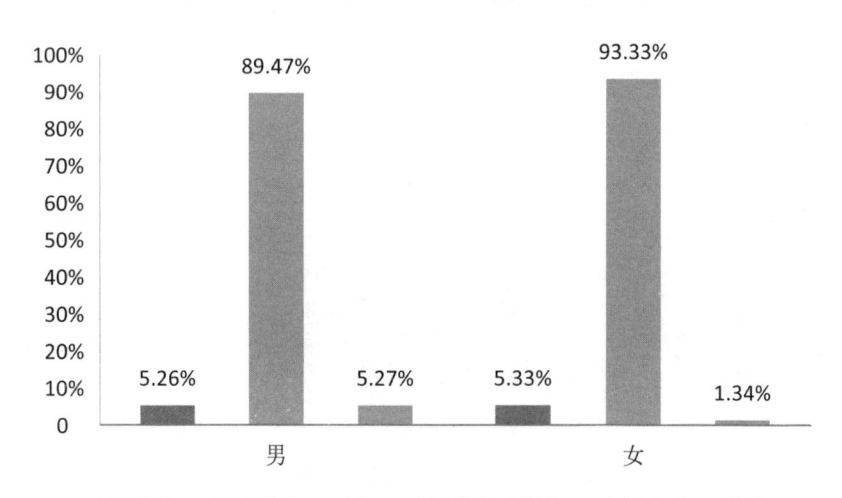

男：电视媒体 5.26%，手机、平板等移动设备 89.47%，广播电台 5.27%
女：电视媒体 5.33%，手机、平板等移动设备 93.33%，其他 1.34%

■电视媒体　■纸质媒体　■手机、平板等移动设备　■广播电台　■其他

图 3-21　大数据时代获取信息渠道的性别差异

2. 对大数据时代高校思想政治教育的认知情况

如图 3-23、图 3-24、图 3-25 所示，首先，男女生都认为高校思想政治教育内容主要分为爱国主义类、人生观世界观价值观类、道德修养与法律基础类、理想信仰类等几个类型，女生对理想信仰、道德修养和法律基础更加重视，男生在职业生涯认知中略高于女生。其次，男生和女生普遍认为大数据对他们生活、学习产生较大影响，其中，女生认为对价值观和心理产生很大影响，男生相比之下认为其没有这么大影响。最后，在思想政治教育工作载体选择方面，女生认为大学生思政教育手段主要是老师理论讲授，第一课

堂更加重要，而男生则认为老师理论讲授的第一课堂和道德社会实践的第二课堂都非常重要，这有着显著的性别差异。

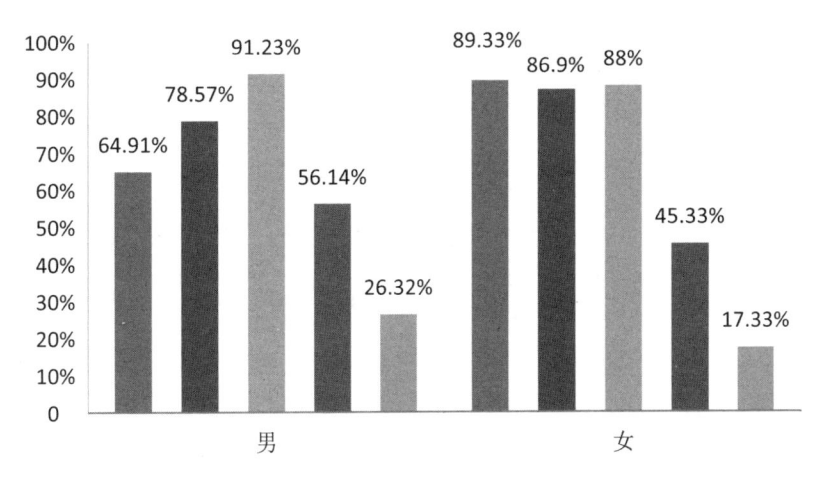

图 3-22 大数据时代获取信息内容的性别差异

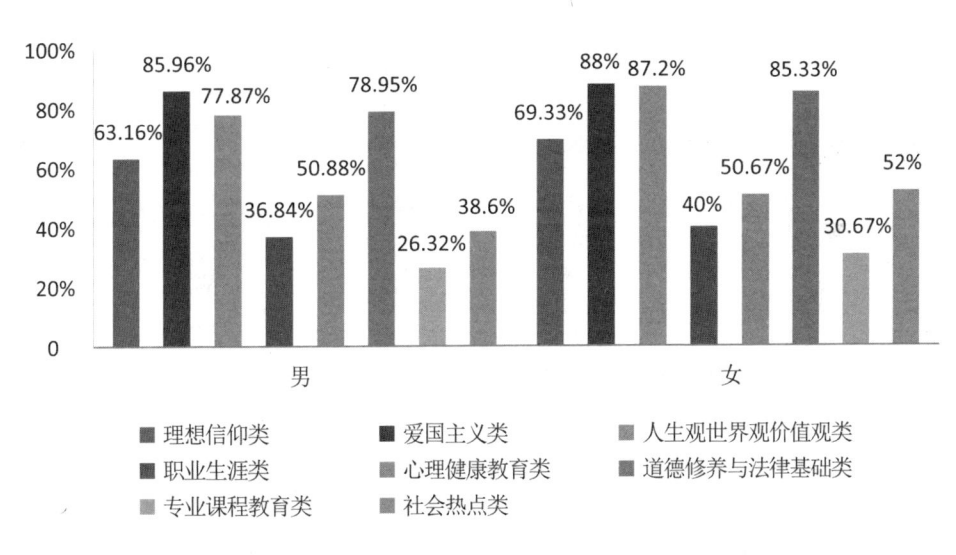

图 3-23 大数据时代高校思想政治教育内容的性别差异

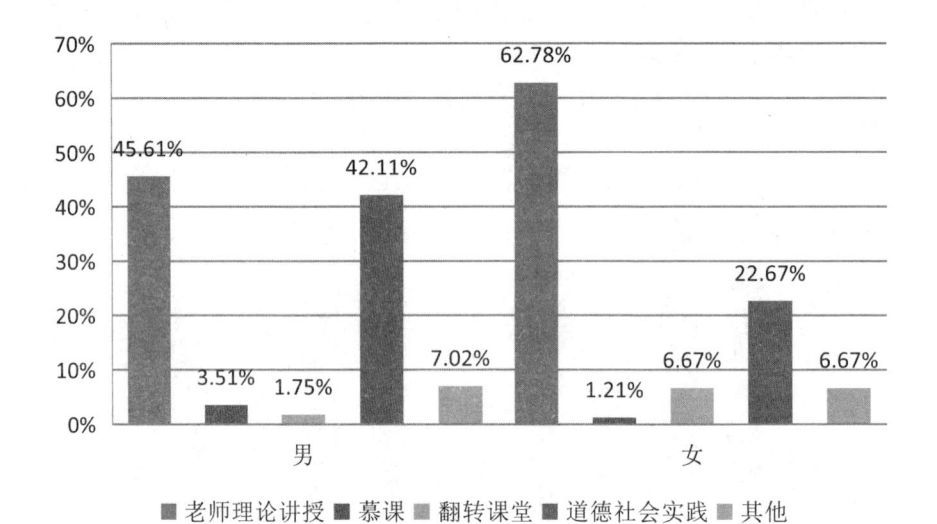

图 3-24 大数据对日常行为影响的性别差异

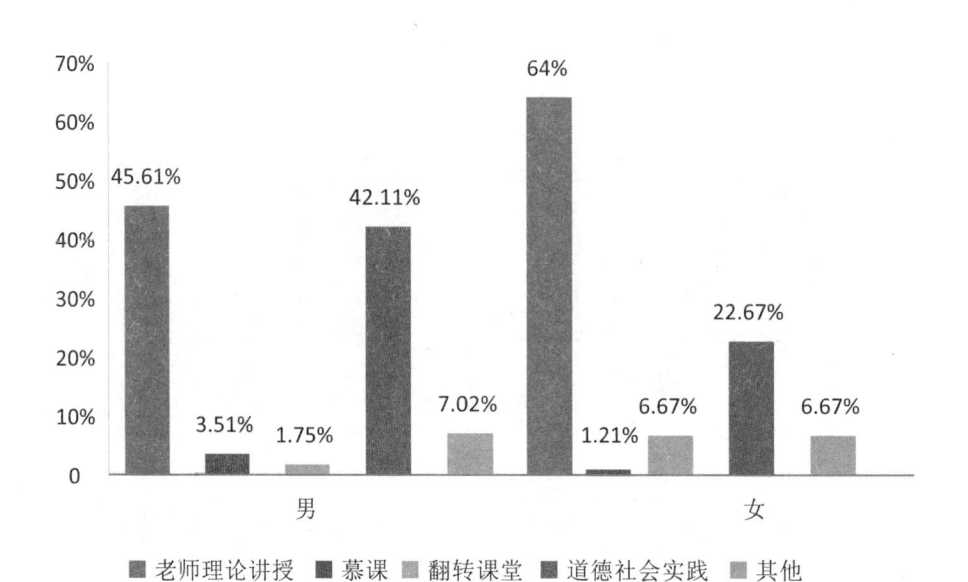

图 3-25 大数据时代高校思想政治教育工作载体选择性别差异

3. 大数据与高校思想政治教育关系的认知

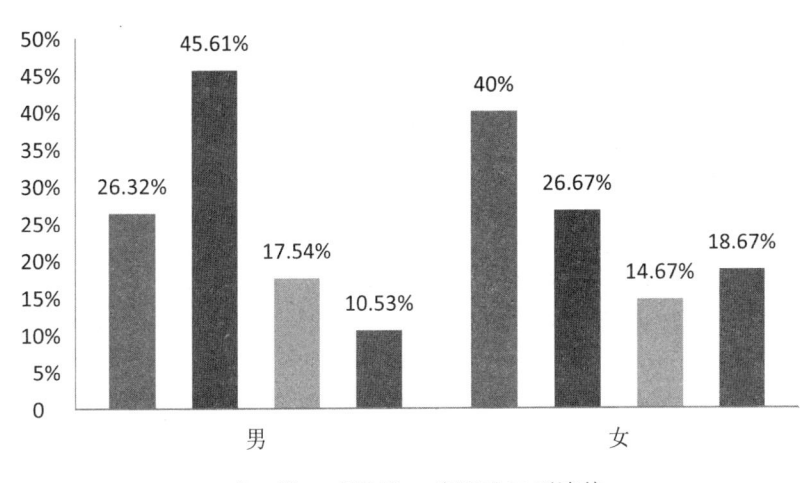

图 3-26 大数据时代师生关系认知的性别差异

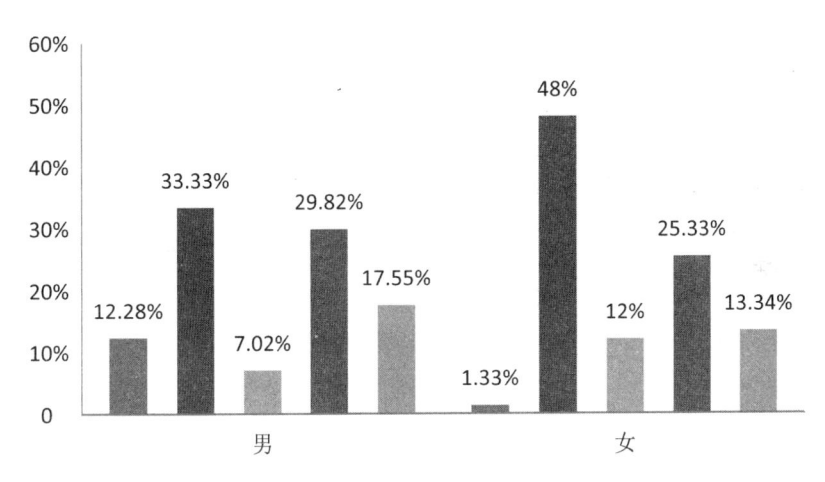

图 3-27 大数据是否会侵犯个人隐私的认知性别差异

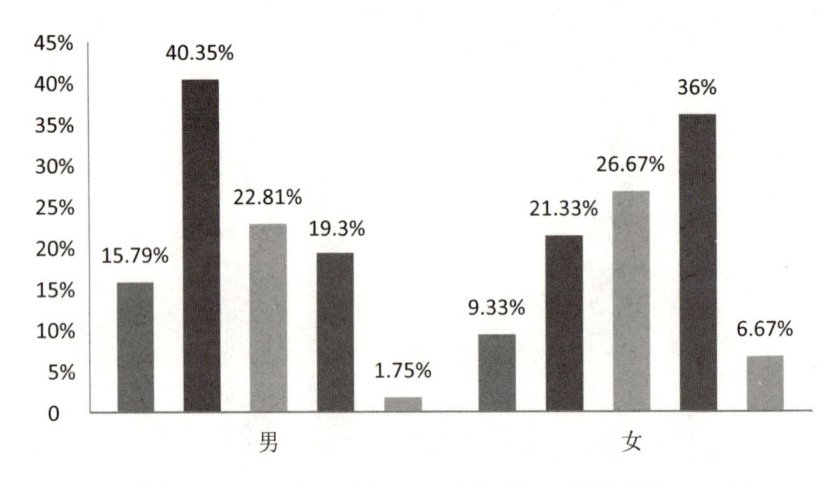

图 3-28　大数据时代高校思想政治教育工作的缺陷认知的性别差异

如图 3-26、图 3-27、图 3-28 所示，首先，对大数据是否影响师生关系的认知中，大部分男生认为与老师的现实距离因为数字化、信息化变得更加亲近了，这可能与男生更加积极地沟通有密切关系，但是大部分女生认为都一样。其次，对大数据是否会侵犯个人隐私方面的认知呈现明显的性别差异，男生对此持谨慎态度，有近 30% 的人认为会部分地侵犯个人隐私。而大部分女生则认为一般不会侵犯个人隐私。最后，在大数据时代高校思想政治教育工作的缺陷认知方面，大部分男生认为缺少灵活性，占比高达 40.35%，其次为缺乏创新性。而女生则把高校思想政治教育工作的接受程度低放在第一位，占比高达 36%，这也显示出当前的思想政治教育工作需要进一步提高其针对性和有效性。

大部分男生认为通过校园卡进行记录行为对于隐私的影响很模糊，而大部分女生则认为一般不会。在主要缺点方面，男生认为大学思政教育主要缺点是缺少灵活性和创新性，而对于大部分女生来说则是接受程度低。

(二）年龄差异分析

1. 对大数据的整体认知方面

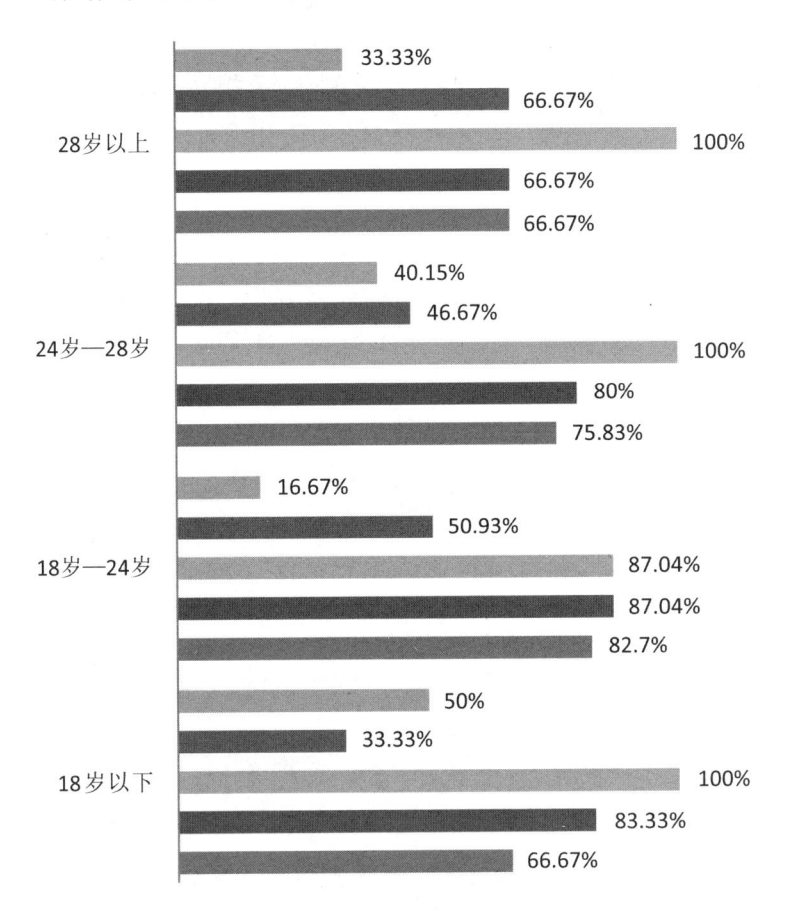

28岁以上
- 其他 33.33%
- 学科专业类 66.67%
- 时事热点类 100%
- 社会生活类 66.67%
- 娱乐综艺类 66.67%

24岁—28岁
- 其他 40.15%
- 学科专业类 46.67%
- 时事热点类 100%
- 社会生活类 80%
- 娱乐综艺类 75.83%

18岁—24岁
- 其他 16.67%
- 学科专业类 50.93%
- 时事热点类 87.04%
- 社会生活类 87.04%
- 娱乐综艺类 82.7%

18岁以下
- 其他 50%
- 学科专业类 33.33%
- 时事热点类 100%
- 社会生活类 83.33%
- 娱乐综艺类 66.67%

■ 娱乐综艺类 ■ 社会生活类 ■ 时事热点类 ■ 学科专业类 ■ 其他

图 3-29　大数据时代对不同内容关注的年龄差异

图中数据：

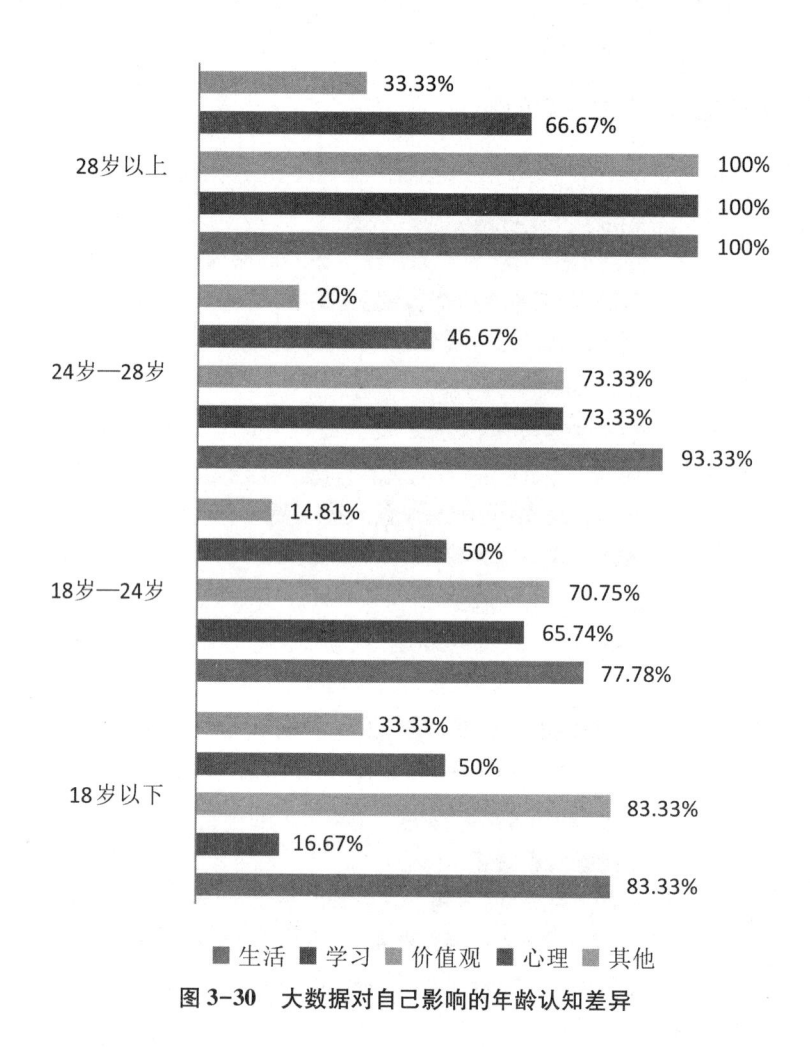

28岁以上：33.33%、66.67%、100%、100%、100%

24岁—28岁：20%、46.67%、73.33%、73.33%、93.33%

18岁—24岁：14.81%、50%、70.75%、65.74%、77.78%

18岁以下：33.33%、50%、83.33%、16.67%、83.33%

■生活 ■学习 ■价值观 ■心理 ■其他

图 3-30 大数据对自己影响的年龄认知差异

如图 3-29、图 3-30、图 3-31、图 3-32 所示，首先，不同年龄段大学生对网络信息的关注点也呈现出一定的年龄差异。对娱乐综艺类内容的关注呈现随着年龄的增加关注度升高，达到 24 岁左右则呈下降趋势。社会生活类、时事热点类总体呈现稳定态势，年龄变化影响不大。而学科专业类则呈现明显年龄差异，随着年龄的增加，就读年级的升高，学科专业类信息越来越受到重视。其次，在对大数据影响个人的认知判断方面，对学习的影响与年龄增加呈现正比例关系，随着年龄和年级的增加，认为其对学习的影响更加重要。而对大数据影响个人价值观的判断，随着年龄的增加呈现先高后低的态势，对生活和心理的影响随着年龄的增加则呈现逐渐上升的态势，这为更好地开展高校思想政治教育工作提供了参考。最后，对大数据是否会侵犯个人

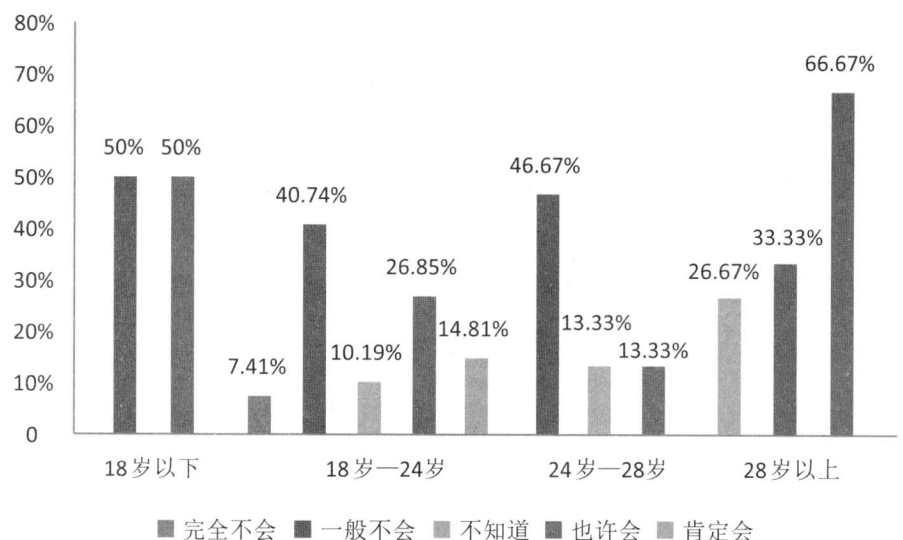

图 3-31　大数据记录等行为是否会影响隐私的判断

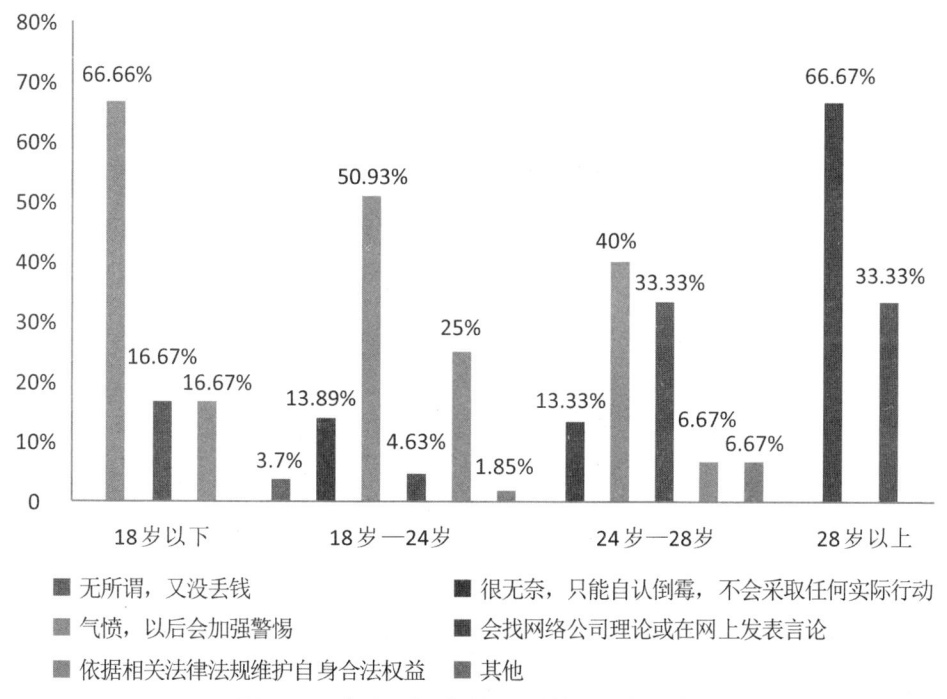

图 3-32　在隐私权受到侵犯时的行为选择判断

隐私及采取的行为对策调查时发现，随着年龄的增加，认识更加理性和科学，认为大数据有很大的侵犯隐私的风险。而应对侵权的举措更加理性，选择维护自身权益的比重不断提升。

2. 大数据背景下的高校思想政治教育认知

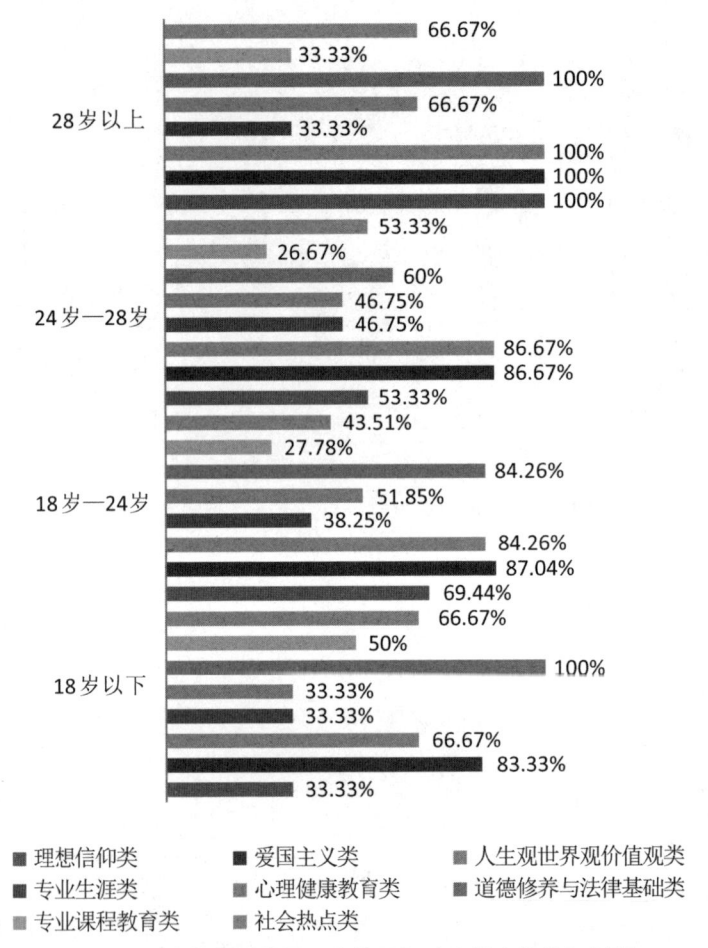

28岁以上
- 66.67%
- 33.33%
- 100%
- 66.67%
- 33.33%
- 100%
- 100%
- 100%

24岁—28岁
- 53.33%
- 26.67%
- 60%
- 46.75%
- 46.75%
- 86.67%
- 86.67%
- 53.33%

18岁—24岁
- 43.51%
- 27.78%
- 84.26%
- 51.85%
- 38.25%
- 84.26%
- 87.04%
- 69.44%
- 66.67%

18岁以下
- 50%
- 100%
- 33.33%
- 33.33%
- 66.67%
- 83.33%
- 33.33%

图例：
- 理想信仰类
- 爱国主义类
- 人生观世界观价值观类
- 专业生涯类
- 心理健康教育类
- 道德修养与法律基础类
- 专业课程教育类
- 社会热点类

图3-33 大数据时代属于高校思想政治教育的认知判断

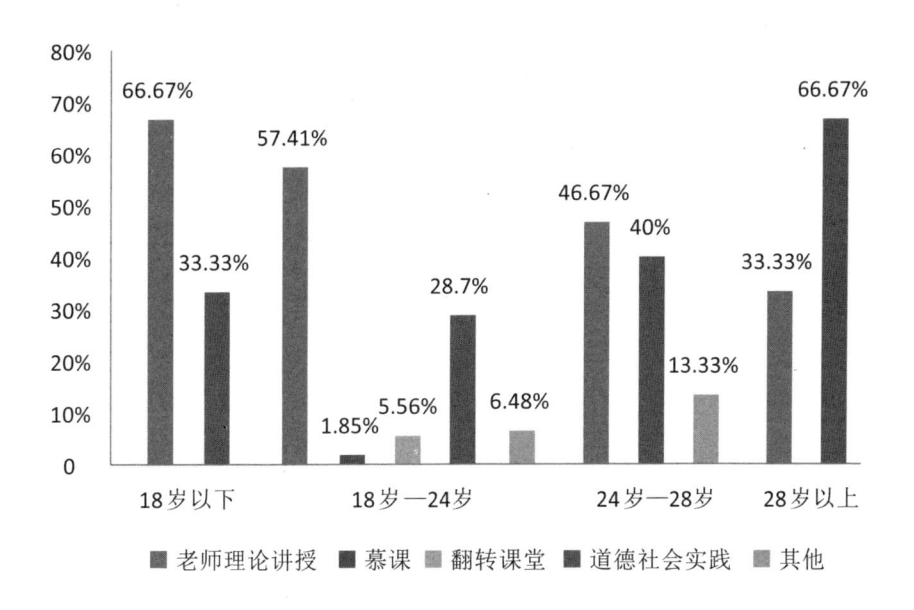

图 3-34　大数据时代高校思想政治教育手段的认知判断

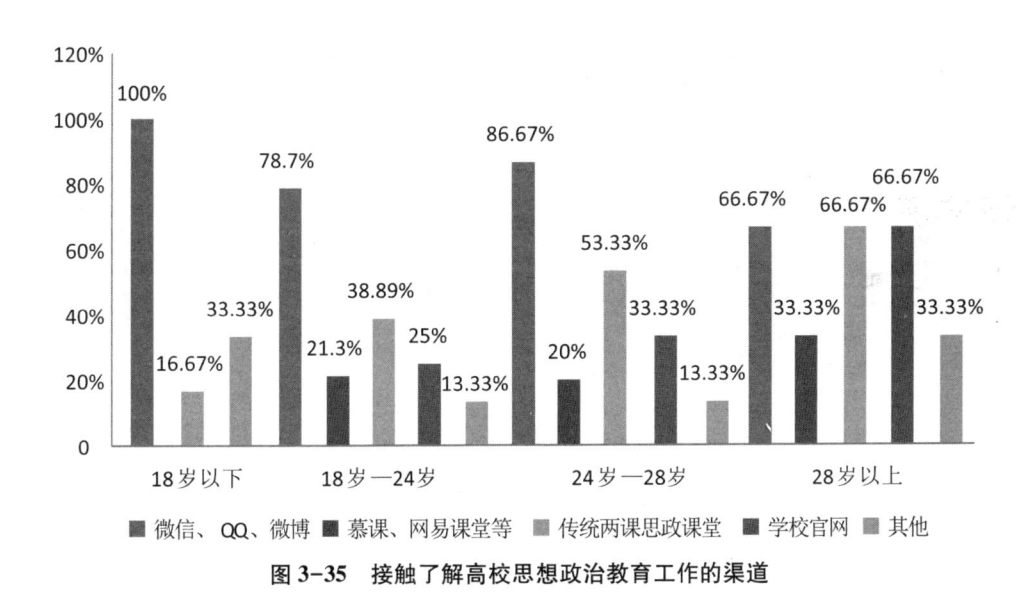

图 3-35　接触了解高校思想政治教育工作的渠道

如图 3-22、图 3-34、图 3-35 所示，首先，大学生对哪些内容属于高校思想政治教育有着明显的年龄差异。低年级的大学生更多地认为道德修养和法律基础、爱国主义、人生观世界观价值观、社会热点等内容属于高校思想政治内容，而随着年龄和年级的增长，认识更加成熟，理想信仰、爱国主义、

61

人生观世界观价值观和道德法律最终成为大部分学生的选择。其次，在大数据时代高校思想政治教育手段的认知上，年龄差异更加明显。第一课堂教师的作用随着年龄的增加年级的提高，呈现下降态势，低年级高度认同教师的第一课堂主渠道作用。而对道德社会实践第二课堂的认知，则呈现完全相反的趋势，与年龄的增加呈现反比例关系，高年级的同学更加认同社会实践第二课堂的作用，开展高校思想政治教育工作要紧密结合学生的认知规律，从而提高思想政治教育工作的有效性。最后，调查发现接触了解高校思想政治教育工作的渠道，有着较明显的年龄差异。低年级的同学主要依赖于微信、QQ、微博等新媒体手段，而随着年龄的增加，大学生呈现多渠道获取思想政治教育的态势，微信、慕课、网站等互联网平台资源都成为高年级学生获取思想政治教育的重要渠道。

3. 大数据与高校思想政治教育工作的融合情况

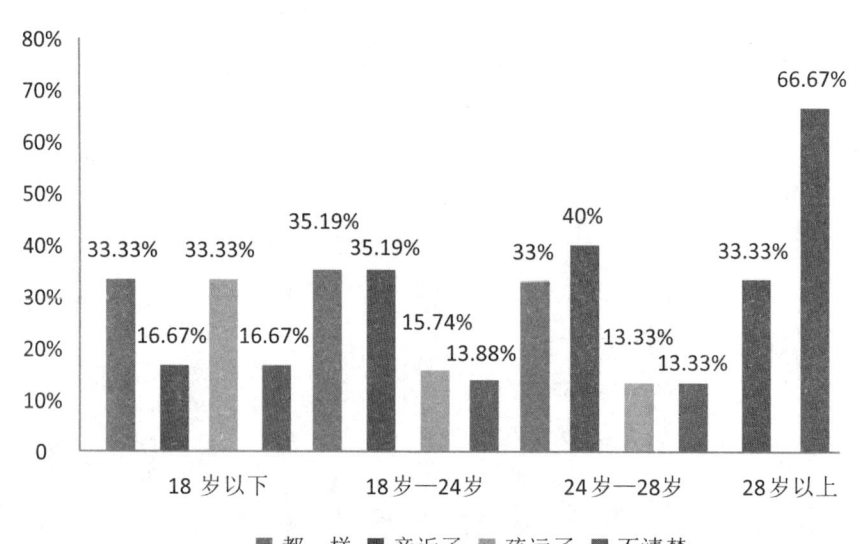

图 3-36　大数据时代的师生关系认知

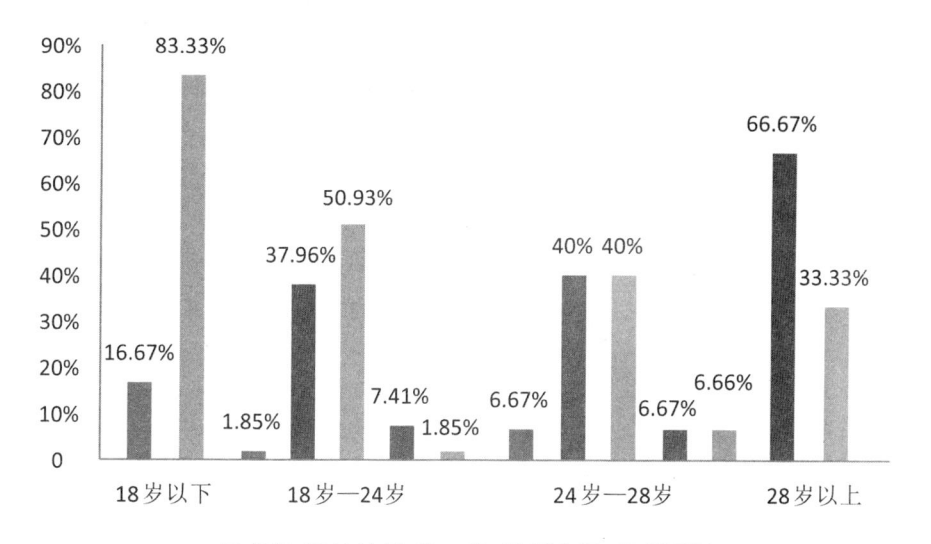

图 3-37 目前高校思想政治教育的效果判断

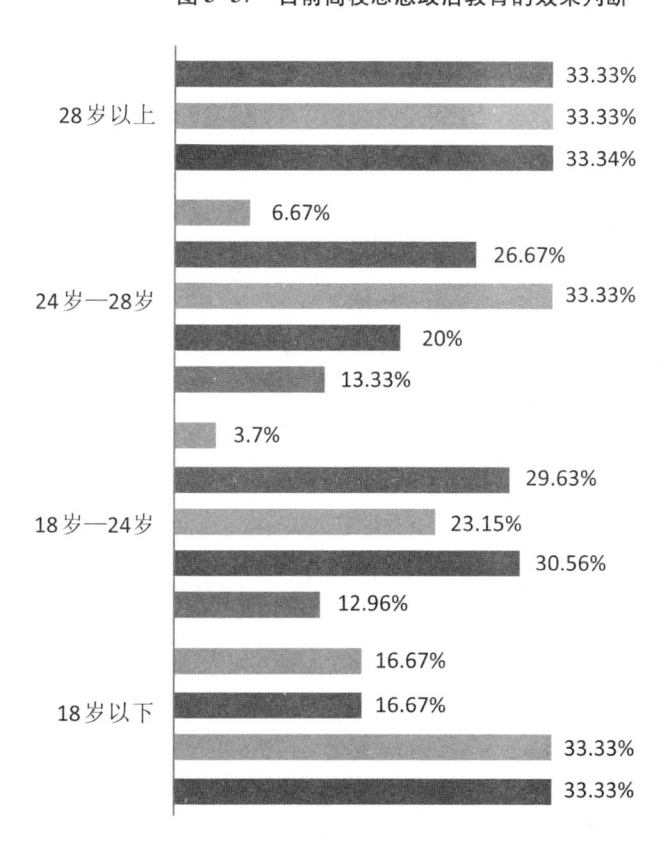

图 3-38 高校思想政治教育的缺陷判断

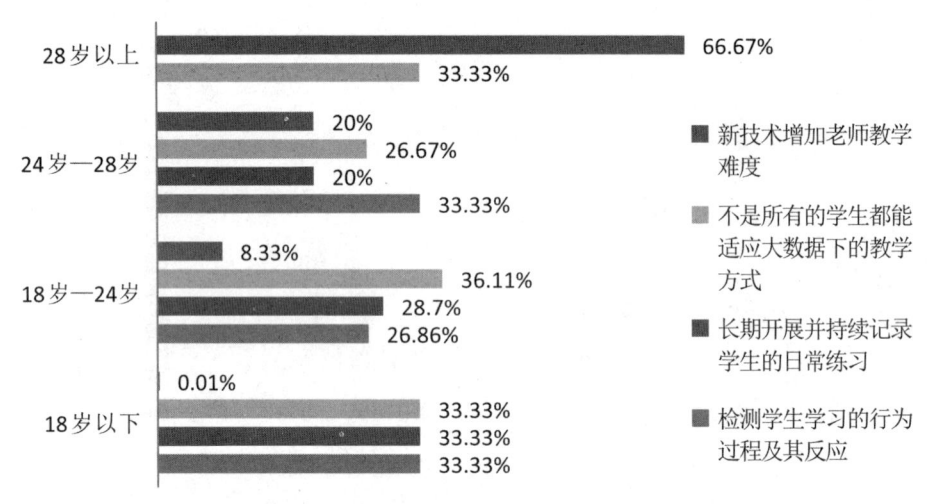

图 3-39 大数据时代提高教学效果的难点认知

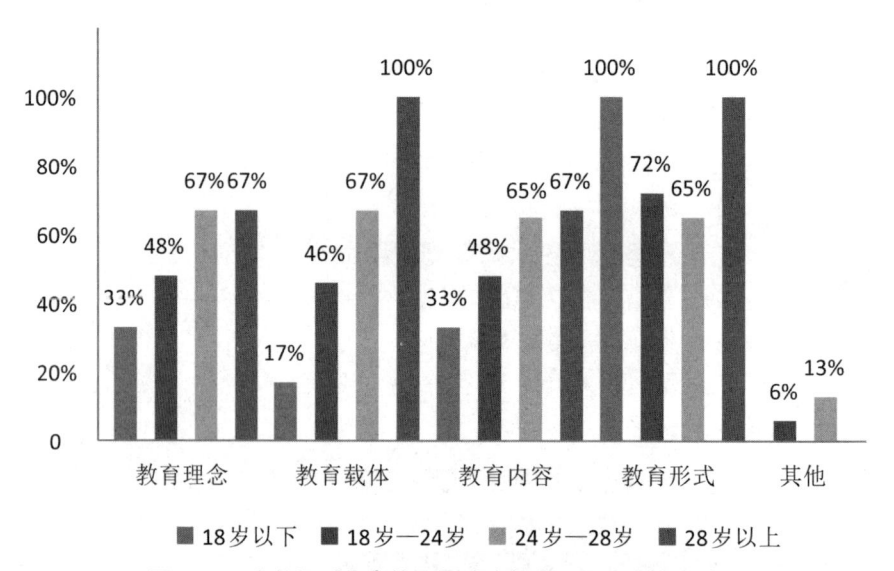

图 3-40 大数据时代高校思想政治教育工作改进措施判断

图 3-41 大数据时代对教师的期望

如图 3-36、图 3-37、图 3-38、图 3-39、图 3-40、图 3-41 所示，首先，对大数据影响师生关系的理解中，不同年龄的认知差异较明显。低年级的 30% 左右的学生认为师生关系疏远了，而随着年龄的增加，则认为大数据的使用使得师生关系更加和谐，距离更加亲近。其次，对高校思想政治教育效果及其缺陷判断的认知上，不同年龄的学生认知存在较大差异。低年级的学生对目前思想政治教育效果的评价较低，而高年级的同学认同度有较大提升。在对缺陷判断的认知上，由数据可知，低年级的同学认为高校思想政治教育的缺陷在于缺少灵活性、缺乏创新性，对教育效果的实效性不是很关注，而随着年龄的增加，则越来越强调教育的实效性。另外，对大数据时代提高教学效果的难点认知上，高年级的同学认为新技术增加老师教学难度是最大的困难，其次是不是所有的学生都能适应这种转变。最后，在大数据时代高校思想政治教育工作的举措和对老师的期望方面，教育理念、教育载体、教育内容随着年龄的增加，都得到了更多的重视和强调，采取各种措施改进这些方面。而在大数据时代背景下对老师的期待方面，年龄差异不是很明显。都希望传统的教学方式被打破，希望老师注意建立大数据教学资源库，并实施个性化资源推荐，以及实施精准干预，直至全部学生达到了教学目标为止、

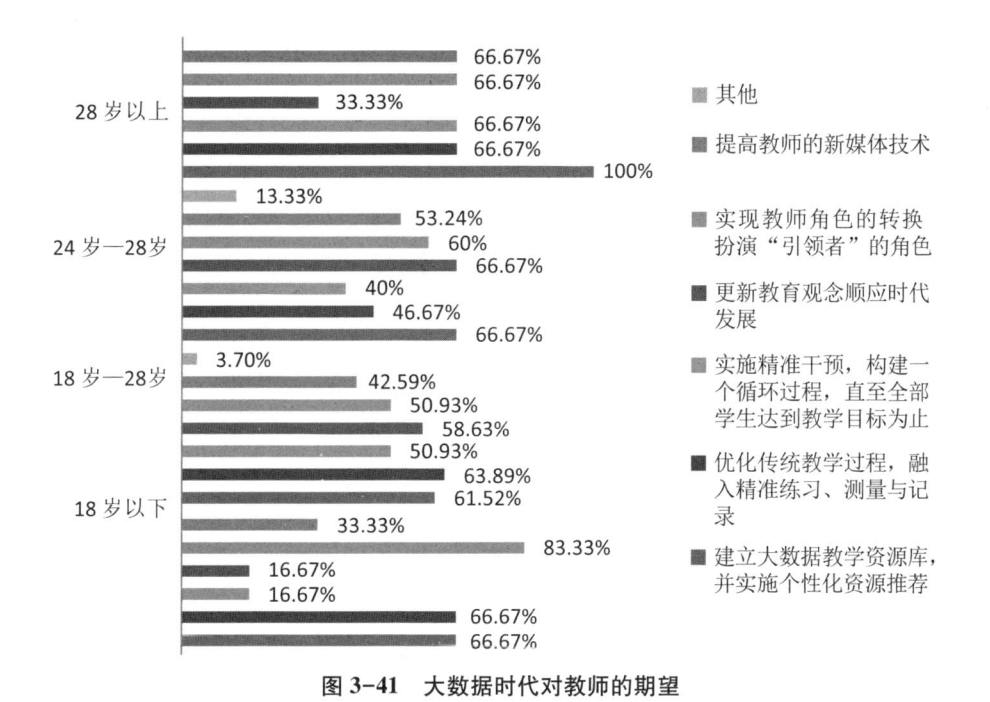

65

提高教师的新媒体技术应用能力等。

（三）学校类别交叉分析

1. 大数据的整体认知方面

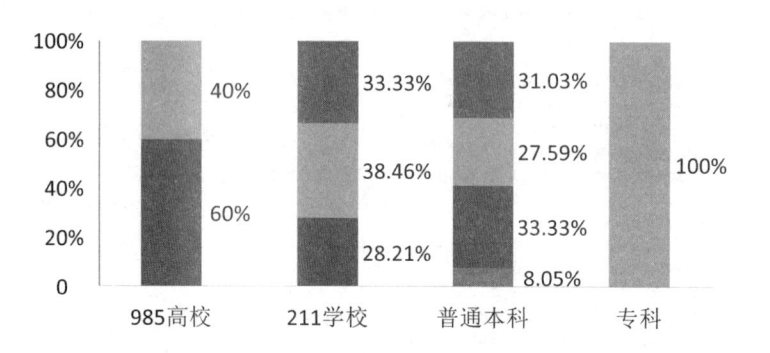

图中数据：
- 985高校：60%、40%
- 211学校：28.21%、38.46%、33.33%
- 普通本科：8.05%、33.33%、27.59%、31.03%
- 专科：100%

图例：
■ 2009年以前（大数据主题并购案出现）
■ 2012年《纽约时报》提出大数据时代、麦肯锡公司提出大数据时代到来
■ 2015年（国务院印发《促进大数据发展行为纲要》）
■ 现在

图3-42 了解大数据的时间差异

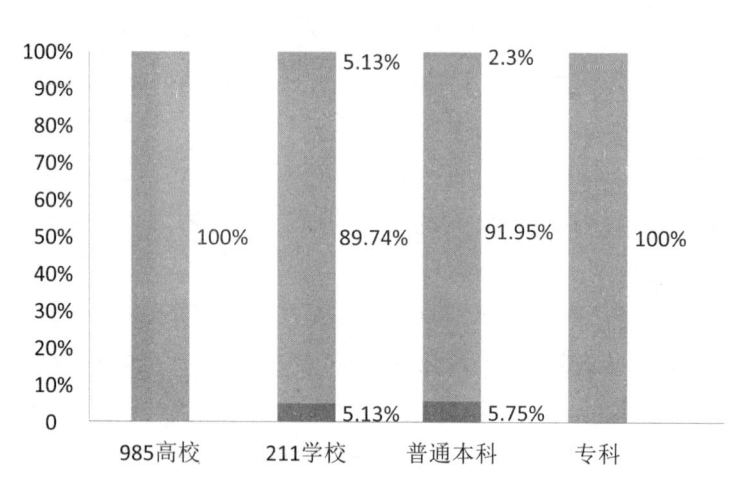

图中数据：
- 985高校：100%
- 211学校：5.13%、89.74%、5.13%
- 普通本科：2.3%、91.95%、5.75%
- 专科：100%

图例：■ 电视媒体 ■ 纸质媒体 ■ 手机、平板等移动媒体 ■ 广播电台 ■ 其他

图3-43 获取信息的渠道差异

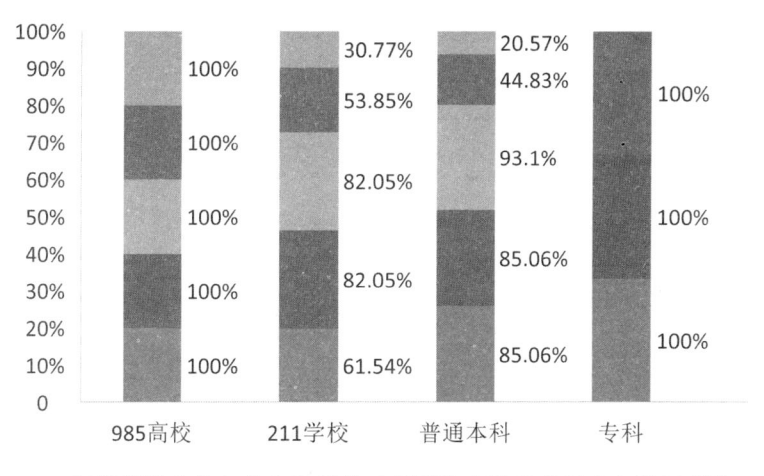

图 3-44 通过网络媒体获取的内容差异

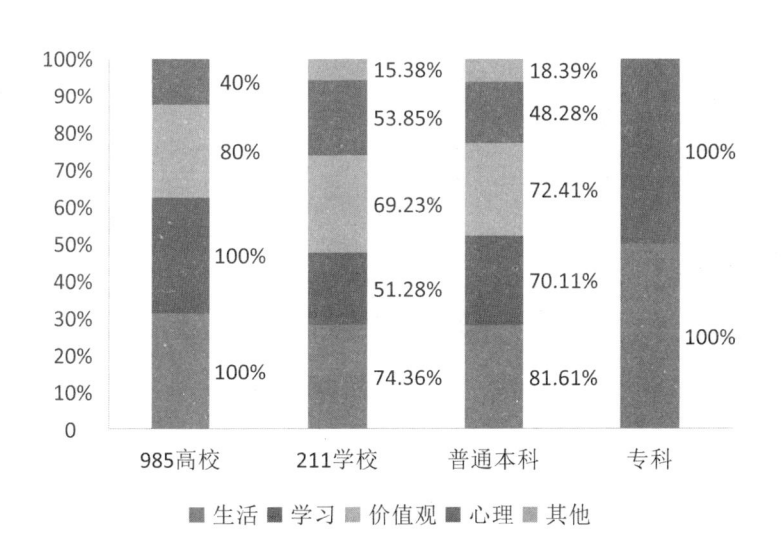

图 3-45 大数据对个人哪些方面的行为产生影响

图 3-46 大数据是否会侵犯个人隐私的认知

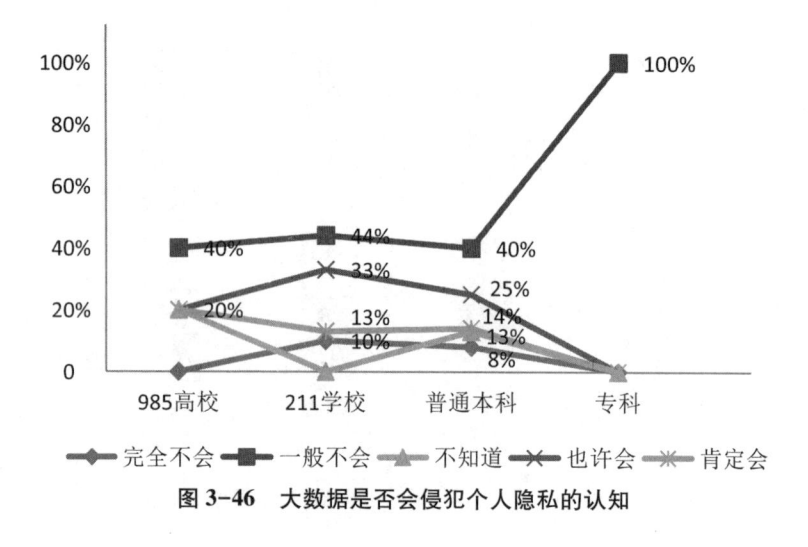

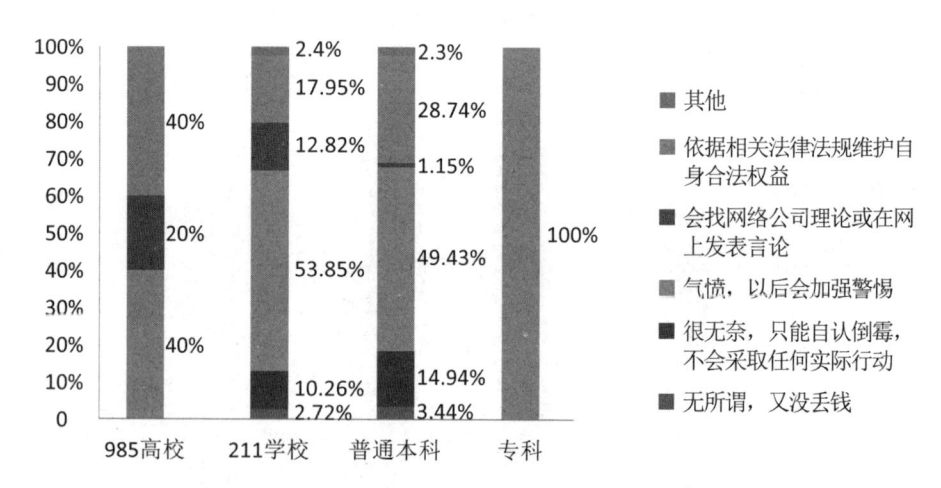

图 3-47 个人隐私受到侵犯时的举措

如图 3-42、图 3-43、图 3-44、图 4-45、图 3-46、图 3-47 所示，第一，在调查学生了解大数据的时间时，高校的特征差异有一定的体现。从数据得知：985 学校学生大部分是从 2012 年了解到大数据，211 学校学生大部分是从 2015 年和现在了解到大数据；普通本科学生大部分是从 2012 年和现在了解到大数据，只有少部分学生是从 2009 年以前了解到；专科学生几乎都是 2015 年才了解到大数据。第二，不同学校在获取信息的渠道差异不明显。无论是 985、211、普通高校和大专院校的学生，都主要依赖手机、平板等移动平台获取信息。第三，不同高校学生通过网络媒体获取内容上存在部分差异。985学校学生接触信息为娱乐综艺类、社会生活类、时事热点类、学科专业类；专科学生主要接触娱乐综艺类、社会生活类、学科专业类。娱乐类信息是所有类型高校学生关注的热点，但相比较而言，985高校和大专院校更关注。在大数据对个人哪些方面的行为产生影响调研中发现，存在明显的差异性。从数据得知：985学校学生认为大数据对生活和学习影响较大；211和普通本科学校学生认为对生活和价值观影响较大；专科学校学生认为对生活和心理影响较大。第四，不同高校学生对大数据是否会侵犯个人隐私及个人隐私受到侵犯时的措施、实践认知和行为选择有较大的差异性。从数据得知：大部分985学校、211学校和普通本科学生认为通过校园卡进行数据记录一般不会影响隐私，少部分认为也许会；专科学生普遍认为不会影响。而在被问及如果受到侵犯是否要采取措施时，大部分985学校学生认为隐私受到侵犯时要依据相关法律法规维护自身合法权益，具有很好的自我保护意识，其他类型的学校学生利用法律武器维护自身的合法权益的意识则相对较低。

2. 大数据背景下的高校思想政治教育认知

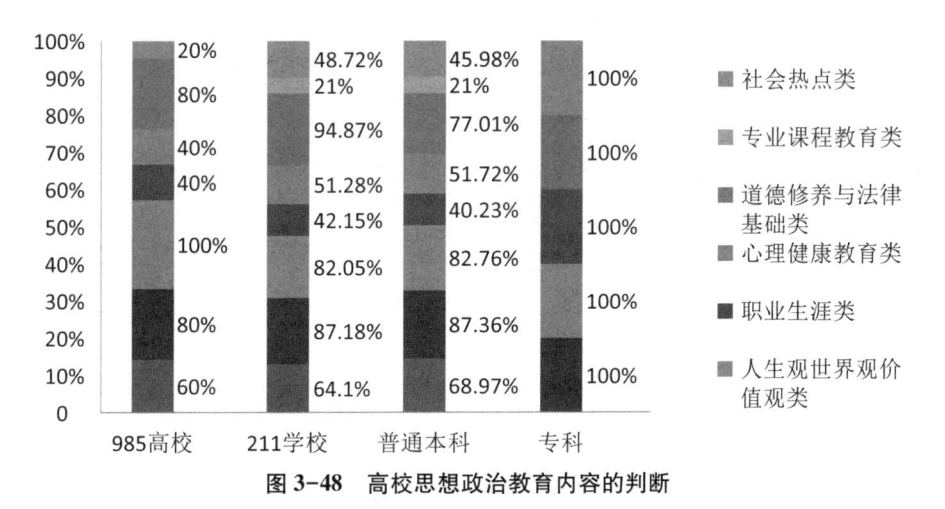

图 3-48 高校思想政治教育内容的判断

图 3-49 高校思想政治教育手段选择

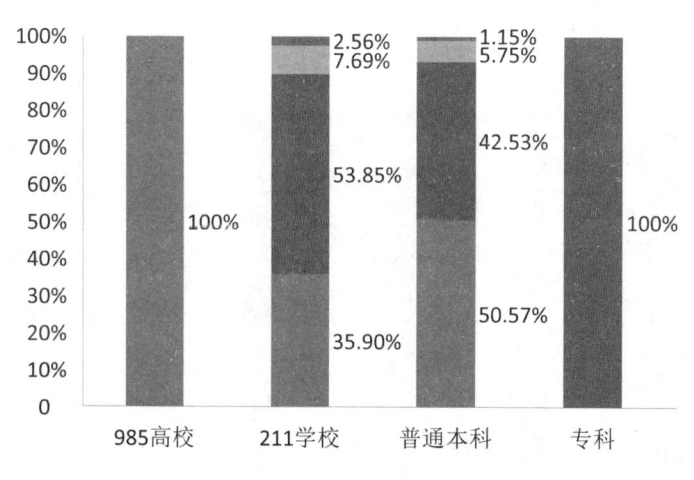

图 3-50 高校思想政治教育工作模式

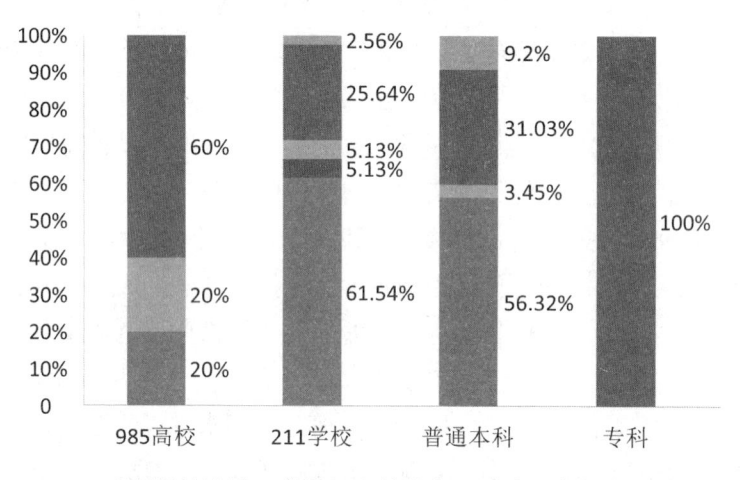

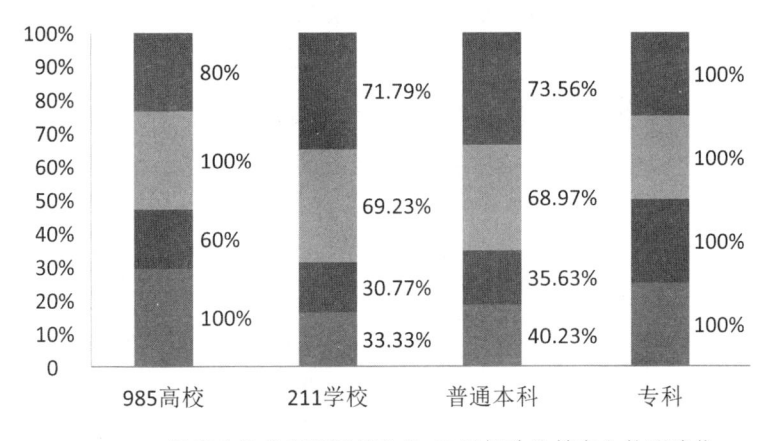

图 3-51 大数据时代高校思想政治教育的特征判断

如图 3-48、图 3-49、图 3-50、图 3-51 所示，首先，对大数据背景下高校思想政治教育内容的认知上，不同高校学生的差异不大。985、211 和普通本科学校学生认为高校思想政治教育内容涵盖人生观世界观价值观类、爱国主义类、道德修养与法律基础类；专科学校学生认为主要有道德修养与法律基础类、人生观世界观价值观类、职业生涯类、爱国主义类、社会热点类。其次，在高校思想政治教育手段选择上存在明显的学校差异，985 学校和专科学校学生更加强调通过道德社会实践第二课堂的方式，开展思想政治教育；而 211 学校和普通本科主要通过老师理论讲授重视第一课堂的方式开展思想政治教育。同时，高校思想政治教育的工作模式在不同高校呈现不同的模式，985 高校是教师主导型，专科类院校则更多地体现了师生互动型。最后，对大数据时代高校思想政治教育的特征判断上，985 学校为思政教育环境复杂化和资源信息化；211 学校和普通本科为思政教育形式多样化和资源信息化；专科则为思政教育环境复杂化、主体明确化、资源信息化和教育形式多样化。

3. 大数据与高校思想政治教育的融合情况

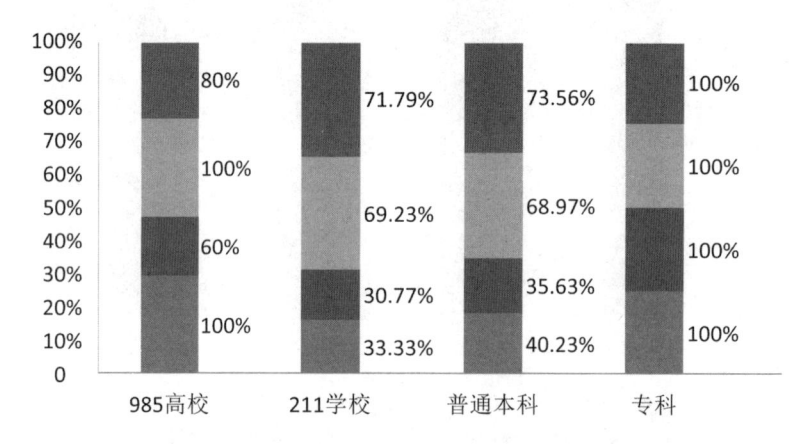

图 3-52 大数据时代的师生关系认知

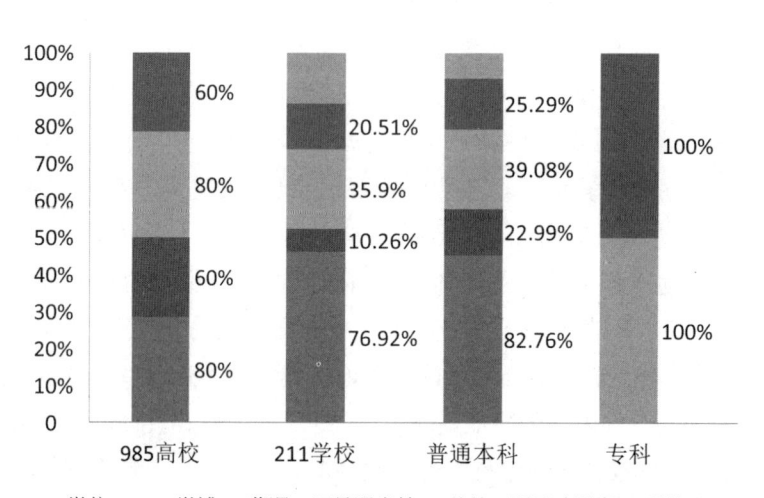

图 3-53 接触高校思想政治教育的渠道

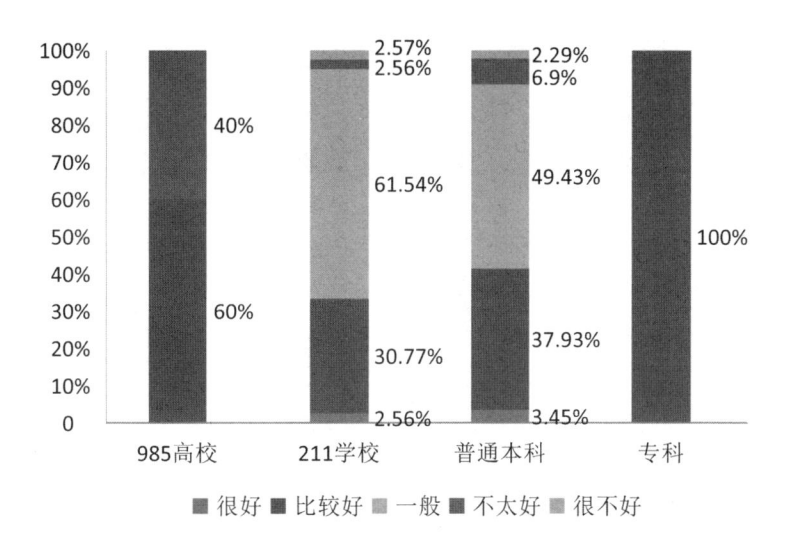

图 3-54 大数据时代高校思想政治教育效果评价

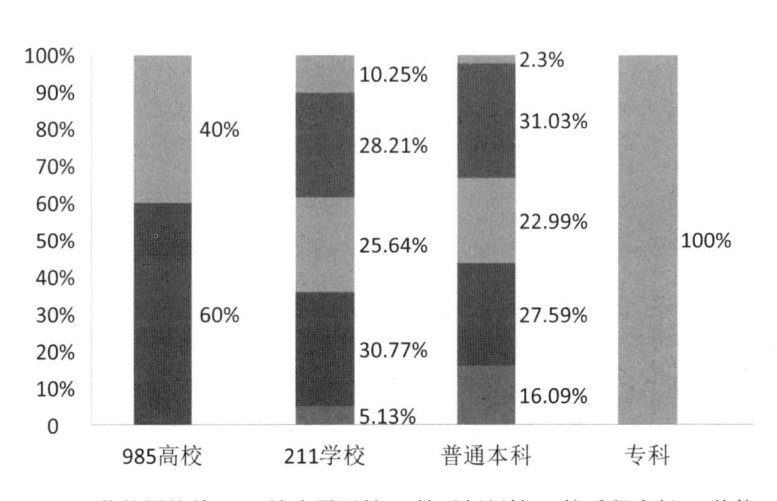

图 3-55 高校思想政治教育的缺陷

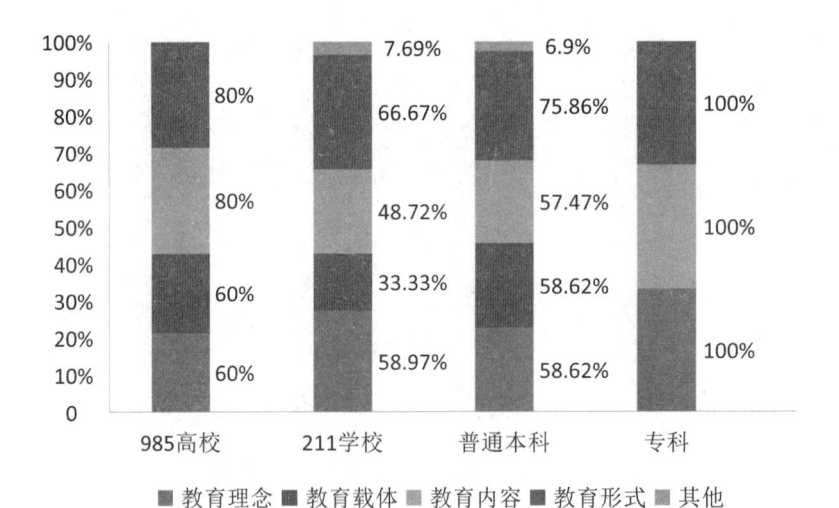

图 3-56 大数据时代高校思想政治教育改进的方向

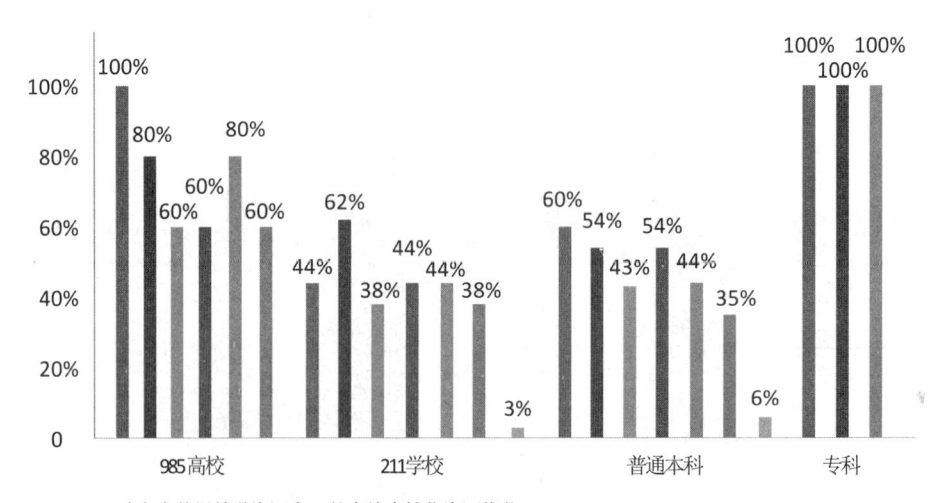

图 3-57 改变传统学习方式教师发挥什么作用和角色

如图 3-52、图 3-53、图 3-54、图 3-55、图 3-56、图 3-57 所示，首先，对于大数据时代的师生关系认知和接触高校思想政治教育的渠道，不同类型高校存在明显差异。大数据时代，在接触高校思想政治教育渠道方面，与其他类型学校相比，985高校学生接触的渠道更加多样化，除新媒体渠道之外，传统课堂和媒体也是其重要的载体。其次，在对大数据时代高校思想政治教育效果评价的调查中发现，不同高校的学生评价差异较大。985学校学生认为大数据时代下高校思政教育效果比较好，少部分学生持谨慎态度。211学校和普通本科学校学生认为效果一般，专科学校学生普遍认为比较好。最后，在对当前高校思想政治教育工作存在的缺陷和改进的举措调查中发现，不同高校学生的差异性认知明显。从数据得知：985学校学生认为目前大学思想政治教育的缺陷为缺乏创新性、缺少灵活性，而211学校学生认为缺乏灵活性和接受程度低是最主要的问题所在。普通本科学校学生认为主要为接受程度低，大部分专科生认为缺乏创新性。在改进的举措和方向选择上，985学校的学生认为，在大数据时代下高校思想政治教育工作需要改进教育内容和教育形式；211学校认为是教育理念和教育形式；普通本科学生认为是教育载体和教育形式；专科学生认为是教育理念、教育内容、教育形式。在对改变传统学习方式教师发挥什么作用和角色调查时，发现985学校学生希望老师注意建立大数据教学资源库，并实施个性化资源推荐；211学校学生希望老师优化传统教学过程，融入精准练习、测量与记录；普通本科更新教育观念顺应时代发展；专科学生希望老师实现教师角色的转换扮演"引领者"的角色。

综上所述，大学生是大数据时代高校思想政治教育工作的对象，要对高校大学生的思想政治教育需求进行全面分析，利用大数据等方法对需求内容、需求结构、需求层次等进行综合评估和把握，这是大数据时代开展高校思想政治教育工作的前提。基于大学生需求，开展思想政治教育供给，这是提高高校思想政治教育针对性和有效性的前提。

第三节 教师对大数据时代高校思想政治教育认知情况

一、教师对大数据时代高校思想政治教育总体认知

（一）对大数据的总体认知

如图3-58所示，老师对大数据的了解，在时间上相对集中，主要是在

2012年，麦肯锡公司提出大数据时代，使很多老师开始了解大数据。相对比较早的接触，使得老师能够对大数据有比较好的了解和掌握。

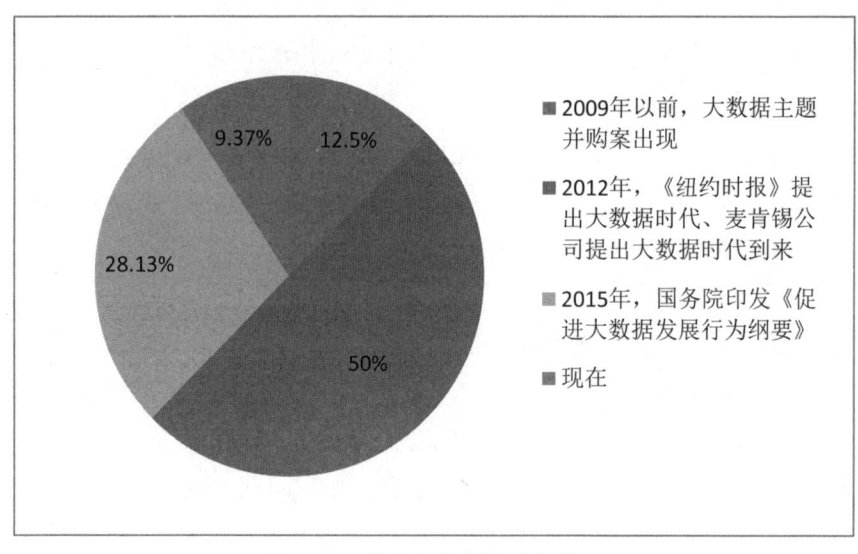

图 3-58　接触大数据的时间分析

（二）对大数据时代思想政治教育的认知

通过对教师进行大数据时代下高校思想政治教育的内容、主要手段、主要方式的调查，我们发现，人生观世界观价值观类、理想信仰类、爱国主义类成为老师首选的思想政治教育内容，占比分别为 93.75%、90.63% 和 84.38%，对道德修养与法律基础类的选择仅有 65.63%，这与学生把道德修养与法律基础选为高校思想政治教育的核心内容略有差异，具体如图 3-59 所示。

如图 3-60 所示，老师认为道德社会实践等第二课堂是当前高校思想政治教育工作的首要手段，占比达到 96.88%，这说明第二课堂在高校思想政治教育工作中具有较好的影响力；其次是理论课堂讲授为代表的第一课堂，占比为 84.38%，这也说明了第一课堂仍然是高校思想政治教育的主阵地。接下来是翻转课堂、慕课等新兴大数据时代高校思想政治教育工作的手段，与学生的认知存在一定的差异。

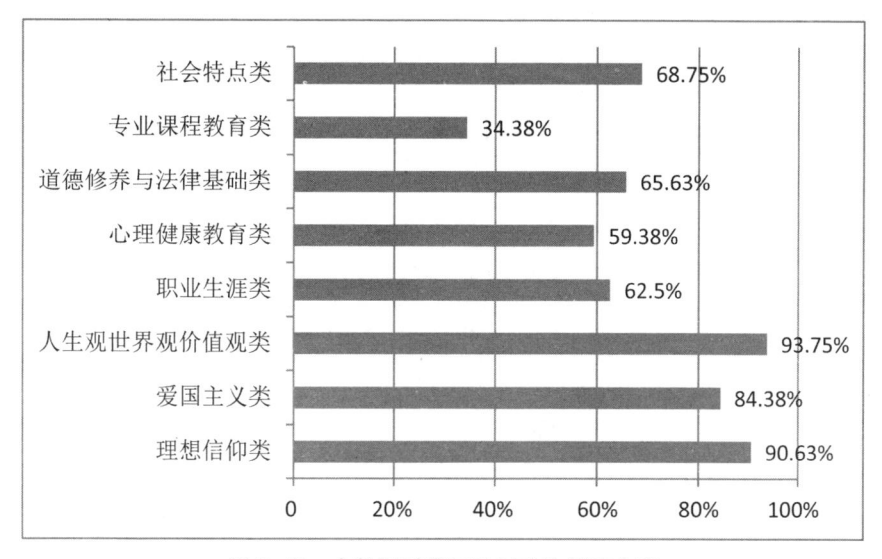

图 3-59 大数据时代下思想政治教育内容

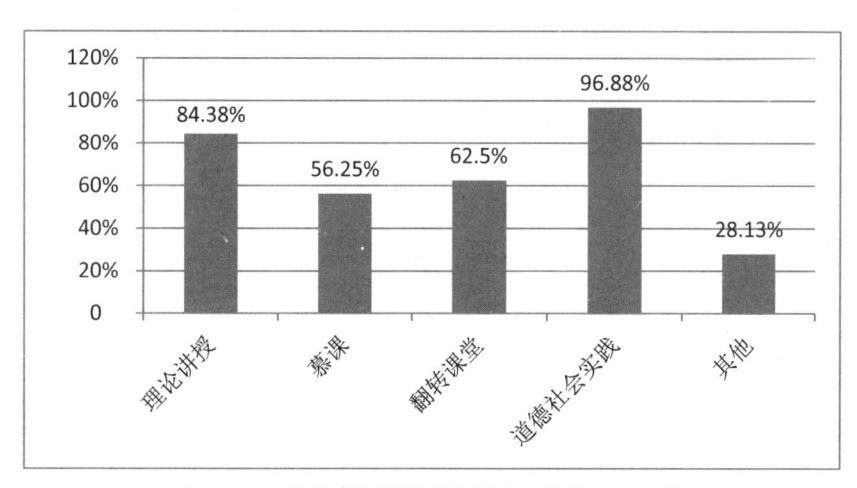

图 3-60 当前高校思想政治教育工作的主要手段

在对老师开展高校思想政治教育资源获取方式的调查时发现，线下学生案例的选择最多，达到 40.63%，其次才是专业的门户网站数据搜集等，说明老师获取高校思想政治教育资源的主要手段仍然是线下模式，还没有完全适应大数据时代的思想政治教育范式变化，亟待改变传统的思维模式，增强大数据思维，提高数据采集信息、分析问题的能力，具体如图 3-61 所示。

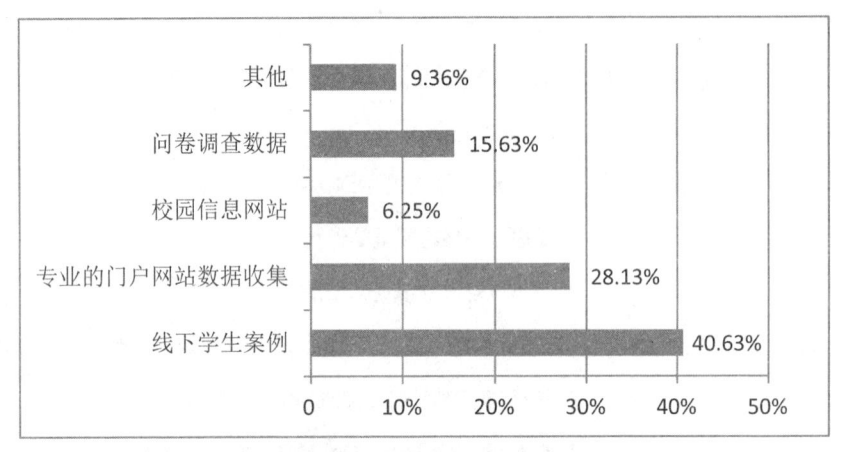

图 3-61　教师获取高校思想政治教育资源的主要方式

（三）对大数据与高校思想政治教育关系的认知

在对教师进行大数据与高校思想政治教育关系的调查时，基于师生关系、人际交往能力、大学生思想政治教育特征等具体问题进行了统计分析，对教师掌握和理解大数据和高校思想政治教育的总体状况进行了深入剖析。

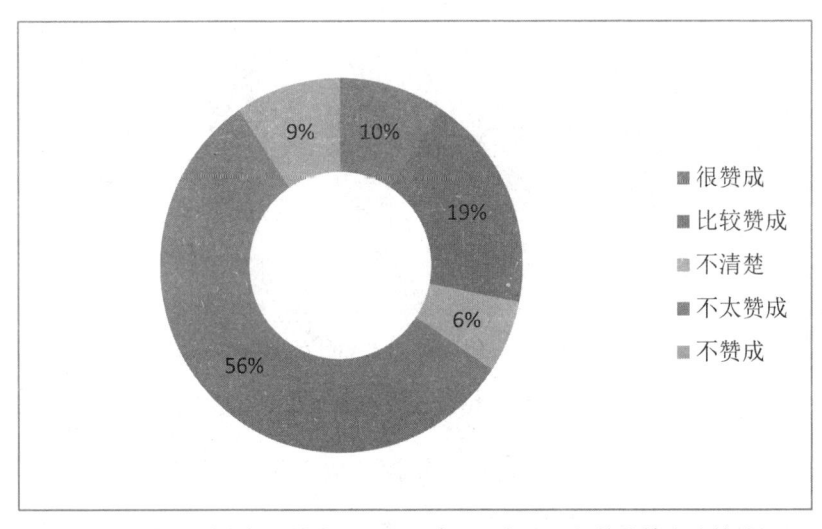

图 3-62　教师对大数据技术运用是否会疏远师生之间的感情交流的认识

如图 3-62 所示，对大数据使用是否会影响师生关系的调查中发现，超过半数的教师认为大数据使用不会疏远师生之间的关系，说明当前的师生关系还是非常融洽的，不会因为使用网课、线上交流等，使得师生关系疏远。相反，有 46.88% 的老师认为师生距离在大数据背景下会更亲近，如图 3-63 所示，这得益于我国良好的师生关系传统，网络交流更加突破了时空界限，使得师生交流更加无障碍。

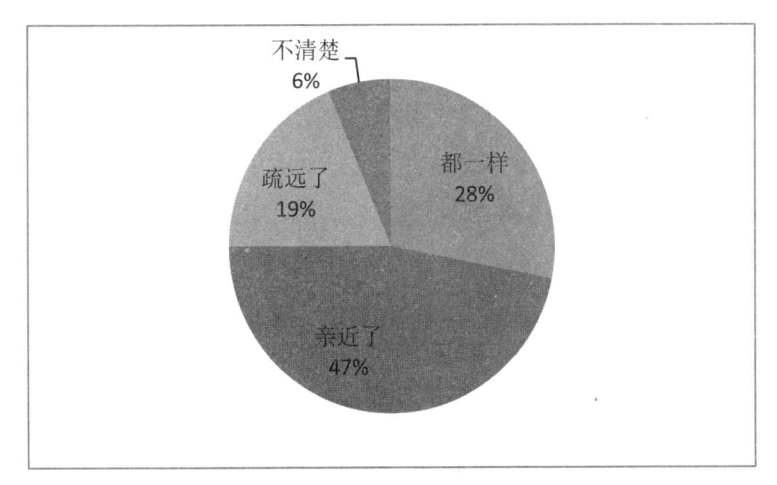

图 3-63　大数据时代师生关系和距离

如图 3-64 所示，在对大数据是否影响大学生人际沟通能力的调查时发现，有近半的老师认为因人而异，但也有 25% 的老师选择了积极影响，说明老师对大数据认识更加理性和客观，更加全面地看待大数据的变化。

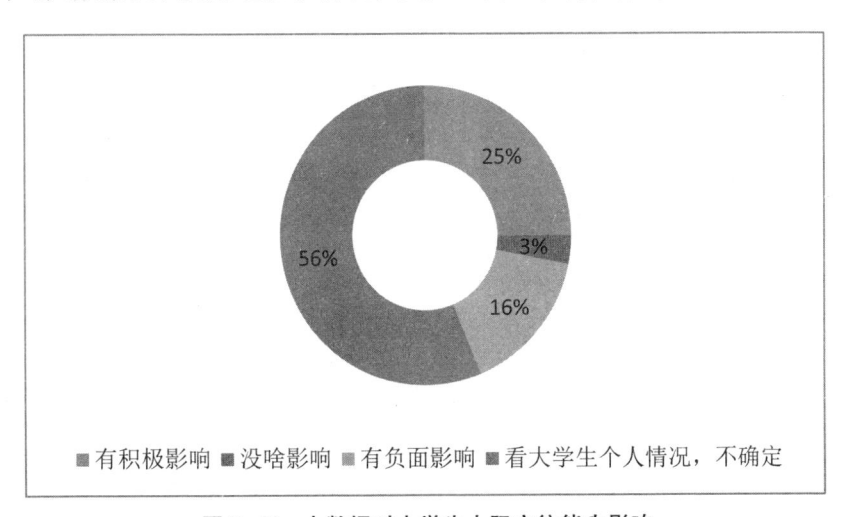

图 3-64　大数据对大学生人际交往能力影响

在调查大数据时代大学生思想政治教育的变化时，教师认识如图 3-65 所示，认为大数据时代大学生思想政治教育资源信息化占比达到 84.38%，大学生思想政治教育环境复杂化、教育形式多样化占比都达到了 81.25%，而对主体在大数据时代的作用都持有谨慎的态度，仅占比 28.13%，说明在信息便利的同时，教师对主体能否适应这种大数据变化，还持有谨慎的态度。

特征	百分比
大学生思想政治教育形式多样化	81.25%
大学生思想政治教育资源信息化	84.38%
大学生思想政治教育主体明确化	28.13%
大学生思想政治教育环境复杂化	81.25%

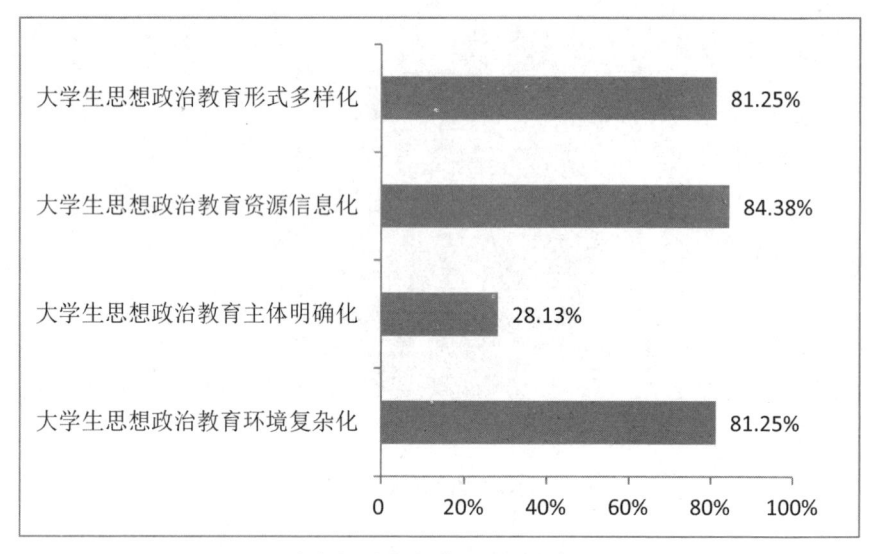

图 3-65　大数据时代大学生思想政治教育的特征

二、教师对大数据时代高校思想政治教育的认知交叉分析

（一）性别交叉分析

1. 对大数据的总体认知

从教师的视角研究其对大数据的总体认知情况，是对大数据研究的重要补充。教师性别差异会对教师总体认知大数据有重要影响，具体如下所示。

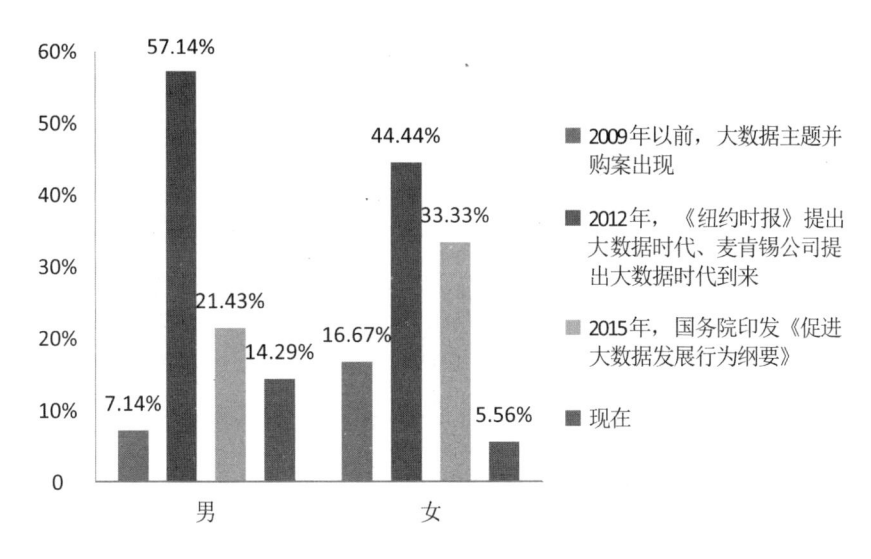

图 3-66 大数据认知时间上的性别差异

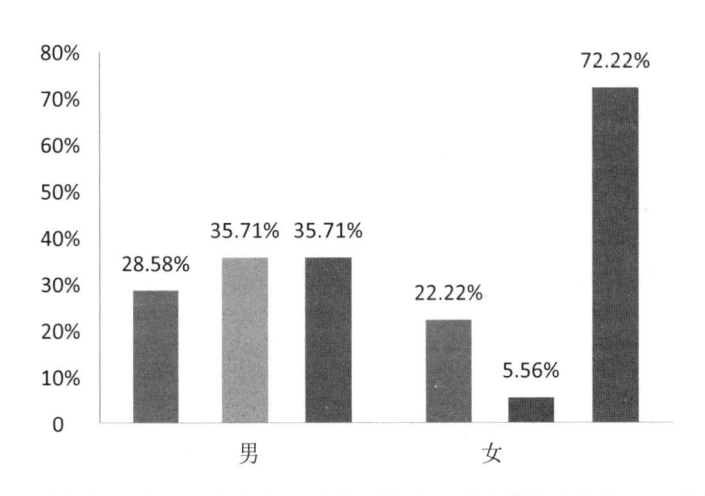

图 3-67 大数据对大学生人际交往的影响

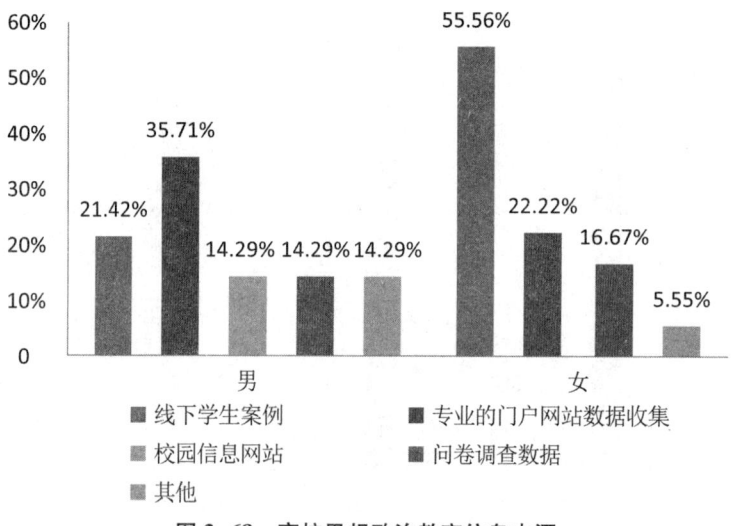

图 3-68 高校思想政治教育信息来源

如图 3-66、图 3-67、图 3-68 所示，首先，对数据认知时间上没有明显的性别差异，无论是男老师还是女老师都是在 2012 年左右开始接触大数据，虽然男老师在 2012 年占比稍微高于女老师，但算上 2009 年以前后，女老师在 2012 年之前接触大数据的比例要高于男老师。其次，在调查大数据对大学生人际交往的影响时发现存在较明显的性别差异。男老师持更加悲观的认知，认为大数据对大学生人际沟通起负面影响的占比达到了 35.71%，而女老师总体则持中立的态度，根据每个人的具体情况会有不同的影响。最后，在对大数据时代搜集信息渠道选择上有一定的性别差异。在搜集高校思想政治教育资源渠道选择上，男老师首选网络、网站等数据资源，而女老师则首选从线下搜集的学生案例中获取信息来源。

2. 大数据时代背景下的高校思想政治教育认知

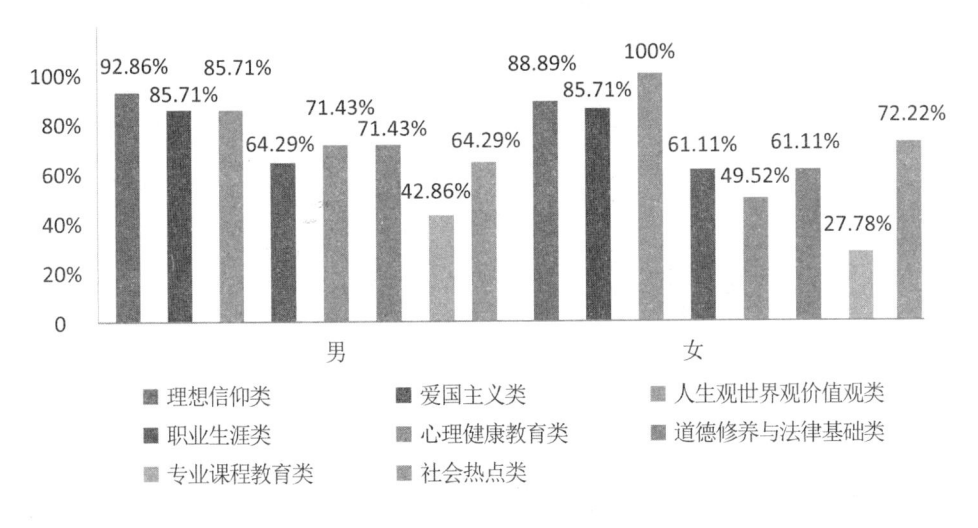

图 3-69 大数据时代思想政治教育内容认知

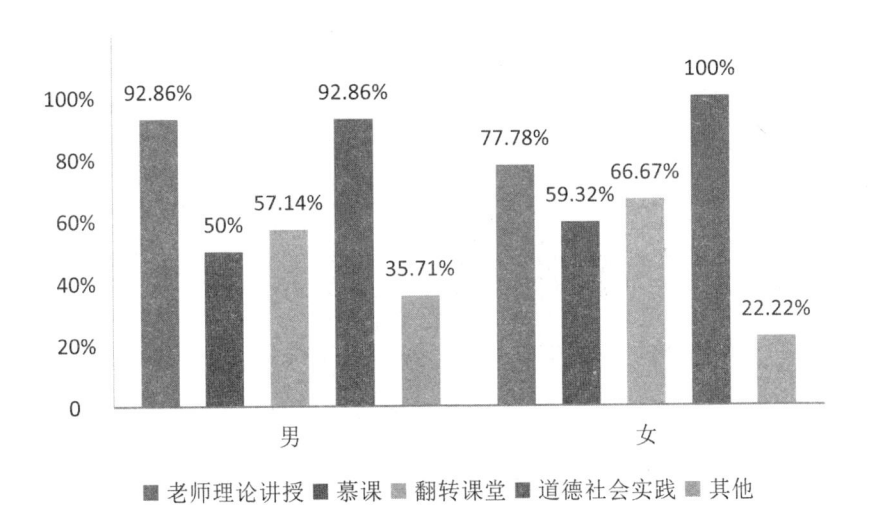

图 3-70 大数据时代高校思想政治教育的手段

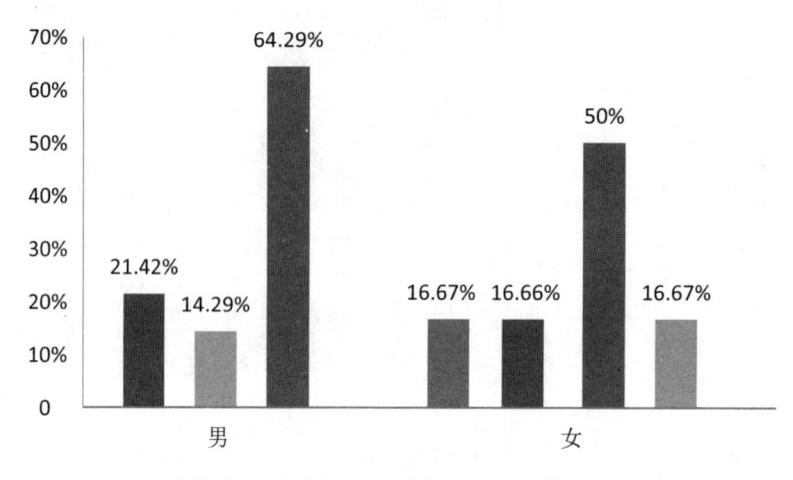

图 3-71 大数据会疏远师生关系的评价

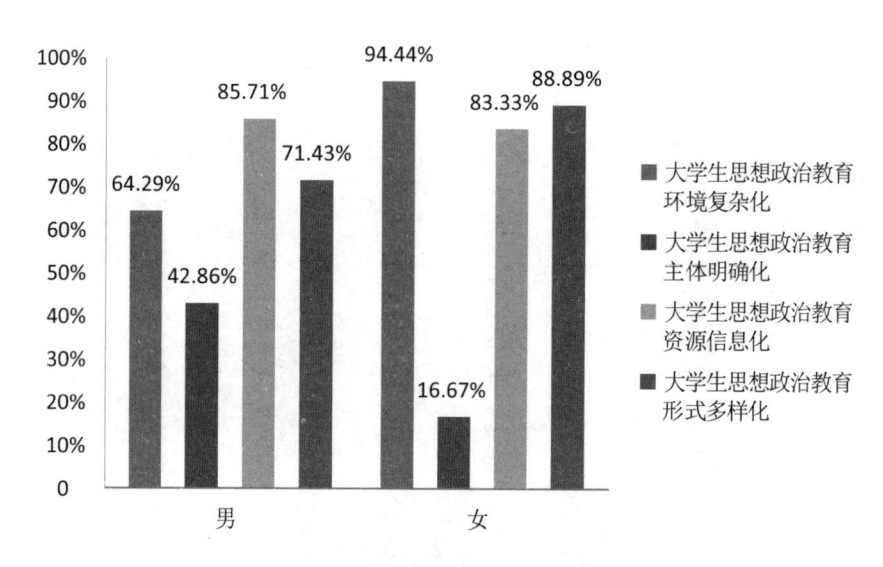

图 3-72 大数据时代师生关系判断

如图 3-69、图 3-70、图 3-71、图 3-72 所示，首先，在对大数据时代高校思想政治教育内容认知有一定的性别差异。男老师对理想信仰的认知更深刻，认为其应该首先被选为高校思想政治教育内容。而女老师首先选择了人生观世界观价值观。其次，在调查大数据时代高校思想政治教育的手段时发现，教师存在一定的性别差异。男教师认为理论讲授的第一课堂和道德社会实践的第二课堂同等重要,都被首先选择。而女教师则认为道德社会实践的第二课堂更为重要,被首先选择,其次才是理论讲授的第一课堂。最后,在对大数据对师生关系影响的调查时发现,教师性别差异的影响不大。无论是男老师还是女老师,都不太赞成大数据使用会造成师生关系的疏远,相反,都认为大数据会促进师生关系的和谐,使师生之间变得更加亲近。

3. 大数据与高校思想政治教育工作的融合情况

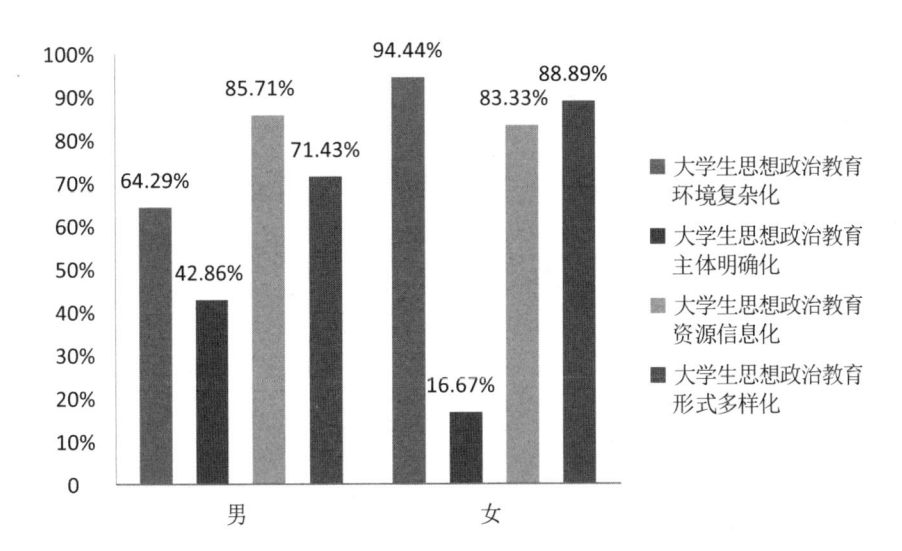

图 3-73 大数据时代高校思想政治教育工作特征

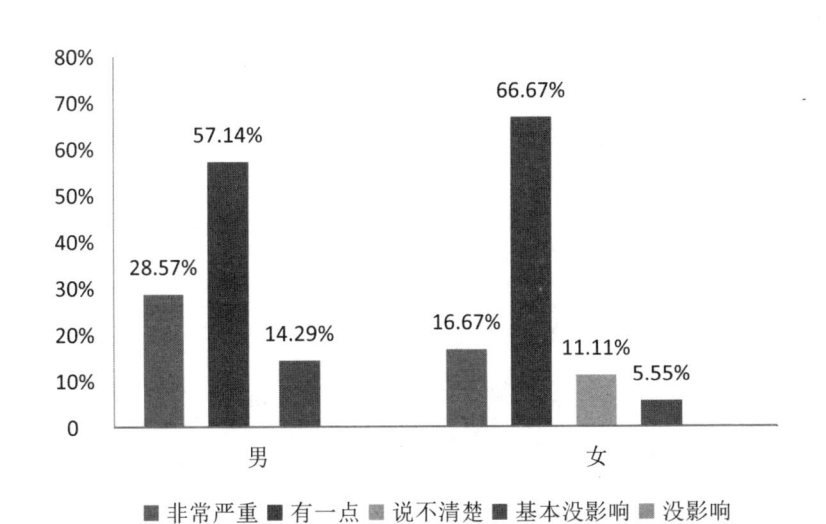

图 3-74 大数据时代传统思想政治教育工作的教育者主导性和权威性变化

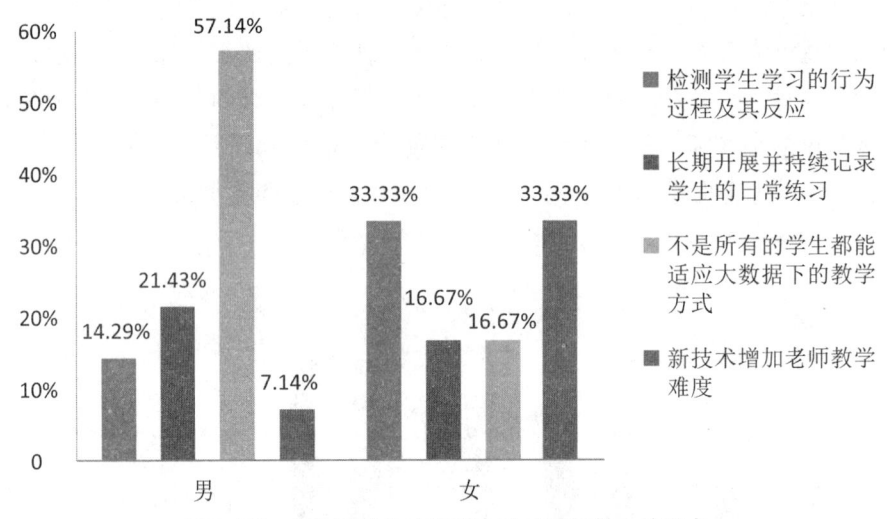

图 3-75　大数据时代改善提高教学质量最大的难点

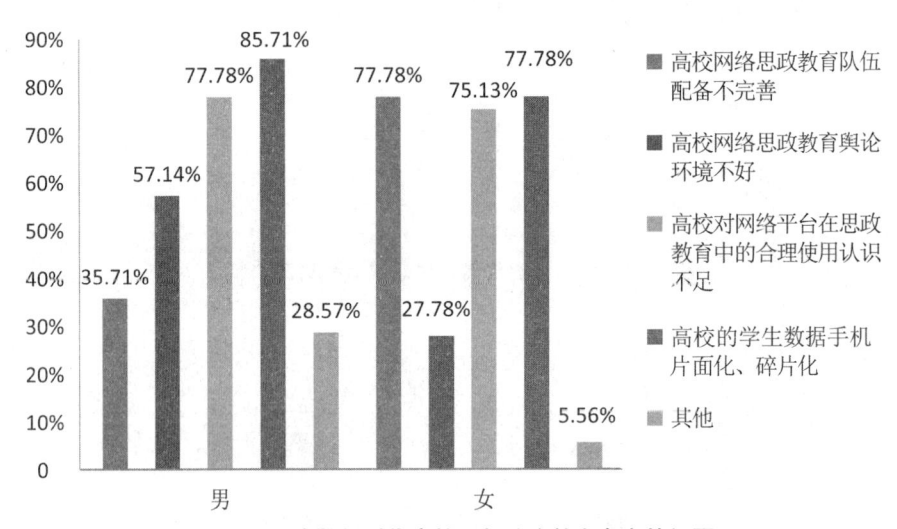

图 3-76　大数据时代高校思想政治教育存在的问题

第三章 大数据时代高校思想政治教育需求调查

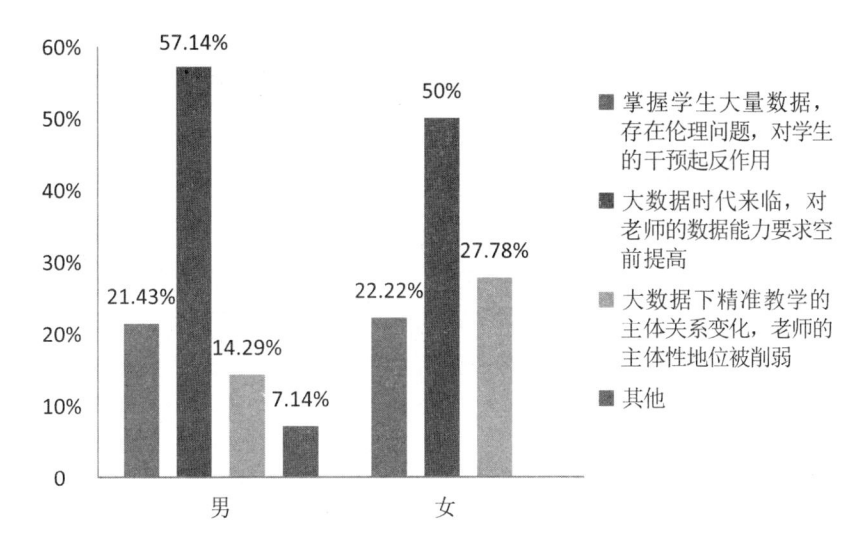

图 3-77 大数据时代对高校思政教育工作有何负面影响

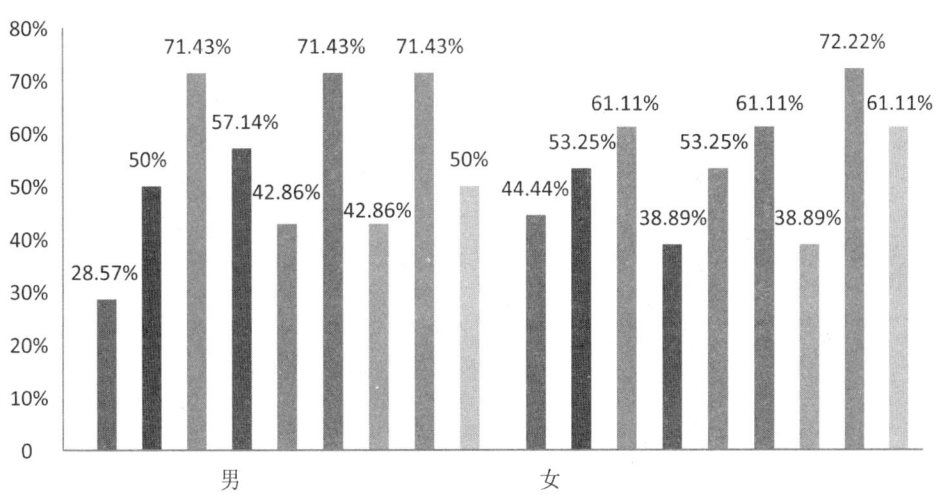

图 3-78 大数据时代高校思想政治教育工作面临的挑战

87

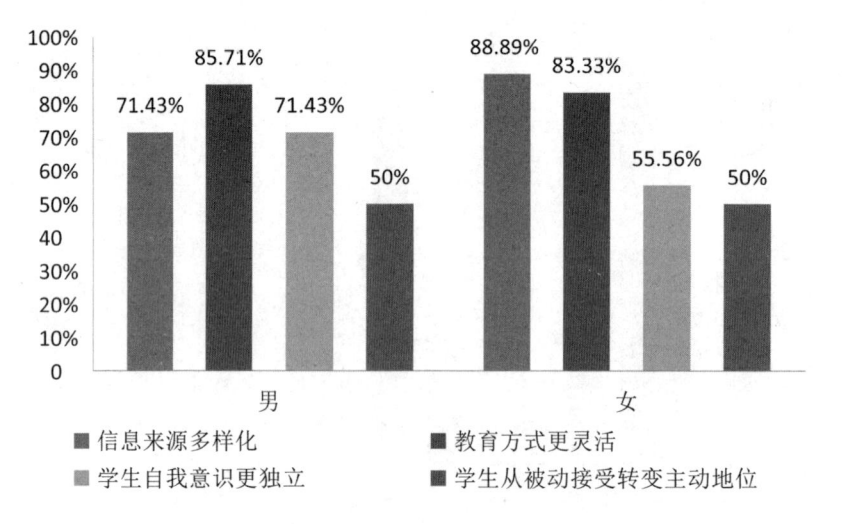

图 3-79　大数据对高校思想政治教育工作的积极影响

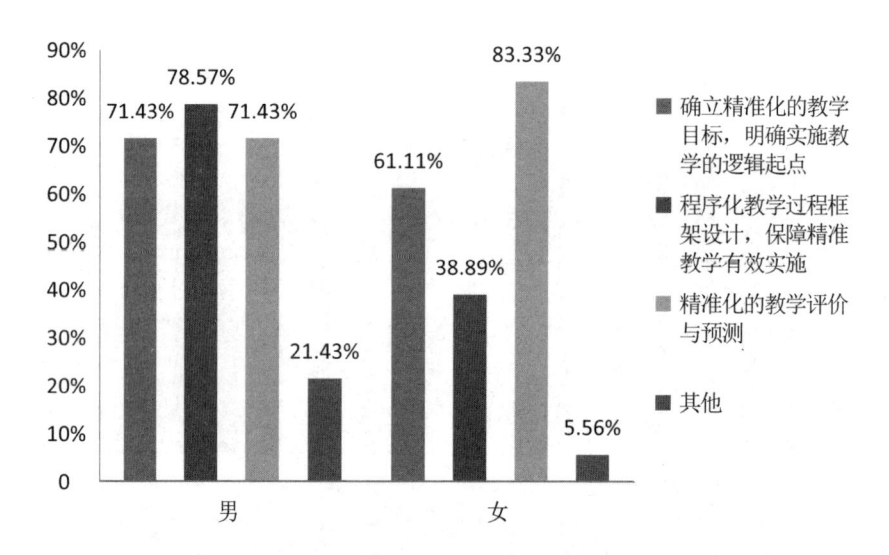

图 3-80　大数据对高校思想政治教育教学模式的改变影响

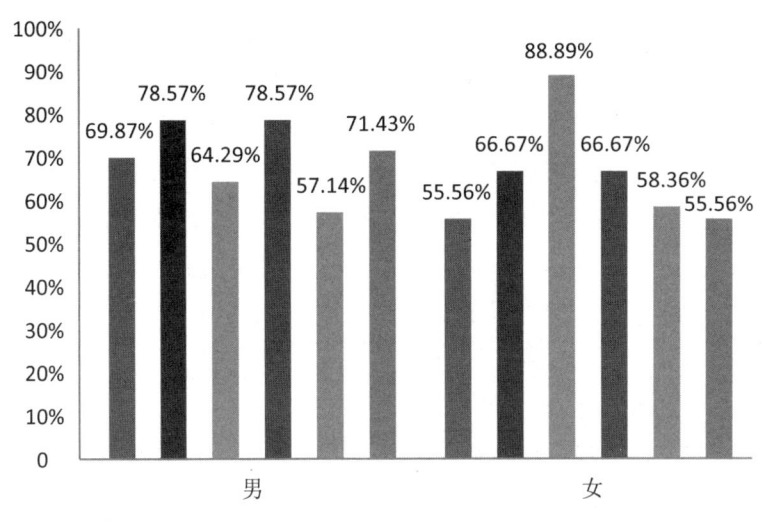

图中数据（上图，按男/女分组）：

男：
- 有利于转变大学生思想政治教育的思维和理念：69.87%
- 有利于创新大学生思想政治教育的载体和途径：78.57%
- 有利于拓展大学生思想政治教育的内容和空间：64.29%
- 有利于增强大学生思想政治教育的实效性：78.57%
- 有利于强化大学生思想政治教育的针对性：57.14%
- 有利于提高大学生思想政治教育的预见性：71.43%

女：
- 有利于转变大学生思想政治教育的思维和理念：55.56%
- 有利于创新大学生思想政治教育的载体和途径：66.67%
- 有利于拓展大学生思想政治教育的内容和空间：88.89%
- 有利于增强大学生思想政治教育的实效性：66.67%
- 有利于强化大学生思想政治教育的针对性：58.36%
- 有利于提高大学生思想政治教育的预见性：55.56%

图 3-81　大数据时代高校思想政治教育工作机遇

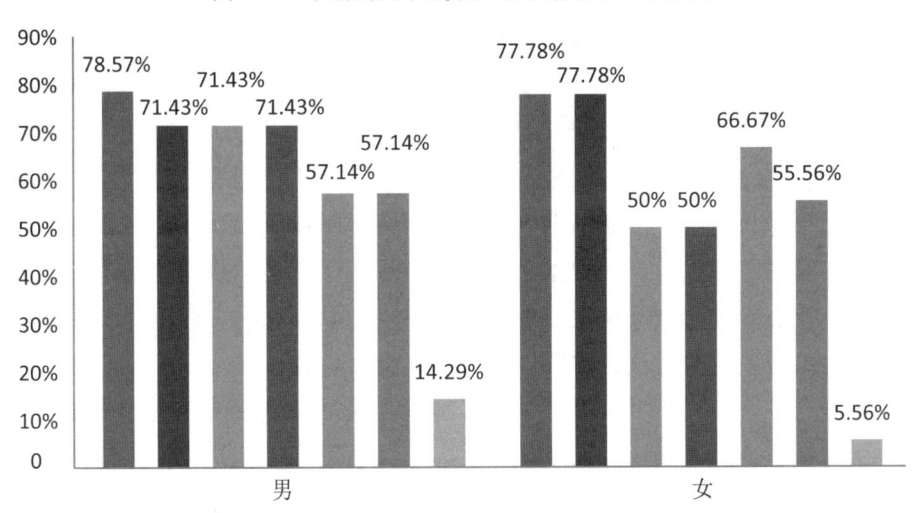

下图数据：

男：
- 建立大数据教学资源库，并实施个性化资源推荐：78.57%
- 优化传统教学过程，融入精准练习、测量与记录：71.43%
- 实施精准干预，构建一个循环迭代的过程，直至全部学生达到了教学目标为止：71.43%
- 更新教育观念顺应时代发展：71.43%
- 实现教师角色的转换扮演"引领者"的角色：57.14%
- 提高教师的新媒体技术应用能力：57.14%
- 其他：14.29%

女：
- 建立大数据教学资源库，并实施个性化资源推荐：77.78%
- 优化传统教学过程，融入精准练习、测量与记录：77.78%
- 实施精准干预，构建一个循环迭代的过程，直至全部学生达到了教学目标为止：50%
- 更新教育观念顺应时代发展：50%
- 实现教师角色的转换扮演"引领者"的角色：66.67%
- 提高教师的新媒体技术应用能力：55.56%
- 其他：5.56%

图 3-82　大数据时代教学改革的举措选择

如图 3-73、图 3-74、图 3-75、图 3-76、图 3-77、图 3-78、图 3-79、图 3-80、图 3-81、图 3-82 所示，第一，在对大数据时代高校思想政治教育工作特征和工作者地位的调查时发现，对这些问题的判断存在着性别差异。男教师认为高校思想政治教育资源信息化是其最主要的特征，占比达到了 85.71%，而女教师则认为大数据时代高校思想政治教育环境复杂化是其最典型的特征，占比达到 94.44%。在对教育者主导性和权威性调查中，无论是男老师还是女老师，大部分都承认自己的权威性和主导性受到了直接的威胁，男老师选择非常严重地达到了 28.57%，比女教师高 11.9%，说明男教师的大数据危机意识更加强烈。

第二，对大数据对高校思想政治教育工作带来的挑战调查时发现，男女性别差异较大。在对大数据改善提高教学质量难点方面，男老师认为不是所有的学生都能适应大数据下的教学方式，选择占比最大达到 57.14%，对学生的适应能力产生了担忧。而女老师认为检测学生学习的行为过程及其反应新技术增加老师的教学难度是两个最大的难点，亟待引起足够的重视并加以克服。在对当前大数据背景下开展高校思想政治教育工作存在的问题调查中发现，男教师认为学生数据收集的片面化和碎片化是最大的问题，占比达到 85.71%，而女教师则认为当前高校网络思政教育队伍配备不完善、高校对网络平台在思想政治教育中的合理使用认识不足是两个最主要的问题。大数据会对高校思想政治教育工作产生哪些负面影响，无论是男老师还是女老师，都认为大数据时代的来临对老师数据处理能力的要求空前提高。而在对大数据时代会产生哪些具体挑战的调查中，男老师更强调大数据冲击了大学生思想政治教育的主流意识、大数据凸显了高校思政工作者数据技术的匮乏、大数据使高校思想政治教育对象思想多元化；女老师则认为大数据使高校思想政治教育对象思想多元化最重要，其次才是大数据冲击了大学生思想政治教育的主流意识、凸显了高校思政工作者数据技术的匮乏、大数据使高校思想政治教育环境更加复杂化，对可能产生挑战的具体问题有着不同的认识。

第三，在对大数据给高校思想政治教育工作带来的机遇调查时，发现教师性别差异会产生不同的认知。在对大数据使高校思想政治教育工作产生了哪些积极变化时，男教师更加强调教育方式更加灵活，占比为 85.71%；女教师则认为信息来源的多样化是最积极的变化，占比为 88.89%，其次为教育方式更灵活。而在被问及大数据时代可能对高校思想政治教育工作的教学模式产生的帮助时，男教师首先看重程序化教学过程的框架设计，能够保障精准化教学的有效实施；而女教师则认为最大的帮助是精准化的教学评价与预测。对大数据可能给高校思想政治教育带来的机遇预测，女老师更加看重有利于拓展大学生思想政治教育的内容和空间，占比达88.89%，而男教师看重其有利于创新大学生思想政治教育的载体和途径、有利于增强大学生思想政治教育的实效性和预见性，占比都超过了70%，对大数据带来的机遇给予了很高的评价。

第四，对大数据时代教学改革的举措选择调查时发现，女教师认为要积极建立大数据教学资源库，并实施个性化资源推荐；要优化传统教学过程，融入大数据时代的精准练习、测量与记录。而男教师除强调要建立大数据教学资源库，并实施个性化资源推荐外，也重视更新教育观念顺应时代发展，优化传统教学过程，融入精准练习、测量与记录；实施精准干预，构建一个循环迭代的过程，直至全部学生达到了教学目标为止等措施。

（二）教师年龄交叉分析

1. 大数据时代高校思想政治教育工作的认知

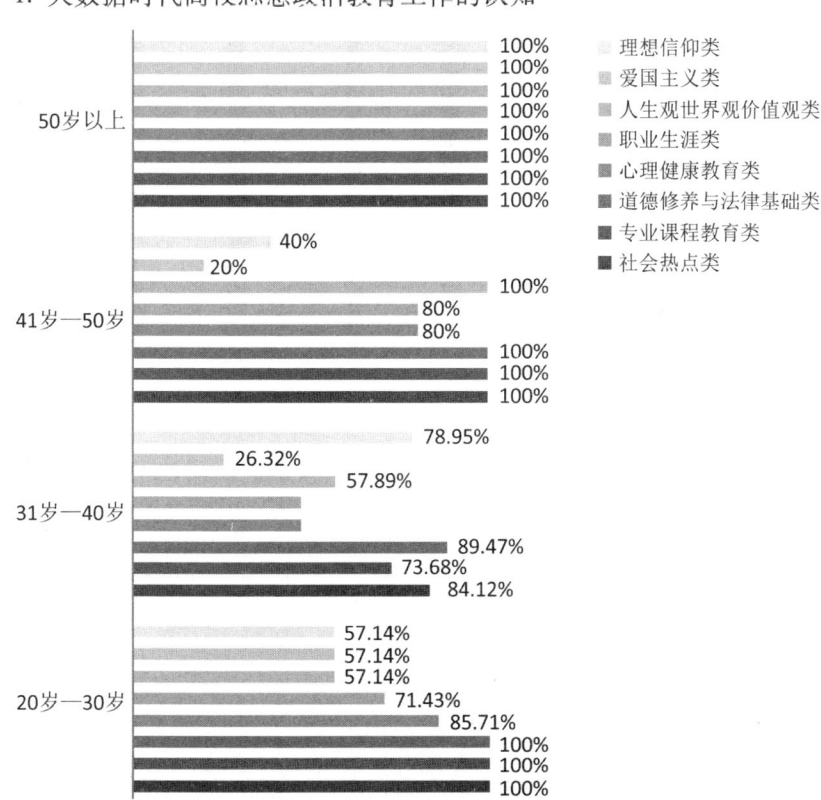

图3-83 大数据时代哪些内容属于高校思想政治教育工作

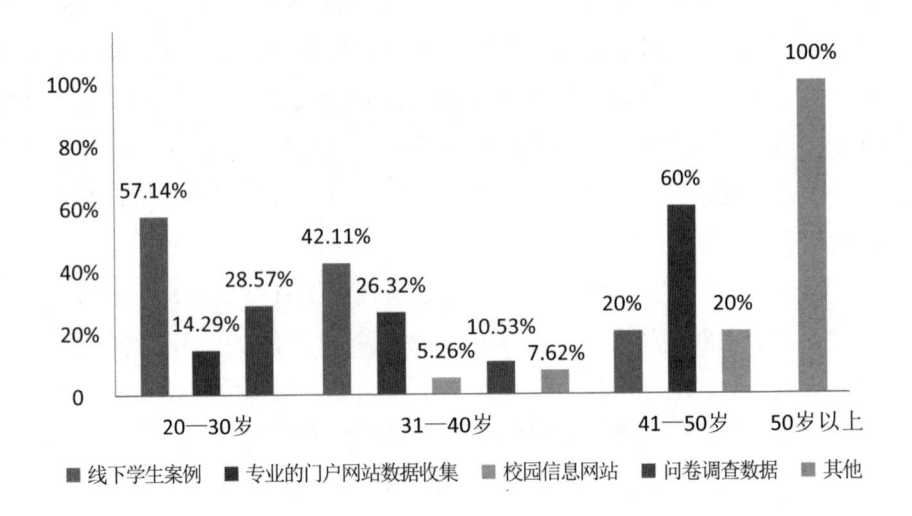

图 3-84　最常用哪种方式收集思政教育方面资料

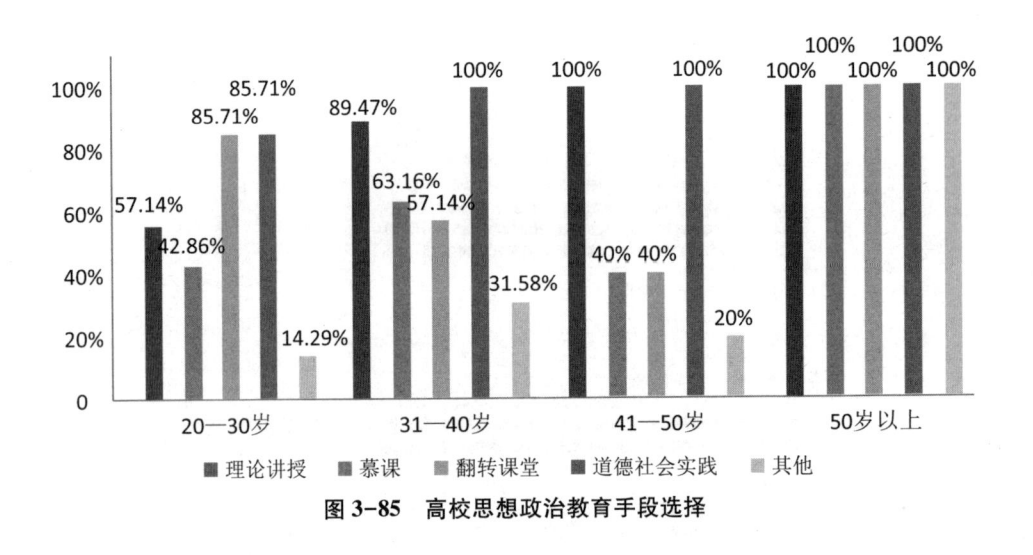

图 3-85　高校思想政治教育手段选择

<<< 第三章 大数据时代高校思想政治教育需求调查

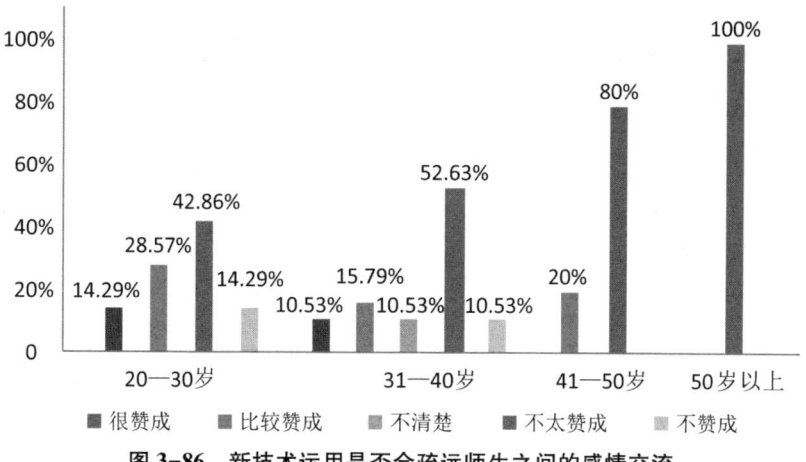

图 3-86 新技术运用是否会疏远师生之间的感情交流

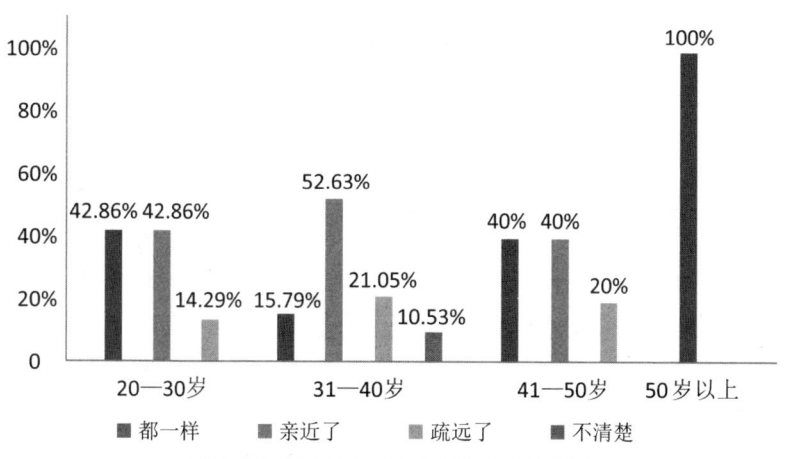

图 3-87 大数据时代对师生关系的影响

93

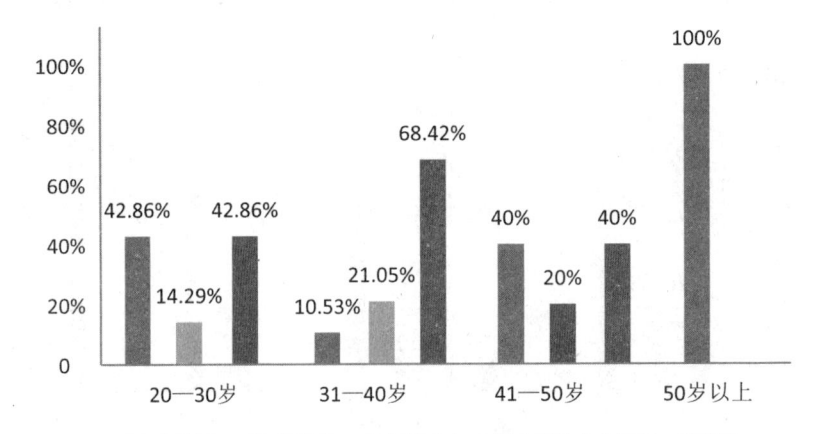

图 3-88 大数据时代对大学生的人际交往能力影响

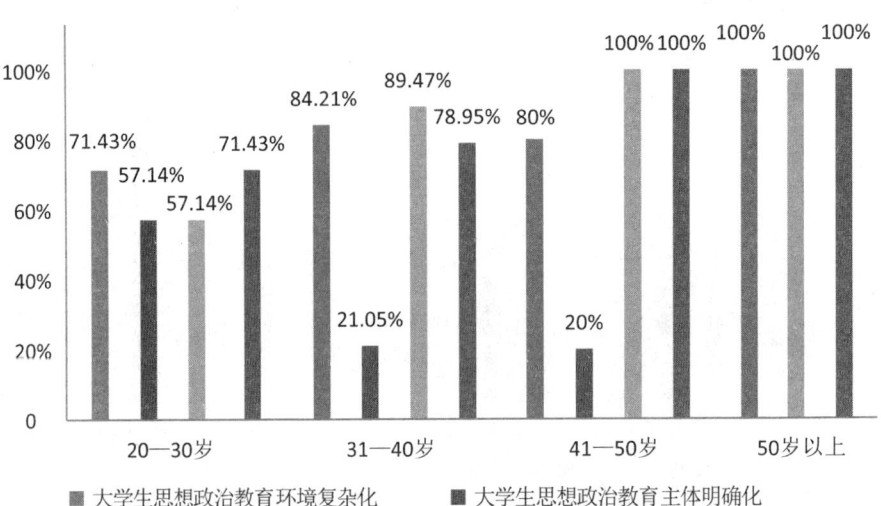

图 3-89 大数据时代大学生思想政治教育特征

如图 3-83、图 3-84、图 3-85、图 3-86、图 3-87、图 3-88、图 3-89 所示，第一，在教师对大数据时代高校思想政治教育工作的认知中，年龄差异明显。对属于高校思想政治教育工作的内容选择上，20—30 岁教师人群中，理想信仰类、爱国主义类、人生观世界观价值观类成为首选；31—40 岁教师人群中则首先选择了人生观世界观价值观和社会热点类；41—50 岁教师人群则首先选择了理想信仰类、爱国主义类、人生观世界观价值观类和道德修养与法律基础类，而 50 岁以上的教师人群，认为除前面的类型外，职业生涯类、心理健康教育类、专业课程教育类都应是高校思想政治教育工作的内容，认识更加全面。

第二，不同年龄的教师对搜集思想政治教育资源的渠道选择也呈现差异化。随着年龄的增加，线下搜集学生案例的选择日渐减少，使用数据、网站资源的选择逐渐增加。在对高校思想政治教育手段的选择调查中发现，道德社会实践的第二课堂在20—30岁和31—40岁两个年龄段教师人群中，得到了很高的重视，都超过了理论讲授的第一个课堂；随着年龄的增加，第一课堂和第二课堂的重要性同等重要。

第三，如图3-86所示，对大数据使用是否会疏远与学生的感情交流调查时，随着年龄的增加，不认同的比例越来越高；20—30岁和31—40岁两个年龄段的教师都有近30%的人，认为会造成师生关系的疏远。在被问及大数据时代对大学生人际交往能力的影响时发现，20—30岁教师认为有积极影响的占比近一半，而31—40岁年龄群教师则持谨慎态度，认为会产生负面影响的比例超过了产生积极影响的比例。50岁以上的教师人群则乐观地认为，会产生积极的影响。

第四，在对大数据时代高校思想政治教育的特征调查时发现，20—30岁人群对环境复杂化、主体明确化、资源信息化、形式多样化四个方面都非常看重，认为其都是大数据时代高校思想政治教育的重要特征内容。而其他年龄段的教师，更看重环境复杂化、资源信息化、形式多样化三个方面，对主题明确化持不同意见。

2. 大数据时代高校思想政治教育工作面临的挑战

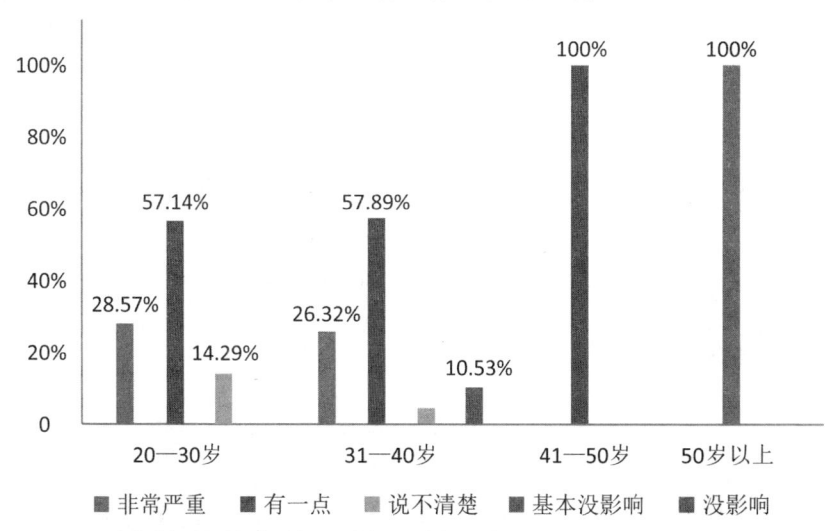

图 3-90 大数据时代传统思想政治教育的教育者主导性和权威性是否受到了威胁

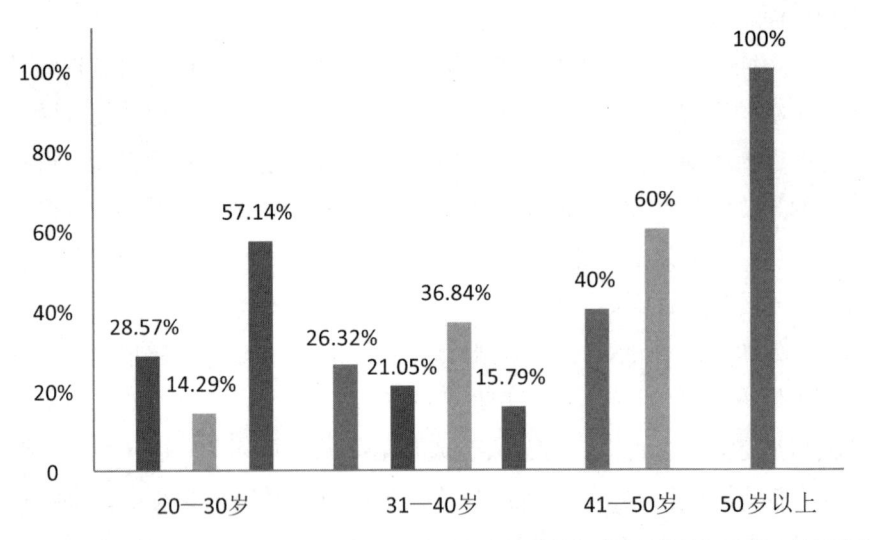

图 3-91 大数据时代改善提高教学质量最大的难点

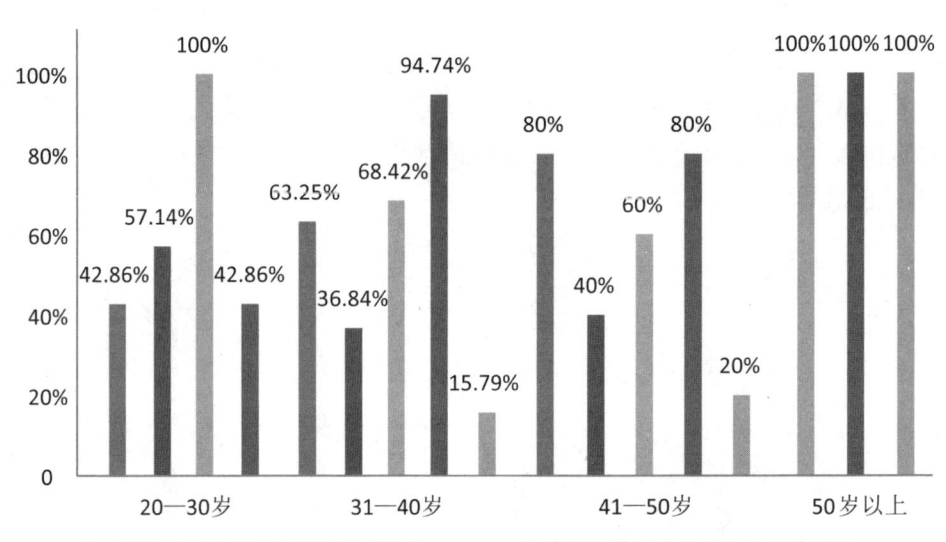

图 3-92 大数据时代下网络思政教育有哪些问题

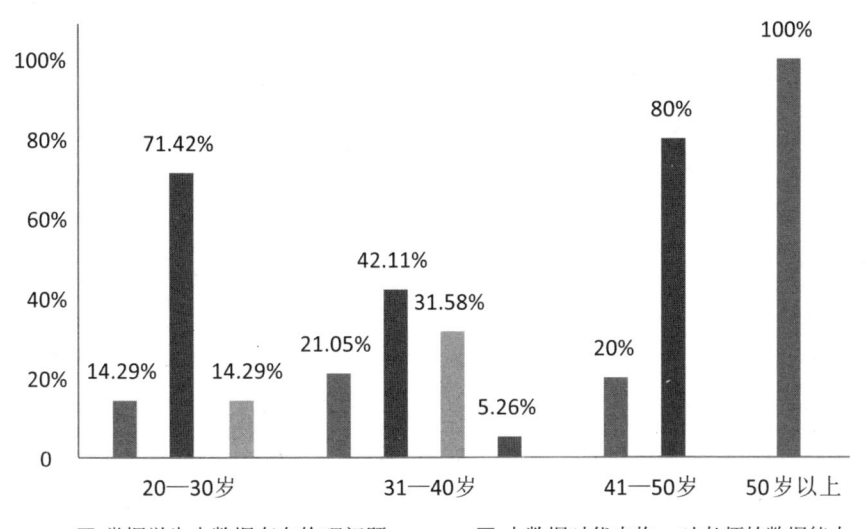

第三章 大数据时代高校思想政治教育需求调查

图 3-93 大数据时代对思政教育工作有何负面影响

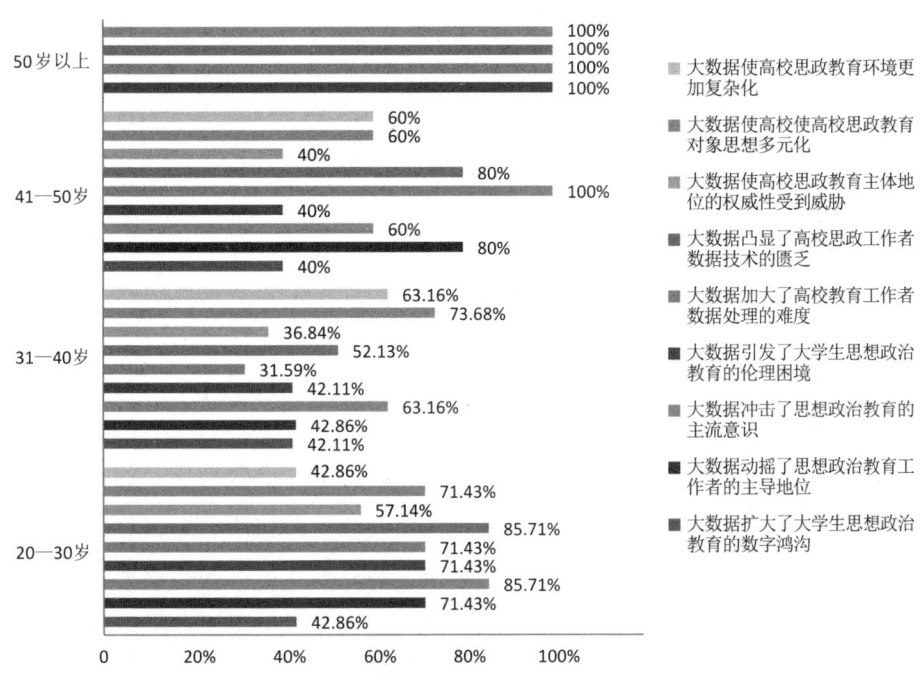

图 3-94 大数据时代高校思想政治教育面临的挑战

97

如图 3-90、图 3-91、图 3-92、图 3-93、图 3-94 所示，大数据时代高校思想政治教育工作面临的挑战，不同年龄段的教师呈现认知的差异性。首先，在调查大数据时代教育者主导性和权威性是否受到威胁时，20—30 岁教师人群认为受到了挑战的占比合计为 85.71%，31—40 岁的教师人群有 84.21%的人认为受到了威胁，说明年轻的教师有强烈的忧患意识。而 50 岁以上的教师人群，认为基本没有影响，说明这个群体的教师因其有丰富的教学经验，有很强的自信心来应对大数据时代的变化。在了解不同年龄段教师对大数据时代提高教学质量的难点认知时发现，20—30 岁的年轻教师认为新技术增加了老师的教学难度，占比达到 57.14%，这是四个年龄群体中最高的；41—50 岁的教师认为不是所有的学生都能适应大数据背景下的教学方式是最大难点，占比达 60%；而 50 岁以上的教师群体则认为大数据记录和检测学生的所有日常行为过程和反应是最大的难点。

其次，在进行大数据时代下高校思想政治教育存在问题调研时发现，20—30 岁教师人群认为高校对网络平台在思政教育中的合理使用认识不足是最大的问题，31—40 岁教师人群认为高校的学生数据收集片面化、碎片化是最大的问题，41—50 岁教师认为高校网络思政教育队伍配备不完善、高校的学生数据收集片面化、碎片化是两个最重要的问题。

最后，对大数据时代对思想政治教育工作有何负面影响调查时发现，20—30 岁、31—40 岁、41—50 岁三种人群的教师都认为大数据时代来临，对老师的数据采集、处理能力要求空前提高是最大的影响，说明教师们有较强烈的危机意识，需要提前进行能力的培训。在大数据时代高校思想政治教育面临的挑战选择时，20—30 岁人群认为大数据冲击了大学生思想政治教育的主流意识、大数据凸显了高校思政工作者数据技术的匮乏是两个最大的挑战；而 31—40 岁的教师人群认为大数据冲击了大学生思想政治教育的主流意识、大数据使高校思想政治教育对象思想多元化、环境更加复杂化是最大的挑战；41—50 岁的教师人群认为大数据加大了高校教育工作者数据处理的难度、大数据凸显了高校思政工作者数据技术的匮乏、大数据动摇了思想政治教育工作者的主导地位是最重要的挑战；50 岁以上的教师人群认为大数据引发了大学生思想政治教育的伦理困境、大数据加大了高校教育工作者数据处理的难度、大数据凸显了高校思政工作者数据技术的匮乏和环境更加复杂化是最大的挑战。

3. 大数据与高校思想政治教育工作的融合情况

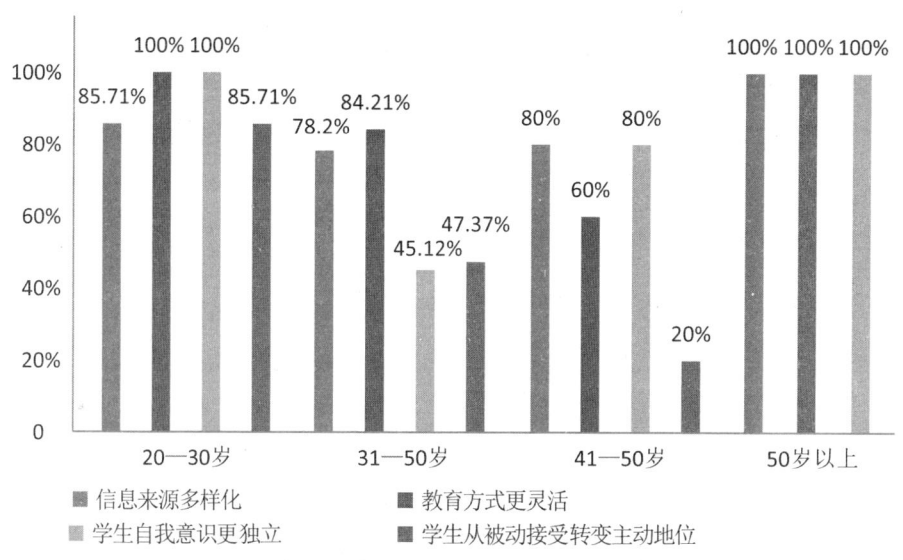

图 3-95 大数据使高校思想政治教育产生的积极变化认知

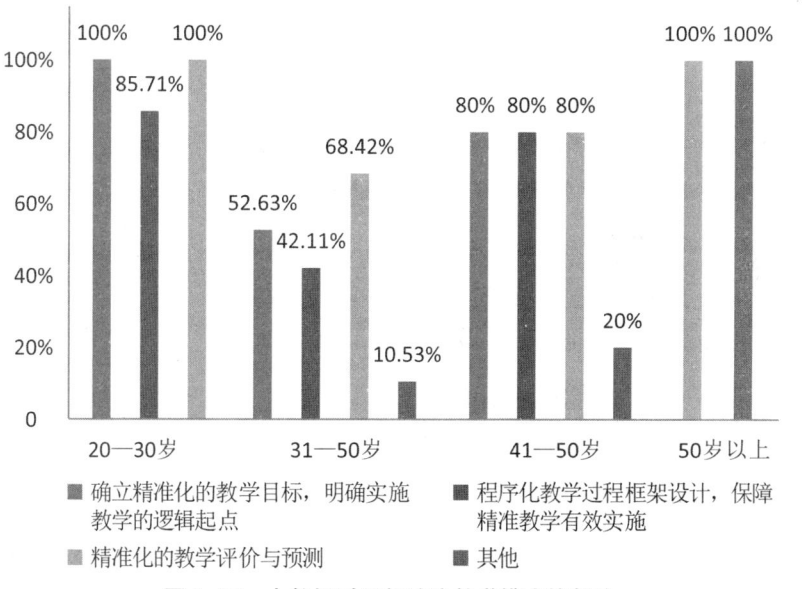

图 3-96 大数据对思想政治教学模式的帮助

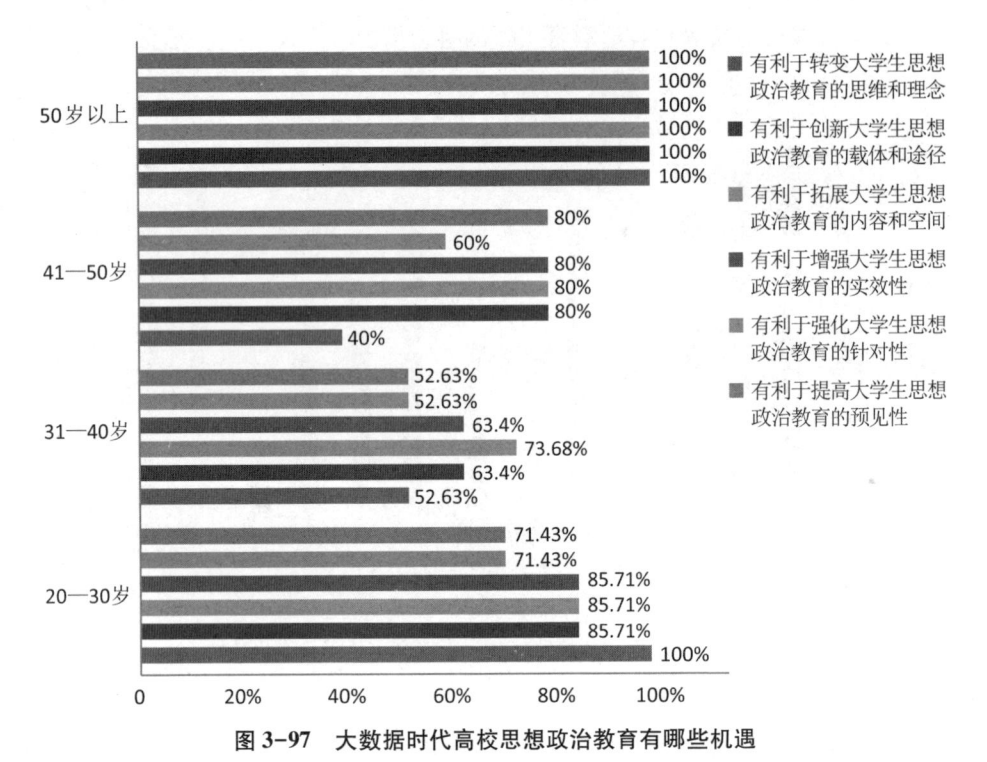

图 3-97 大数据时代高校思想政治教育有哪些机遇

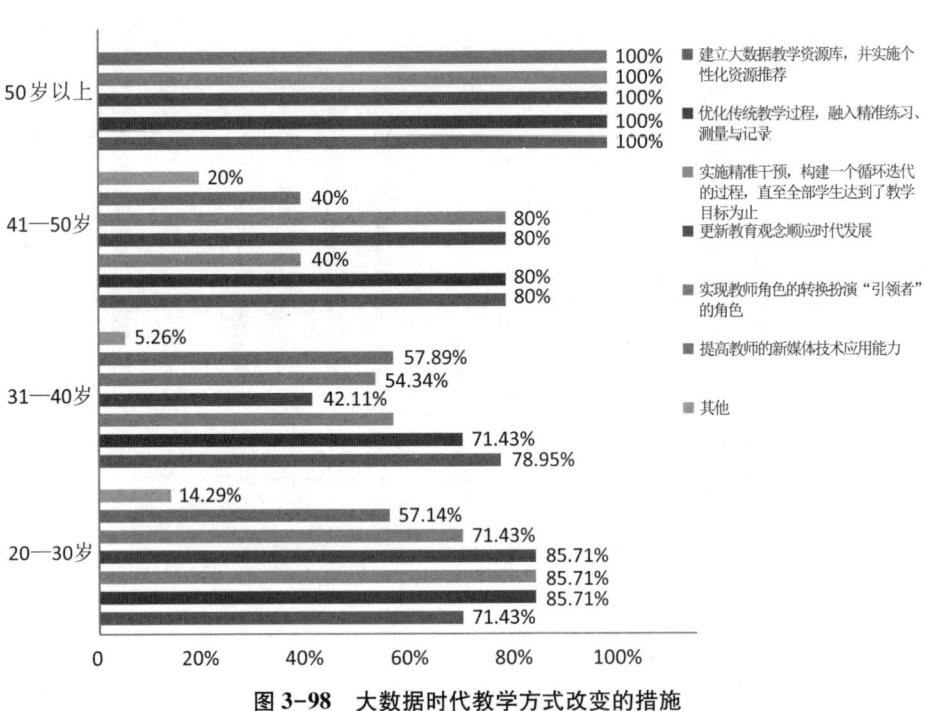

图 3-98 大数据时代教学方式改变的措施

如图3-95、图3-96、图3-97、图3-98所示，首先，在对大数据使高校思想政治教育产生的积极变化认知调查时发现，20—30岁教师人群认为教育方式更灵活、学生自我意识更独立是最主要的两个方面；31—40岁的教师人群更加重视信息来源多样化和教育方式更灵活；41—50岁则认为信息来源多样化和学生自我意识更独立最为重要；50岁以上教师人群则认为信息来源多样化、教育方式更灵活、学生自我意识更独立三个方面是最重要的。

其次，在对大数据会对高校思想政治教育教学模式带来哪些改变的调查时发现，存在一定的年龄差异。31—40岁教师人群更加重视精准化的教学评价与预测，20—30岁教师人群和41—50岁教师人群认为大数据会对高校思想政治教育教学模式带来以下三个方面的改变，即确立精准化的教学目标，明确实施教学的逻辑起点；程序化教学过程框架设计，保障精准教学有效实施；精准化的教学评价与预测。

再次，在调查大数据时代会给高校思想政治教育工作带来哪些机遇时，21—30岁的教师人群认为转变高校思想政治教育的思维和理念是最大的机遇，占比为100%，其次为有利于创新高校思想政治教育工作的载体和途径、拓展内容和空间。而31—40岁教师人群则认为拓展大学生思想政治教育的内容和空间是最大机遇，其次是创新高校思想政治教育工作的载体和途径，增强高校思想政治教育工作的实效性。41—50岁教师人群除认可前面两种人群的机遇选择之外，增加了提高高校思想政治教育工作的预见性，更加成熟和理性。50岁以上的教师人群认为这六个方面都是大数据时代给高校思想政治教育工作带来的机遇。

最后，在调查为适应大数据时代，教学要采取哪些措施进行应对时，不同年龄的教师选择上具有一定的差异性。20—30岁的教师人群认为应该优化传统教学过程，融入精准练习、测量与记录；实施精准干预，构建一个循环迭代的过程，直至全部学生达到了教学目标为止；更新教育观念顺应时代发展。而31—40岁的教师人群认为要建立大数据教学资源库，并实施个性化资源推荐；优化传统教学过程，融入精准练习、测量与记录显得比较重要。41—50岁的教师人群认为应该采取建立大数据教学资源库，并实施个性化资源推荐；优化传统教学过程，融入精准练习、测量与记录；更新教育观念顺应时代发展；实现教师角色的转换，扮演"引领者"的角色更为重要，更加全面和科学。50岁以上教师人群将提高教师的新媒体技术应用能力提到了很高的位置，这也符合这一年龄群体的特殊需求，跨越数字鸿沟，提高新媒体水平。

（三）教师教龄交叉分析

教师教龄的长短部分反映出教师对这份工作的认同和热爱程度，对高校思想政治教育工作有着重要影响，因此探究不同教龄的教师对大数据时代高校思想政治教育工作的认知规律，具有重要的价值和意义。

1. 对大数据的总体认知方面

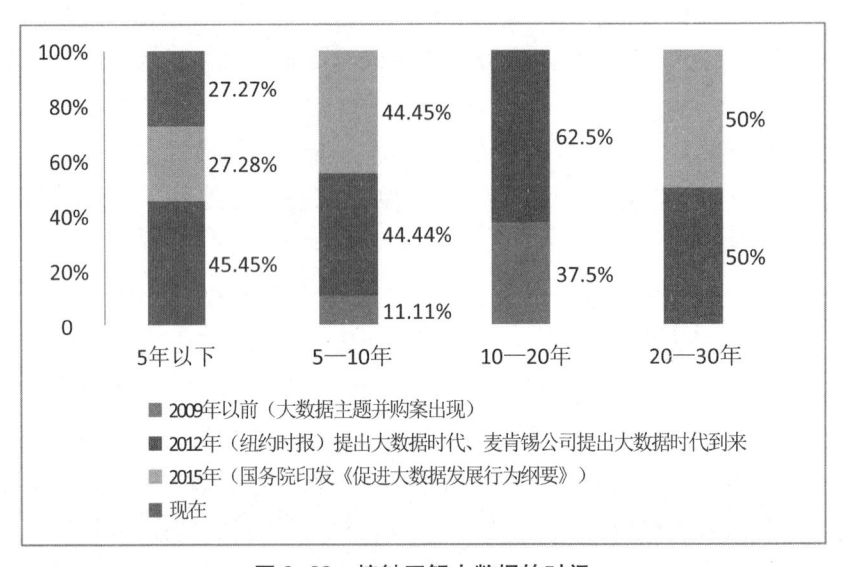

图 3-99　接触了解大数据的时间

如图 3-99 所示，不同教龄的教师接触了解大数据的时间有一定的差异。5 年以下教龄的教师主要是从 2012 年开始接触的，5—10 年教龄的教师 2012 年和 2015 年接触了解大数据的各占一半，有 11.11% 的人是在 2009 年之前接触和了解的。10—20 年教龄的教师主要在 2012 年之后，但有 37.5% 的教师是在 2009 年之前接触的，说明这一教龄段的人更加熟悉和了解。

2. 大数据时代高校思想政治教育工作的认知情况

图 3-100　大数据时代以下哪些内容属于思想政治教育内容

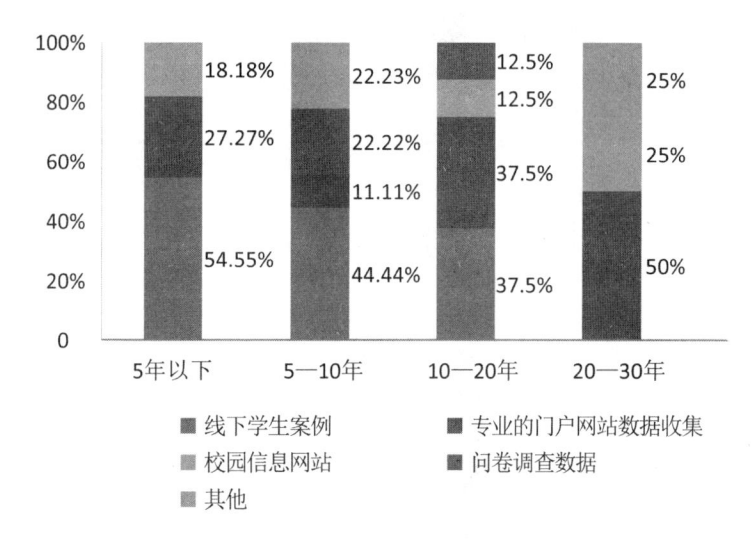

图 3-101　主要通过哪种渠道收集思想政治方面的资料

图 3-102　高校思想政治教育工作的手段

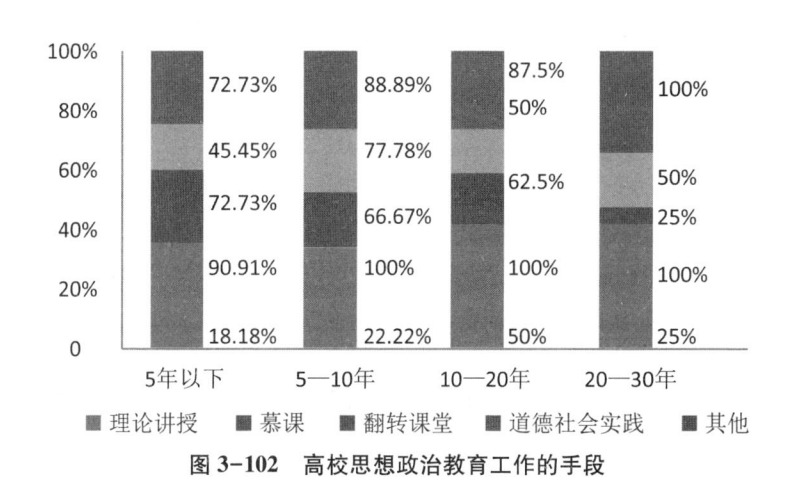

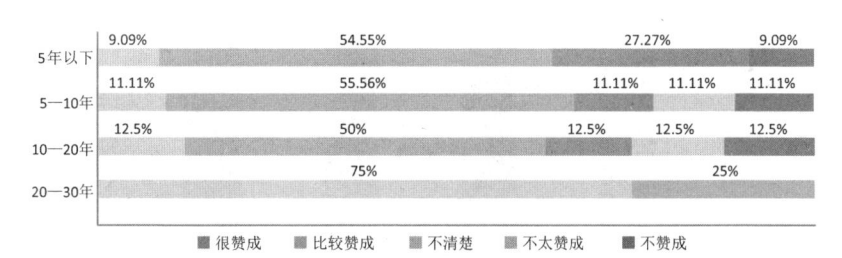

图 3-103　大数据使用是否会疏远师生之间的感情

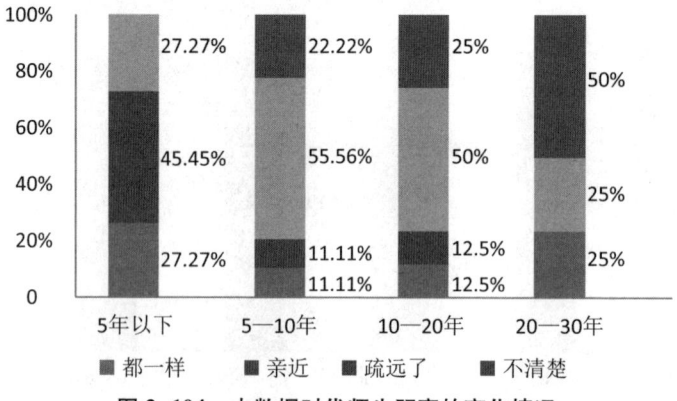

图 3-104　大数据时代师生距离的变化情况

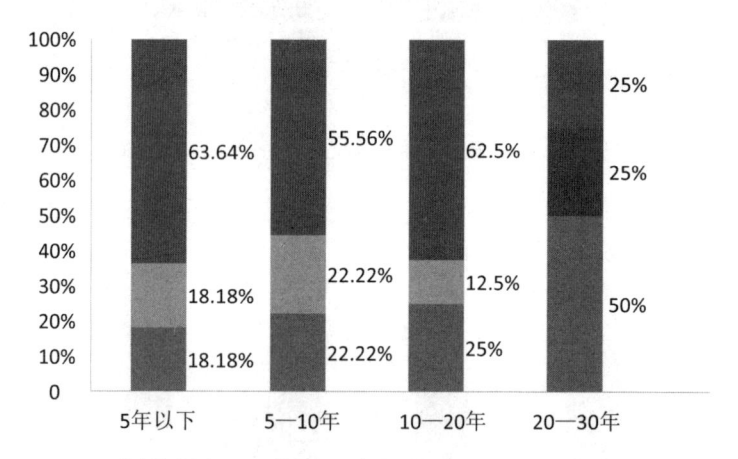

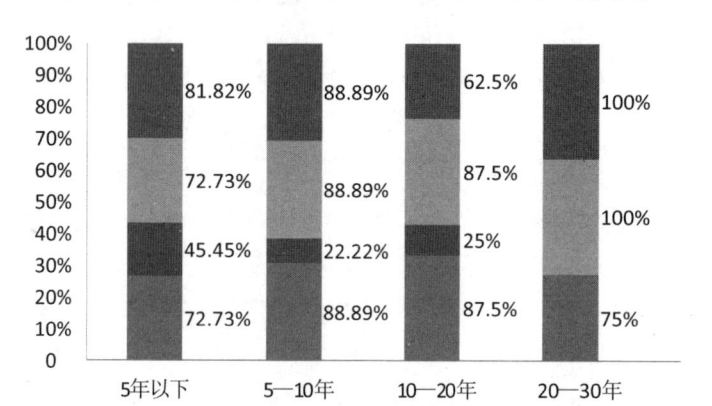

图 3-105　大数据时代对大学生人际沟通交往能力的影响

图 3-106　大数据时代高校思想政治教育特征

如图 3-100、图 3-101、图 3-102、图 3-103、图 3-104、图 3-105、图 3-106 所示，第一，在调查大数据时代哪些内容属于高校思想政治教育这一问题时，不同教龄的教师选择存在差异性。5 年以下教龄的教师认为人生观价值观世界观、爱国主义类、理想信仰类是其中最主要的内容；5—10 年教龄的教师则认为除人生观价值观世界观、爱国主义类、理想信仰类之外，社会热点类也应被纳入；10—20 年教龄的教师认为道德修养与法律基础类也应该被纳入，认识更加全面和科学；20—30 年教龄的教师则把心理健康、职业生涯这些当前大学生最关心的领域也纳入了高校思想政治教育工作的范畴，思考更加全面。在调查主要通过哪种渠道搜集思想政治教育方面的资料时发现，5 年以下教龄的教师主要使用线下学生案例，占比达到 54.55%，这与刚入职的教师特点比较吻合，希望尽快熟悉相关学校学院的特点，开展思想政治教育工作；5—10 年教龄的教师在掌握好线下案例资源的同时，积极探索门户网站、校园网站、调查数据等多种方式获取思想政治教育的资源，更加灵活和多样；10—20 年教龄的教师把专业的门户网站、校园信息网站等作为最主要的信息搜集渠道，大数据使用得娴熟，线上线下有机融合；20—30 年教龄的教师，更加专业和理性，网络使用更加频繁。

第二，在对高校思想政治教育工作手段的认知调查时，不同教龄的教师认知存在差异。5 年以下教龄的教师，认为道德社会实践的第二课堂是最主要的高校思想政治教育工作手段，对传统的理论讲授第一课堂和网络翻转课堂同等重视；5—10 年教龄的教师，除强调道德社会实践的重要性之外，重视第一课堂的主阵地作用，也开始关注和重视慕课等新兴教育范式；10—20 年教龄的教师十分重视翻转课堂这一手段，弥补传统教学的不足；20—30 年教龄的教师，对教师理论讲授的第一课堂最为重视，得益于他们长期积累的教学经验，增强了教学自信。

第三，对大数据等新媒体技术使用是否会影响师生之间的感情的调研中发现，不同教龄的教师认知差异性不大。各个教龄的教师都认为新技术的使用，不会疏远师生之间的感情交流，技术是为人服务的，传统的师生关系能够经受住技术工具的冲击。不但不会疏远，还有可能变得更加亲近，因为技术打破了沟通交流的时空界限，实现了无障碍的沟通，更加高效。但也看到，还是有教师持一定的谨慎态度，认为会因为"屏对屏"的沟通模式，影响传统的师生关系。在调查大数据对大学生人际沟通交往能力的影响时发现，随着教龄的增加，持积极态度的比重不断提升，从 5 年以下教龄时的 18.18% 上升至50%，说明对大数据时代的认知更加理性和客观。

第四，在调查不同教龄的教师如何看待大数据时代高校思想政治教育特征时，发现5年以下教龄的教师认为形式多样化是高校思想政治教育最主要的特征，占比达到81.82%；5—10年教龄的教师对环境复杂化、资源信息化、形式多样化都非常重视，认为三个方面都是高校思想政治教育最重要的特征；10—20年教龄的教师则重点强调环境复杂化和资源信息化，而20—30年教龄的教师更加强调资源信息化和形式多样化，教龄越长越强调教育形式多样化。

3. 大数据与高校思想政治教育工作的融合方面

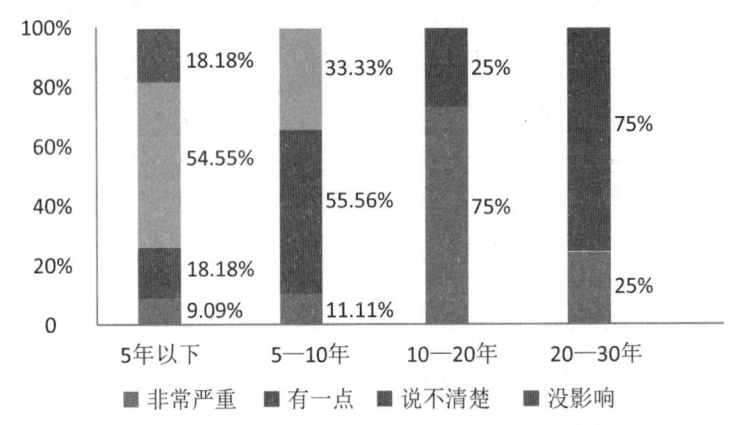

图3-107 大数据时代传统思想政治教育的教育者主导性和权威性是否受到了威胁

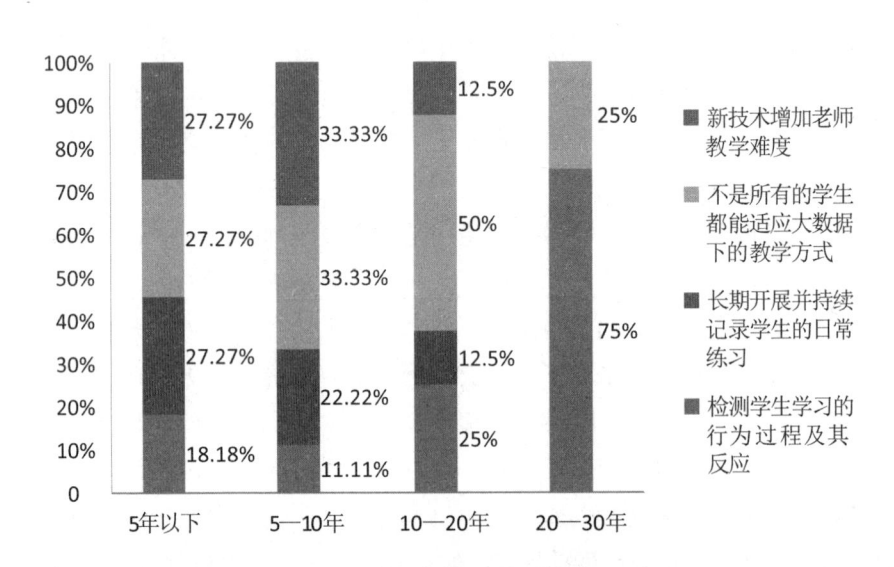

图3-108 大数据时代提高教学质量最大的难点

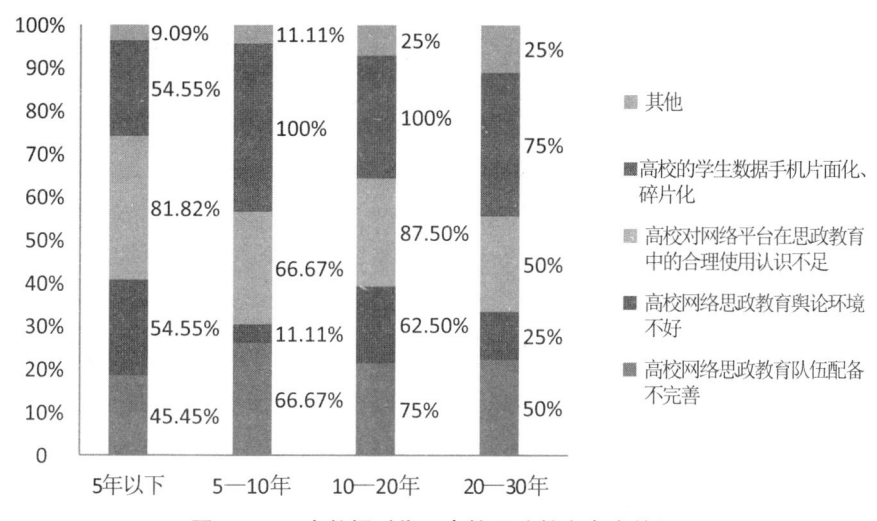

图 3-109 大数据时代下高校思政教育存在的问题

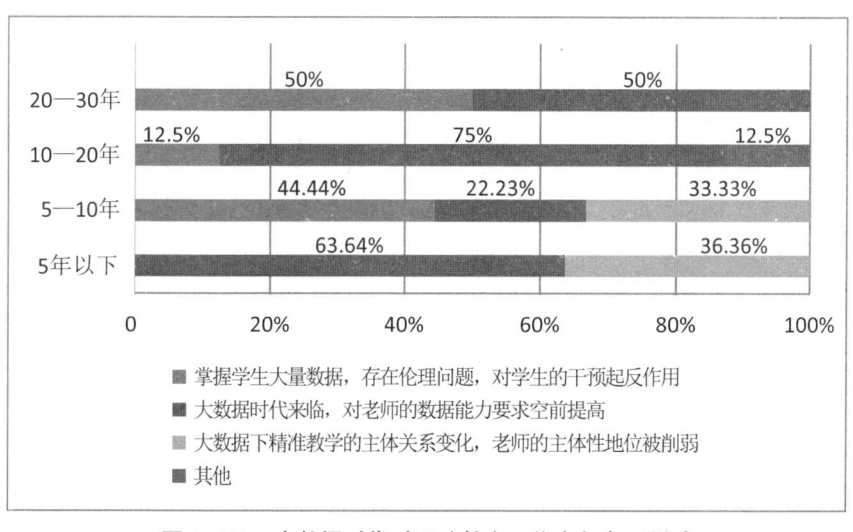

图 3-110 大数据时代对思政教育工作有何负面影响

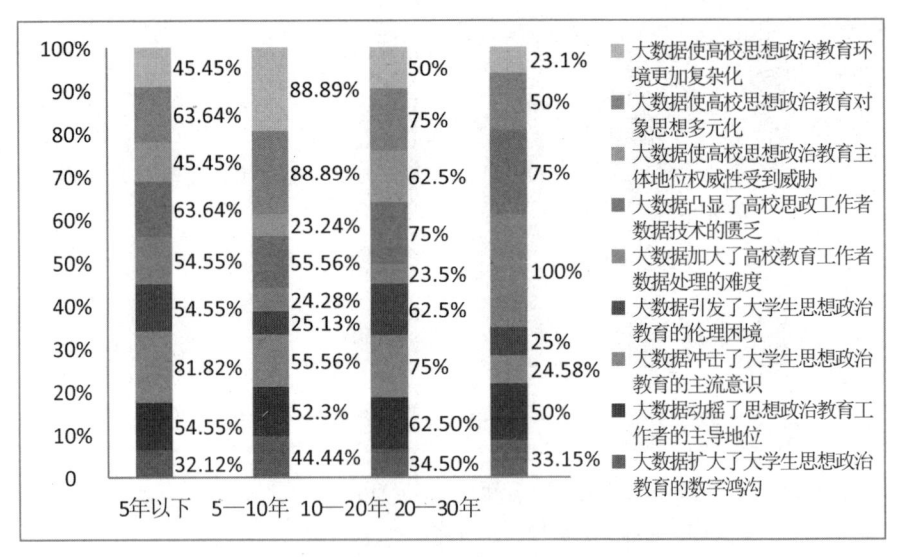

图 3-111 大数据时代对高校思想政治教育有哪些挑战

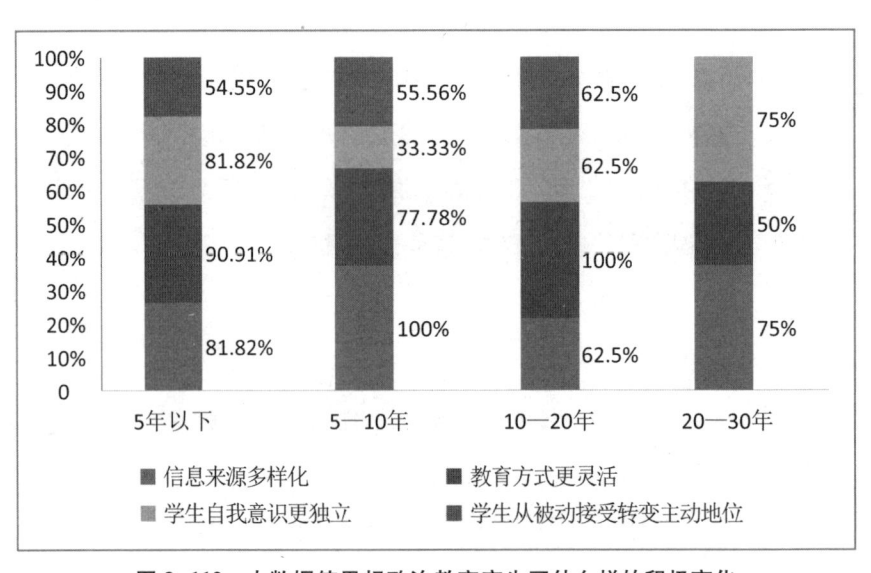

图 3-112 大数据使思想政治教育产生了什么样的积极变化

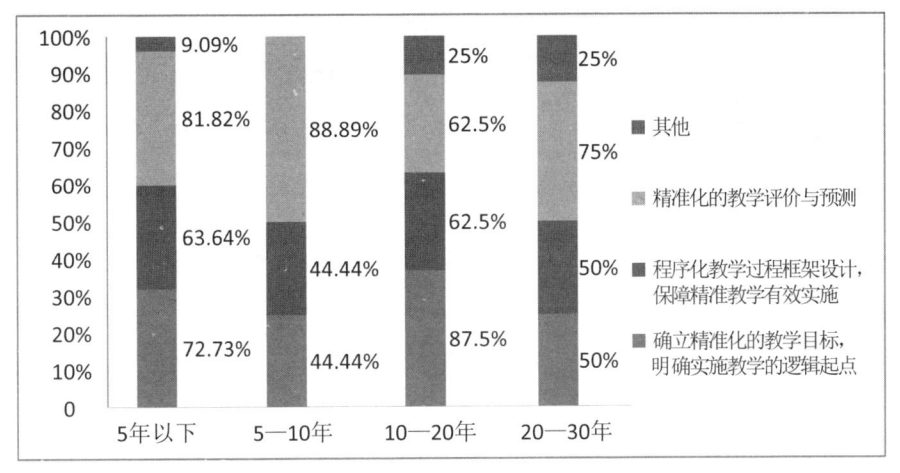

图 3-113　大数据对高校思想政治教育的改进认知

图 3-114　大数据时代高校思想政治教育工作的机遇

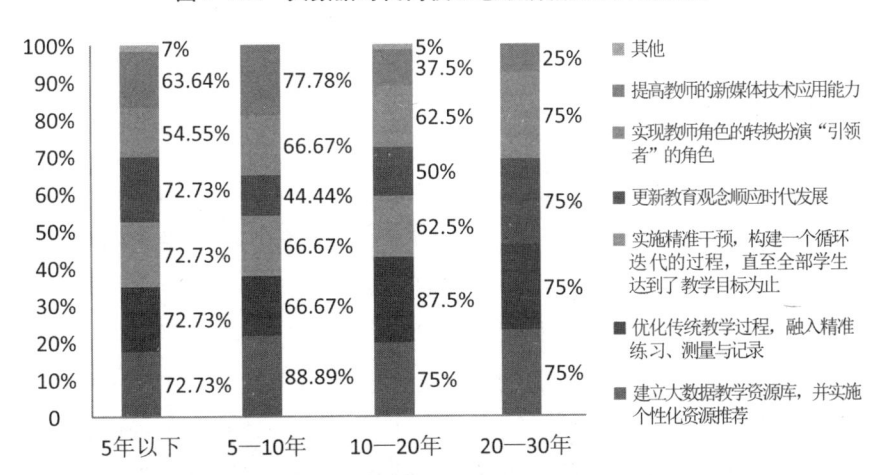

图 3-115　大数据时代教学改革的思路举措

如图 3-107、图 3-108、图 3-109、图 3-110、图 3-111、图 3-112、图 3-113、图 3-114、图 3-115 所示，第一，对大数据是否影响了传统教育主导性和权威性方面的调查显示，不同教龄的教师有着一定的认知差异。5 年以下教龄的教师认为有非常严重影响的比重为 18.18%，说明其有较强的危机意识；5—10 年教龄的教师认为有非常严重影响的比重最高，达到 33.33%，有一点影响的比重为 55.56%，有影响的合计比重为 88.89%，这一教龄段的教师有着更为强烈的危机意识；10—20 年教龄的教师全部选择了有影响，而 20—30 年教龄的教师则有 25% 选择了基本没影响，这说明这部分教师有着充足的教学智慧和经验，能够引领学生的发展。在调查大数据时代提高教学质量的难点判断时，20—30 年教龄的教师认为大数据记录检测学生学习的行为过程及反应比较困难；10—20 年教龄的教师认为不是所有的学生都能适应大数据下的教学方式是最大的难点；5—10 年教龄的教师则认为不是所有的学生都能适应大数据下的教学方式、新技术增加老师教学难度是最大的两个难点问题；5 年以下教龄的教师认为四个方面都是提高教学质量的难点，这也符合其新进教学领域，还处于摸索实践阶段的典型特征。

第二，在调查大数据时代下高校思想政治教育存在的问题时发现，5 年以下教龄的教师认为高校对网络平台在思政教育中的合理使用认识不足是最大的问题，占比达 81.82%。5—10 年教龄的教师则认为高校的学生数据收集片面化、碎片化是最大的问题，其次才是队伍配备不完善、对网络平台在思政教育中的合理使用认识不足等问题。10—20 年教龄的教师与 5—10 年教龄的教师认知相类似。而 20—30 年教龄的教师则认为高校网络思政教育队伍配备不完善是一个非常重要的问题。对大数据时代对高校思想政治教育工作有何负面影响调研中发现，5 年以下教龄的教师认为大数据时代来临，对老师的数据能力要求空前提高是最大的负面影响。5—10 年教龄的教师则认为大数据下精准教学的主体关系变化，老师的主体地位被削弱似乎是最大的负面影响。10—20 年教龄的教师也认为大数据时代来临，对老师的数据能力要求空前提高是最大的挑战，另外掌握学生大量数据存在伦理问题，对学生的干预起反作用也有很大负面影响。20—30 年教龄的教师则认为大数据时代来临对老师的数据能力要求空前提高和大数据下精准教学的主体关系变化导致老师的主体地位被削弱同等重要，都是大数据时代引起的负面影响。在对大数据时代对高校思想政治教育会产生哪些挑战调查时，5 年以下教龄的教师认为大数据冲击了大学生思想政治教育的主流意识是最大的挑战。5—10 年教龄的教师则认为大数据使高校思想政治教育对象思想多元化、环境更加复杂化是最大的挑战。10—20年教龄的教师则认为大数据冲击了大学生思想政治教育的主流意识、加大了高校教育工作者数据处理的难度、使高校思想政治教育主体地位的权威性受到威胁是最大的挑战。20—30年教龄的教师从自身出发,认为大数据加大了高校教育工作者数据处理的难度是最大的挑战。因此,大数据时代高校思想政治教育工作要考虑教师的诉求,采取针对性的措施。

第三,对大数据使思想政治教育产生了哪些积极变化调研时发现,5年以下教龄的教师认为教育方式更灵活是最积极的改进,5—10年教龄的教师认为信息来源多样化则是最大的进步。10—20年教龄的教师除强调了前两者的变化之外,还认为学生自我意识更独立,从被动接受到主动地位都是积极的重大变化,说明认知更加深刻。20—30年教龄的教师认为信息来源多样化和学生自我意识更独立是两个最积极的变化。在调查大数据对高校思想政治教育的改进认知时,发现5周年以下教龄的教师强调精准化的教学评价与预测是最大的改进,占比达到81.82%,5—10年教龄的教师除再次强调精准化的评价之外,也强调了确立精准化的教学目标和程序化教学过程框架设计的作用,10—20年教龄的教师则首先强调确立精准化的教学目标,明确实施教学的逻辑起点是最大的改善,20—30年教龄的教师认为精准化的教学评价与预测是最大的改变,产生了积极的作用。

第四,大数据时代高校思想政治教育工作有哪些机遇,不同的教龄教师有着不同的思考。5年以下教龄的教师认为有利于强化大学生思想政治教育的针对性是最大的机遇,5—10年教龄的教师则认为有利于增强大学生思想政治教育的实效性是其最大的机遇,10—20年教龄的教师认为有利于提高大学生思想政治教育的预见性是其最大的机遇,20—30年教龄的教师则认识更加深刻,转变大学生思想政治教育的思维和理念、创新大学生思想政治教育的载体和途径、拓展大学生思想政治教育的内容和空间都是其最重要的机遇,要借助这些机遇,推进高校思想政治教育工作高质量发展。在进行大数据时代教学改革的思路举措调查时发现,5年教龄以下的教师,重视建立大数据教学资源库,并实施个性化资源推荐;优化传统教学过程,融入精准练习、测量与记录;实施精准干预,构建一个循环迭代的过程,直至全部学生达到了教学目标为止;更新教育观念顺应时代发展。5—10年教龄的教师,更加强调建立大数据教学资源库,并实施个性化资源推荐。10—20年教龄的教师认为优化传统教学过程,融入精准练习、测量与记录更为重要,要重点推进。20—

30年教龄的教师则在更新教育观念顺应时代发展，实现教师角色的转换扮演"引领者"的角色，实施精准干预，构建一个循环迭代的过程，直至全部学生达到了教学目标为止。

第四章

大数据时代高校思想政治教育工作供给现状

2017年教育部修订的《普通高等学校辅导员队伍建设规定》（教育部43号令）提出，辅导员主要工作职责是思想理论教育和价值引领、党团和班级建设、学风建设、学生日常事务管理、心理健康教育和咨询工作、网络思想政治教育、校园危机事件应对、职业规划与就业创业指导、理论与实践研究等9项内容。本章选取了思想理论教育和价值引领、党团和班级建设、学风建设、学生日常事务管理、心理健康教育和咨询工作、校园危机事件应对、职业规划与就业创业指导等7项职责内容，把大数据时代高校思想政治教育贯穿于7项职责内容中，深刻分析这7项工作中大数据的挖掘、采集、分析和使用的基本情况。

第一节 思想理论教育与价值引领

一、思想理论教育与价值引领的意义

思想理论教育与价值引领是高校思想政治教育工作的核心内容，引领着其他各项工作的开展。通过第一课堂、第二课堂和第三课堂，帮助学生牢固树立社会主义核心价值观，坚持走中国特色社会主义道路。思想政治教育理论课作为大学生思想政治教育的主渠道、主阵地，对新形势下加强大学生思想政治教育有着非常重要的价值和意义。然而当前高校的思想政治理论课无论是在内容上还是在形式上都存在着不应有的滞后，主要表现在：在内容上缺乏创新，比较抽象和枯燥，没有及时补充和丰富中国特色社会主义最新的理论内核，没有使学生形成对中国特色社会主义的理论自信。高校思想政治

理论课方法单一，授课手段滞后，主要表现在运用信息化、网络化程度较低，大部分仍沿用传统模式，仅限于课堂，主要靠老师的讲解，学生互动、反馈比较少，"模式化""满堂灌"的教育方式仍然存在①。而现在网络已经进入大学生日常生活中，成为大学生学习、工作和生活中不可缺少的基本工具。互联网在大学生群体中的应用，极大地改变了大学生思想政治教育的时间和空间概念。

二、大数据时代思想理论教育的探索

部分学生学习能力和接受能力比较弱，影响了思想政治教育实效性的发挥②。改革大学生思想政治教育理论课的载体，提高大学生思想政治教育理论课的实效性，是当前大学生思想政治理论课教学亟待加强和解决的关键问题。为此，高校积极探索新时代思想政治教育的新模式，一方面，利用大数据开展大学生思想状况滚动调查，及时掌握大学生最新思想动态；另一方面，积极将大数据等网络信息资源引入思政课堂、嵌入高校思想政治教育工作实践，翻转课堂、慕课等课堂教学模式广泛推广，搭建思想政治教育的网络社群，及时回应学生关心的热点问题和话题。另外，充分利用大数据技术，全程记录学生的日常生活行为和表现，充分发挥"智慧树""超星""爱课程""钉钉"等网络课程平台功能，对学生的学习行为和过程进行记录，使新时代高校思想政治教育更有吸引力和实效性。本章主要以翻转课堂为例，进行阐释。

翻转课堂是从英语"Flipped Class Model"翻译过来的术语，也被称为"反转课堂式教学模式"，简称翻转课堂或反转课堂、颠倒课堂。其主要是指学生在课下通过"视频"等新媒体技术载体学习课程知识，课上进行学习内容和体会的交流，拓展了学习时间和空间，是对传统教学模式的巨大变革。翻转课堂实现了教学模式的变革。长期以来，思政理论课的教学模式是以教师讲授为主，教师根据教学计划来安排课程内容，学生按照老师制订的上课计划来进行学习，之后可运用所学知识进行实践。而翻转课堂则是这一模式的颠倒，在翻转课堂模式下，学生为主体的自学在前，学生带着问题和思想

---

① 林江梅.翻转课堂在高校思想政治理论课课堂中的应用研究［J］.学校党建与思想教育，2014（11）：36-37

② 叶宗波.文化自觉：多元文化背景下增强高校思想政治教育实效性的新向度［J］.学校党建与思想教育，2011（8）：4-6

在课堂上进行讨论和交流,从而达到深化认识,提高学习效果的目的。思想政治理论课改革的很多设计之所以效果不是特别理想,其中一个重要的原因是教学理念存在问题,虽然近几年越来越重视大学生在思想政治教育课程中的地位,但没有实现根本的突破,大多数制度设计仍然是"以教师为中心"。而翻转课堂则实现了教学理念的重大突破,它通过学生学习知识环节的前移,为课堂交流学习提供了时间和空间,真正实现了"以学生为中心",老师从而也能实现答疑解惑,因材施教。翻转课堂实现了学习方式和地位角色的重塑。在翻转课堂中学生不再是被动的、填鸭式的学习,而是主动的、快乐的学习,从"要我学"变成了"我要学",这看似简单的语言转换,实则是划时代意义的学习进步。在改变学习方式的表象背后,是课堂主体地位角色的重塑[5]。在传统课堂上中的老师绝对"核心"的地位和角色,受到根本的挑战。在翻转课堂中,学生通过观看视频,查阅多媒体资料,掌握了大量的课程内容和背景资料,甚至超过老师掌握的知识内容。在课堂上学生不再是被动的知识接受者,而是成为课堂的主体,他们带着问题和思考,与老师进行沟通和交流,学生已经成为翻转课堂的中心。

第二节 班级建设

班级建设是高校思想政治教育工作的重要方面,对集体主义、团队建设具有重要的价值和意义。除了班级凝聚力的建设之外,班级建设一个非常重要的方面是开展学生骨干的遴选、培养和激励工作,这是培养社会主义事业建设者和接班人的重要载体。

当前,高校大学生个性鲜明,差异性较大。部分同学自我意识较强,集体主义意识缺失,突出表现在不愿意参与班级集体活动。大数据时代的来临,使得这一问题变得更加严峻,亟待引起高度的重视。

一、班级建设和学生骨干培养的现状

1. 班级建设的现状

班级管理方式仍以传统方式为主，班级凝聚力建设推进不足。当前，"00后"大学生是高校学生的主体，他们个性明显，既有张扬的一面，有朝气和活力，易于接受新鲜事物，富有创新性，也有集体意识淡漠的一面，对班级活动、班级集体事务不是非常热心，更加关注个人的自身利益。在这种大环境下，高校班级管理应该与时俱进，培育学生的主体性。但受班级管理的大环境、学生思想政治教育工作者的思维、学生干部的素养、事务性工作较多等各种因素的影响，当前的班级管理多是程序化、事务化的管理，班级同学的积极性调动不足，班级管理的"行政化"氛围浓厚。在这种情况下，大学生更加喜欢参与网络虚拟空间，在这一空间中每个人的主体性得到极大的发挥，备受尊重，有参与感，人际交往相对比现实要容易，造成了班级凝聚力建设不足的现状。

完全学分制和网络化给班级凝聚力建设带来了更大挑战。当前大部分高校都在实行学生自主选课、自主安排大学学习生活的完全学分制，这种学习形式对传统的班级建设造成了巨大的挑战。同班不同学、同学不同班已经成为学习生活的常态。由于选课的不同，班级同学的交流更加稀少，因为上课时间等原因，有可能一个学期班级都难以开展班级集体活动。另外，网络化日益成为大学生的生活方式，越来越多的同学成了"网友"，线下见面的时间和空间越来越少，网络游戏等活动吸引了大批同学参加，这对新时代如何加强班级凝聚力建设提出了巨大的挑战。

2. 学生骨干培养的现状

高校大学生团学骨干是班级建设的核心，他们的整体素养和能力水平，关系到班级建设的成败。当前的学生骨干主要包括三大类人群，即包含正式党员、预备党员、积极分子在内的党组织系统人群，包含团支书、团委委员在内的团委系统人群，包含班长、学生会骨干在内的学生会系统人群。这些学生骨干是师生联系的纽带，是良好班风、学风建设的主体，是班级凝聚力建设的领导者和引领者。他们的行为起着先锋模范作用，对其他同学产生重要影响。

然而，当前高校对于学生骨干的培养与管理的现状却不尽如人意，虽然现在有很多专家学者对于这个问题提出了很多看法,但却没有就如何培养与管理高校学生骨干达成一致意见,缺乏一套有效的培养与管理的运行机制。主要表现在以下三个方面:首先,对学生骨干的角色存在着认知偏差。当前部分学生骨干已经成为思想政治教育工作者的"传声筒""传令兵",主要完成老师布置的各项工作即可,形成了只对老师负责不对班级普通同学负责的"唯上"作风。部分高校存在重使用,轻培养的情况。其次,缺少学生骨干培养的文化氛围。长期以来,担任学生干部为同学服务被认为是一件非常光荣的事情,会让同学羡慕、老师表扬。进入新时代以来,学校的文化氛围发生了一些变化,考上著名大学的研究生、博士生,获得到500强公司工作的机会,申请到国外排名前列的大学读书成为更多优秀甚至是普通同学从进入高校就在努力奋斗的目标。为同学、班级服务的学生干部,因为要花费大量的时间和精力在班级管上,很多人的成绩并不优秀,学生干部的荣誉感不断流失。最后,培养和管理学生干部的制度不完善。对学生干部的使用,虽然形成了一定的制度规范,但选拔、培养、晋升、考核评价、评优等成体系的培养管理制度尚未完全建立。如在培训环节,更多的是老师凭借经验和知识,认为学生干部要具备哪些知识和经验,针对学生干部领导力等专业性培训相对较少。在晋升环节、考核评价环节,老师主观评价的模式非常普遍,老师的评价对学生干部的晋升起主要的决定作用,缺少普通学生的评价,这也不利于学生干部队伍的高质量建设和发展。

二、大数据时代班级建设和学生骨干培养的对策

1. 基于大数据开展班级建设的思考

传统的班级管理及学生与老师等不良的沟通,导致班级凝聚力建设遇到了瓶颈,因此,需要探索创新班级凝聚力建设的途径,网络已成为当前高校班级凝聚力建设的新途径。"易班"作为一个新兴的媒体,是一个以高校师生为主要使用对象的网络虚拟社区,是大数据时代班级建设和管理的新载体。通过"易班"加强班级凝聚力的建设已成为必然趋势,因此,为使"易班"班级凝聚力建设预想实现,提出以下对策:

以宿舍为单位,构建"易班"基层单元,加强班级凝聚力建设。全学分制下,自由的选课使同学之间的交流越来越少,而寝室作为学校最小的单位,发挥着不可忽视的作用,每位同学都离不开寝室这个小团体,寝室成员之间朝夕相处，互相影响。在全学分制下无法将班级同学统一起来，在"易班"上开展"寝室文化节""寝室友好节"等寝室活动，将寝室活动的信息不定时上传至"易班"，采用投票等形式，加强学生对于活动的了解。在比赛结束后，通过"易班"进行寝室间的交流，加强寝室与寝室之间的友好关系，增强班级同学之间的交流、互动，化繁为简，达到加强班级凝聚力建设的目标。建立"易班"班级特色活动，加强学生与老师间的交流。开展班级活动是班干部最基本的职责，也是班级凝聚力的最基本体现。班级可以通过"易班"平台，建立属于自己的班级社区，建立班级网络社群，与线下的实体班级形成相互补充。不定期地开展各种网络班级活动，将班会、主题团日等搬上网络，调动班级同学积极参与整个班级建设的全过程，增强同学们的主人翁精神，增强班级的凝聚力。在大数据信息化时代，要主动走入学生的网络阵地，基于"易班"等大学生关注的网络社群开展丰富多样的班级建设活动，让同学们在线上参与、线下体验，形成良好的班级建设氛围。另外可利用大数据网络资源，为班级同学提供更多的差异化资源和信息，帮助每个同学成长成才。在互动中增强班级的凝聚力和向心力。通过"易班"与"微信""新浪微博""QQ"等平台进行合作，拓宽"易班"的推广的途径。将学校开展的各类活动，如社团活动、校内联谊、校外联谊等，与"易班"相结合，在学校范围内寻找到一批愿意为活动服务的同学，及时搜集各类活动信息，将活动的初期推广信息、活动进行中的各类信息、活动结束后的结果等及时发布到"易班"上，实时进行更新，并将消息下发至各学院，督促学生到"易班"查看。对于竞赛类活动，可以在"易班"发起投票，让同学们在"易班"上为自己支持的同学和班级投票。活动结束后，也可以交流各班级的活动经验，互相学习，各个班级的凝聚力都提升了，一个学校的凝聚力也自然随着提升。

班级凝聚力建设是一项长期而艰巨的任务，不能指望一蹴而就，更不能期待一劳永逸。每个班级成员都具有各自的特点与性格，不能强求统一，应该求同存异，取长补短。综上所述，加强班级凝聚力建设，对于培养社会主义的合格建设者和可靠接班人，推进学生管理模式的创新，探索高等教育改革具有重要的意义。但是，单方面的努力是远远不够的，一个班级的建设需要兼顾公正、民主、透明、和谐等多方面。所以，大数据时代下的新媒体力量，应作为强有力的监督者来提供具有公信力的平台，为每一位学生提供展示、监督的平台则会如虎添翼地促进班级凝聚力建设。

2. 完善大数据时代高校学生骨干培养的思考

基于大数据平台，加强对班干部的培养和监督。首先，通过各种大数据平台，采集、整理、分析各种学生信息，结合班级各成员自身兴趣和同学的推荐进行各种角色设立，使每个班级成员在班级中都有一定的职务和参与班级事务，这样不仅加强了他们对班级各成员的了解和认同感，而且自身也承载一定的权利和义务，这有利于调动每个成员的积极性和主动性，促进班级凝聚力建设。知人善任，提供展示的舞台，激发每个成员的学习和工作热情，尤其是一支能干的班干部队伍也是不可缺少的。要充分发挥民主性，让学生选出最适合本班的班委会，班级干部要明确分工，弄清每个人的职务，各司其职。除此之外，各班在易班、公众号、微博等大数据平台公布其班级的班委名单，进行监督和建议，提供一个民主、公开、透明的平台。其次，班级干部轮流将每天的班级消息、课程作业、资料、会议记录等上传至易班等大数据平台，利用互联网实现信息的快速传递，实现学生诉求的全面采集和反馈，实现对学生干部的民主监督。

营造学生干部培养的良好氛围，重塑学生干部的角色认知，完善系列配套措施，实现政治上培养、工作上指导、学业上辅导、生活上关心。首先，重视选拔机制。坚持早选苗、选好苗的原则，建立大学生学生骨干接续培养机制。在选拔学生干部时，既要考虑其工作能力，还要考虑其综合素质，特别是在学业上相对优秀，思想上相对成熟。另外要结合普通同学的意见，考虑其有较好的群众基础，这对后续学生干部的培养和发展、班级工作的高效推进都具有重要的作用。其次，重视过程培养机制。对高校学生骨干的培养，包括了政治培养、业务培养等多个环节。对那些思想上积极向党组织靠拢，政治成熟的大学生骨干，积极发展其加入中国共产党，发挥其先锋模范作用。给学生骨干以机会，创造更多的发展机会和载体，让学生骨干在训练中成长成才。另外要对学生骨干进行培训，主要包括思想理论培训、工作业务培训、人际沟通培训、团队凝聚力培训等各种课程，采取个人自学、专家辅导、团队互学、校外实践等形式，全面提高学生骨干的思想和业务能力。在这一过程中，重视学生干部的梯队建设。重视后备干部的培养，建立低年级和高年级相结合的干部队伍体系。最后，重视考评激励机制建设。要建立健全学生干部的考评指标体系，实现老师考评、学生干部互评和普通同学打分相结合的多维评价体系，充分地评价每一名学生干部的思想、工作能力、群众基础等。并将考评结果与学生干部的晋升、发展相结合，形成良性的激励循环，促进学生干部团队的建设和发展。

第三节　学风建设

　　学生以学习为本，学风建设是高校思想政治教育工作的核心内容之一。通过大数据采集、分析，了解掌握学生的学习情况，是开展高校思想政治教育工作的重要前提。在此基础上，采取各种措施，激发学生的学习动力和兴趣，使其形成良好的学习习惯变得尤为重要。

　　随着高等教育大众化趋势的到来，各大高校的招生规模也在不断扩大。大学生所处的整个大社会环境也发生了巨大的变化，大学生教育质量已成为社会关心的话题，学生学习积极性及激励机制问题，是当前高等教育研究的重要专题。大学生学习积极性是大学生人才培养质量的核心环节，而对大学生群体的学习动机、学习方法、学习特征等学情进行综合分析，是研究大学生学习积极性的重要前提。学情分析指的是对学生在学习方面特点、学习方法、学习习惯、学习兴趣、学习成绩等进行抽象概括和总结。结合高校创新人才培养的教育改革实践，通过大数据的学情调研和分析，探讨提升高校学生学习积极性的有效途径与方法。

　　关于积极性的内涵，《现代汉语三音词词典》以及《当代汉语词典》《汉语倒排词典》表述为：进取向上、努力工作的思想和表现；《方法大辞典》中解释为：在学习活动中表现出来的认真、紧张、主动、顽强的心理状态等。综上，大学生学习的积极性更多地偏重心理学的解释，是促使大学生学风转变的动力。

一、大学生学风建设问题分析

　　学风是高校教育的核心问题之一，学风的好坏对高校人才培养质量有着重大影响。进入新时代，学风建设也遇到了一些问题，主要表现在以下几个方面。

　　首先，学习认知存在偏颇。社会对大学生的客观评价是富有文化，有扎实的专业知识，有一技之长等。考入大学后，学习是高校学生最主要的目标之一，无论如何强调都不为过。学分修读、课程作业、毕业论文撰写、创新实践等学习任务的完成情况,是评价学生学习能力的重要方面。但是随着大数据信息化社会的发展,受外部不良社会风气的影响,"60分万岁"、及格就行、迟到旷课甚至考试作弊等对待学习的态度时有发生,甚至已经在广大学生中形成了部分共识,对待学习的认识悄然发生了变化。部分大学生认为大学文化知识学习并不重要,认为人际交往、兼职、实习、社会实践等更为重要。部分大学生没有清晰的学习目标,既没有四年大学的总目标,也没有每个学期的具体目标,更多时候是凭着自我感觉,走到哪一步算哪一步,学习规划更无从谈起,亟须引起学校和社会的高度重视。

其次,学习情感投入不足。对学习的情感反映了学风建设的核心要义。学习活动是一项长期的持久性活动,学生从教育的过程来讲是教育的对象,但从学习活动来讲,他们则是学习的主体。在知识学习、课堂学习的过程中,学生会形成对教师、教材、课堂、知识的态度体验,这种体验就是学习情感。情感也是人的一种素质,它对学生学习的影响已无可辩驳地被教育者认可,积极的学习情绪情感会提高学习的效率,消极的情感会影响学生的学习。部分同学因为各种原因,对自己所学的专业缺乏兴趣,学非所好,学习情感不足。还有部分同学学习投入不足,浅尝辄止,不求甚解,对专业知识掌握粗浅,学习情感性较弱。这些都制约了大学生学习积极性的提升,进而制约了学风的提升。

最后,大学生学习意志薄弱。意志是衡量一个人注意力集中程度的标志,是一种独特的心理情绪和心理活动,对人认识事物具有选择、控制、调节、激励等功能。大学的学习是一种外松内紧式的学习,更多的是要求大学生发挥自身的主体性,透过现象抓事物的本质问题,积极探索科学真理。这一过程中会遇到各种各样的困难,部分大学生遇到困难选择了退缩、绕行、回避等行为,产生了"60分万岁"的特殊心态,面对问题勇于攻克的意志力不足,特别是一些需要花费大量时间、精力才能学懂知识的工科专业,这一现象较为突出。在学习过程中,仅有良好的学习能力和丰富的学习激情还不够,还需要有坚强的学习意志,这种意志力是保证自己克服困难,追求学习远大目标的关键因素。另外,大数据时代,各种网络游戏、网络小说等"诱惑"很多,学习意志也表现为抵制诱惑,始终咬定学习目标不放松,不迷恋网络,不心浮气躁,合理控制和调节自己的情感,专心、专注于学习目标的实现。

二、大数据时代学风建设的思考

在当前所处的学习型社会下，如何最大限度地发挥高校学生的学习积极性并作用于个体学情使得学习能力的培养、学养习惯的形成、学习态度的端正、学习水平的提高这样一项综合性系统工程获得长足发展与建设，是我们基于学情分析视角下所作的探究学生学习积极性的一个重要实现目标。在研究过程中，通过实地访谈和发放问卷，并基于数据模型的分析计算，测算出以学情为核心因子，以学习积极性为主要影响因素的量化方案，为进一步提升大学生学情水平提供了实施方案和路径，即要充分发挥学习积极性在个体中的能动作用，使其对于个体学情的综合水平的提高起到推动力的作用。同时，要在一定群体内即一个学习团队内强化学习积极性的作用，辐射整个学习团队的学情素养，才能在充分发挥学习积极性的效益最大优势的前提下，全方位提升学情水平和实现学情最优的目标。

学风建设是高校思想政治教育工作的核心内容之一，在大数据时代要继续强化和完善学风建设，提高人才培养质量。要发挥高校的主体作用、家庭的支撑作用、制度的保障作用，全面推进高校学风建设。具体来看，主要包括以下几个方面。

首先，充分发挥高校在学风建设中的主体地位和作用。高校加强学风校园文化的营造、教师育人为本爱岗敬业教风的培育、学生立志成才勤奋刻苦学风的建设，都是高校在学风建设中发挥主体作用的体现。其中最重要的是良好教风的培育，教风引领学风，实现良好的教风，需要大数据时代高校进行系统改革。高校要加大教学投入。课堂教学是培育良好学风的主阵地，在大数据时代要加强教学基础设施建设，实现信息化数字化转型。如多媒体教室、智能化实验室、网络课程群、线上线下一体化实训平台、大数据信息数据平台等教学硬件软件建设要不断加快，这是提高教学质量的前提。在此基础上严格教学管理。大数据时代高校教学既要重视硬件建设，也不能忽视软件的建设。要不断建立健全教育质量保障体系，建立专业质量评估标准，滚动对各个专业的办学质量进行评估，对不符合要求的坚决予以停招等，倒逼专业改革，提高教师授课水平和办学质量。对全体教师进行师德师风、良好教风的专业培训，鼓励更多的教师热爱教育事业，用良好的教风引领学风。教师要通过各种渠道和手段，调动大学生学习的主动性和积极性，培育优良学风。

其次，发挥家庭，在学风建设中强有力的支撑作用。家庭在大学生学习成长过程中扮演着十分重要的角色，是每个大学生的坚强依靠。其中，社会责任感和独立意识是家庭支撑高校学风建设的两个非常重要的方面，而承担国家社会责任，则首先需要搞好自己的学习。社会责任感主要是指一个人应该承担对国家、社会和他人的职责，是人的本质属性和社会属性的重要体现，是一种责任和使命。当前部分大学生社会责任感意识欠缺，个人独立意识不强。主要是由于学生成长的家庭环境导致的。有的家庭父母对子女的关心超出了正常水平，过于溺爱，子女衣来伸手、饭来张口，习惯于占有而不懂得付出，造成这些子女小时缺少为他人付出的意识，长大后缺乏基本生活技能和为他人、为家庭、为社会负责的精神，独立性和社会责任感较弱。因此，要重视我国家庭教育的重要性，从小培育学生独立自强、勇于克服困难和问题的优良品质，培养积极为他人作贡献的社会责任感，这个比单纯的学习成绩至上的家庭教育更为重要，这关系到学生将来对待学业的恒心和毅力，关系到学生的责任品质和学习意志的形成。大数据时代，强化大学生的责任意识和学习意志，对于提高大学生的学习积极性，加快推进高校学风建设具有重大意义。

最后，重视学风制度建设和管理，端正学生学习动机和行为，为学风建设提供重要的保障。制度建设是学风建设的先导，要建立健全各类与学风有关的制度，为高校开展学风建设活动提供政策依据。无论是泰勒还是马克思·韦伯，都强调制度规范的重要性，任何管理活动的顺利进行，都需要建立一整套的规范、原则或者制度。建立和完善学风建设的制度，对于高校学风建设的科学化、规范化、系统化都有着不可替代的作用，有利于建立良好的教风，培育良好的学风。在制度建设过程中，首先要加强教学管理制度规范，比如教学课堂纪律、教学过程制度规范、教学考试纪律规范等，用严的主基调抓好教学管理和服务工作。部分学生升入大学后，存在着学习态度不端正、不认真等行为，靠考前突击复习、考试蒙混过关，甚至有学生为了通过考试不择手段，采取考试作弊等行为，这些都要依据教学管理规范进行严格管理，坚决保障学风建设的公平性，为脚踏实地、认认真真、刻苦奋斗的大学生提供制度保障。在此基础上，加强学风建设系列制度规范。在大数据时代，部分大学生沉迷网络，不能抵制网络上的各种诱惑，不能约束自身的行为，很多时候放任自流，导致了学习行为的失范，这时候需要用严格的考风制度、出勤制度等进行规范，提高学生学习的主动性和积极性。对于优秀努力的大学生，采用三好学生、奖学金制度等进行正向激励，培育更好的学习动力。

综上所述，高校学风建设是一个系统工程，既需要高校内部各个部门的配合，以及教师和学生的共同努力，也需要校外包括社会和家庭在内的全社会的支持，良好的校风某种程度上是良好的社会风气的体现。高校、社会和家庭在促进大学生学风建设中发挥着不同的作用，三者相互依存、相互制约、相互促进。高校起主体性作用，家庭起支撑性作用，社会发挥保障作用，各司其职，理清权责关系，形成齐抓共管。另外，高校学风建设是一个动态变化的过程，要根据外部环境的变化及时更新教育理念、技术手段和方式方法等，在大数据时代背景下加强高校学风建设更是如此。高校、社会和家庭在大数据时代，分工负责，取长补短，形成合力，才能取得学风建设和培育的良好效果，为培养社会主义的建设者和接班人提供智力支持。

第四节　心理健康教育

近年来，社会处于转型期，各种社会矛盾累积，也衍射影响到高校大学生群体。由原生家庭问题、社会压力问题等导致的大学生心理问题日渐增多，引起了高校和全社会的高度重视。高校心理健康教育已经成为高校思想政治教育工作的重要内容，亟须进行深入研究，推进高校心理健康教育工作。

高校心理健康教育是运用心理学理论与技术，通过心理健康教育课程和活动，对大学生遇到的心理问题进行干预的一类教育活动，目标在于增强心理素质，促进大学生健康成长。心理健康教育是高校思想政治教育工作的重要内容，基于大数据对大学生心理健康教育的问题、规律进行综合分析，培育大学生良好的健康心理、积极的健康心态和理性科学的健康人格，是培育社会主义建设者和接班人的重要前提。针对新时代大学生群体的新的规律特点，构建有效的大学生心理健康教育模式成为社会的共识。然而当前大学生心理健康教育过多依靠学校教育，包含医疗介入、家庭关怀的社会支持体系还未形成，难以应对当前大学生心理健康教育的复杂局面。如何通过制度设计，鼓励学校、家庭、社会等多方主体参与，形成多元协同治理模式，提高大学生心理健康教育的效果，是一个值得深入探究的重要理论和实践问题。

一、大学生心理健康教育的问题分析

当前需要重新思考大学生心理健康问题的成因，突破传统的心理疾病的认知。要更多地考虑大学生心理健康问题的社会性成因，大学生心理健康教育涉及家庭教育、人际交往、社会参与等，这就需要高校、社会组织、医疗机构、家庭、个人等所有利益攸关者共同参与、协同行动。当前对大学生心理健康问题的研究大多集中在心理学、医学领域，而心理健康问题绝不是单一的医学或者心理学问题，往往与社会参与、社会交往等紧密相关。因此，通过提供社会支持，增强互信与互惠等方式，来促进大学生心理健康行为，创造良好的健康环境并有效缓解心理与社会压力，探讨两者之间的关系，具有重要的时代价值和意义。

大数据时代，高校大学生心理健康教育面临着巨大的挑战，需要引起高度的重视，主要表现在以下几个方面：一是对心理健康教育认识异化。长期以来，部分高校心理健康教育重治疗轻预防，认为学生发生心理问题需要紧急干预和矫治，侧重于从医学的视角思考这一问题。还有部分高校认为应该使心理健康教育学科化，用专业的心理学理论来推进这项工作，偏离了正常的心理健康教育的轨道。大数据、互联网时代，很多网络宣传扩大和强化了上述两种错误认知，使得高校心理健康教育工作者无所适从。高校的心理健康教育偏重于心理预防，不仅仅服务于少数特殊学生，更多的是服务广大普通同学，为那些因为人际交往问题、适应问题、学业问题、情感问题、就业问题、日常生活问题等造成的情绪低落、压力挫折的同学提供咨询和服务等。二是心理健康教育存在边缘化的趋向。心理健康教育虽然因为涉及学生的个别极端情况而得到了学校的重视，也是高校学生思想政治教育工作的重要内容，但不可否认的是在编制配备、经费支持等方面还需要加强。心理健康教育与其他的学生思想政治教育工作相比，相对隐性，属于前期要做大量的基础性工作而成绩并不突出的工作。大数据时代，与网络有关的思想政治教育工作备受重视。传统的心理健康教育与大数据网络的融合度存在着不足，产生了心理健康教育的边缘化趋向。三是心理健康教育实践的孤立化。虽然"三全育人"的政策和理念已经深入人心，但在高校中仍然存在心理健康教育不属于高校思想政治教育工作的看法，认为其专业性强，是学校的某个部门如心理健康教育中心的工作而已，没有意识到心理健康教育是一个系统工程，需要高校各个部门、家庭和社会的大力配合。在某种程度上，心理健康教育具有一定的私密性，难以融合大数据信息平台，存在着心理健康教育实践孤立化的现象。

二、以协同理念构建大数据时代高校心理健康教育体系

传统的依靠高校单一部门来推进高校心理健康教育的模式，已经难以应对大数据时代高校心理健康教育面临的巨大挑战。亟须以协同理念，构建大数据时代高校心理健康教育体系，实现校内协同防治、校外协同共治，以学生为本，防治并举，做好大学生心理健康教育工作，实现心理育人，为培养社会主义合格建设者和接班人提供健康的心理保障。

1. 大数据时代心理健康教育协同理念框架。首先是以学生为本。大数据时代，学生是高校心理健康教育所有工作的中心，大学生的健康权是最根本的目标，任何部门都不能以牺牲学生的生命权和健康权为代价，大学生的生命安全居于所有工作之首。其次是预防为主。《"健康中国2030"规划纲要》指出，坚持健康预防为主的思想，大学生心理健康教育也不例外。要建立健全高校心理健康教育的学校、学院、班级、学生的四级网络体系，以大学生心理健康预防为中心，就人际沟通、学业困难、生活困难、就业问题等对大学生群体进行提前关注和介入。基于大数据技术手段，进行大学生日程思想和行为数据的追踪和采集，并在此基础上进行分析和预测，建立动态的预警机制，对可能存在心理问题的学生，调用各部门的力量提前进行及时的关心和干预，根据问题和困难的程度，调动校内外的各种资源给予支持，从而化解可能发生的风险，减少对学生的伤害。最后是协同共治。这里的关键是明晰各个部门的权责。大数据时代高校心理健康教育是一个系统工程，要确定心理健康教育的核心部门，保证其调用学校资源的能力。在此基础上，基于大数据心理危机防治信息系统，实现各部门的联动。校内各部门实现动态的跟踪和具体辅导，在效果不佳转为心理疾病时实现校外资源的联动，紧急转诊到专业的心理治疗中心，实现信息的无缝对接和共享。这需要全社会的共同参与，需要相关的政策、法规和制度的支持，防治结合，形成合力，建立和完善大数据时代高校心理健康教育的协同育人体系。

2. 完善大数据时代高校心理健康教育的协同实践。在协同理念的指导下，要进一步完善大数据时代高校心理健康教育的协同实践机制，从意识协同、队伍力量协同、活动协同等方面，全面贯彻协同理念的思想，提高大学生心理健康水平。

首先，在大学生心理健康教育的意识协同方面，需要调动全社会力量，共同关心和参与到大学生心理健康教育工作中来。高校内部包括专业教师、思想政治教育工作人员、行政管理人员、后勤工作人员在内的全体育人主体，都要培养心理工作的意识，为大学生提供心理健康教育的良好校园氛围。专业教师要在课程中嵌入心理健康教育的知识，思想政治教育工作者要在各类学生活动中渗透心理健康教育的内容，倡导全校教职工共同参与大学生心理健康教育工作。校外要积极动员家庭和社会力量，对学生心理健康教育给予积极支持。家庭是大学生情感的港湾，要积极发挥作用，给学生以情感抚慰，让学生在家人的陪伴中有心灵的归宿。

其次，在大学生心理健康教育队伍协同方面，实现心理辅导和心理危机干预队伍的有效衔接和协同。心理辅导队伍包括专业教师、思想政治教育教师、心理咨询教师、班级心理健康教育学生干部等。各个主体分工负责，协同做好大学生心理辅导工作。专业教师在各个课程中嵌入心理健康教育的内容，包括基本知识、思维训练、挫折压力、如何纾解等，让学生通过课程学习掌握一些基本的心理常识，在遇到问题时能够不慌张，运用相应的知识进行初步的识别和应对。辅导员、班主任等思想政治教育工作力量，是心理健康教育辅导队伍的主体。他们具有丰富的学生工作经验，能够基于大数据对大学生日常思想和行为进行深度分析，举办各种类型的学生活动，在活动中了解学生的人际关系、心理压力、情绪情感等，在与学生的日常交往中采集、挖掘、分析和处理学生心理健康教育情况。心理咨询教师是高校内部的专业心理健康教育力量，他们掌握心理学的专业知识，能够开展专业性的心理健康教育咨询工作。在思想政治教育工作者不能处理大学生相关心理"问题"的时候，需要转介到学校心理咨询中心，由心理咨询中心的老师进行相对专业的咨询服务，帮助学生重拾信心、恢复自信、缓解压力等。班级心理健康教育的学生干部是大学生心理健康活动的主体，用朋辈的视角来开展心理健康教育工作，用学生喜闻乐见的方式，走近学生身边，走进学生心里。另外，班级心理健康教育学生骨干，还是大学生心理健康教育危机的发现者、监测者和反馈者，能够第一时间发现身边同学的异常情况，及时反馈给辅导员老师，并协助老师做好心理问题学生的相关陪伴、监测和纾解等工作。大数据时代，要实现各种心理健康辅导队伍的相互协作，提高整体功效。心理危机干预力量主要是以校外的专业医疗机构、精神卫生中心的医务工作人员为主。这些人员是高校心理健康教育的最专业力量，对因各种原因产生自杀倾向的大学生，需通过高校和地区协同系统，及时转诊到相应的专业医疗机构进行药物干预和治疗，对于情形特别严重者需要专业精神卫生机构进行住院治疗。基于大数据信息系统，相应的学生心理健康档案及时共享，能够为医生缩短治疗时间提供有效的参考。除医疗干预外，这些专业的医务工作人员还肩负着部分的心理健康科普的责任，走进高校课堂，对容易诱发心理健康问题的影响因素进行科普讲解，让广大学生增强抗挫折能力，提高心理健康水平。

最后，实现心理健康教育活动内容的协同。在高校开展大学生心理健康教育活动中，要对各类活动进行顶层设计，防止简单重复、片面教育等。当前高校中既有常态化的心理健康教育活动，也有一些专题性的心理健康教育活动，每一类活动内容都有所偏重，活动举办的部门又有所不同。因此高校在举办各类心理健康教育活动时，要进行系统协调、统筹规划。对于大学生心理健康教育课程类活动、心理健康教育谈话类活动、心理健康档案的维护、心理关注学生的排摸、特殊人群特殊阶段的心理辅导等各类活动，要进行系统设计和安排，增加内容逻辑上的连贯、业务工作上的闭环。对于各种专题性的心理健康教育活动，如就业压力心理辅导、考试前心理辅导、特殊疾病心理辅导等，需要结合特定人群有针对性地开展，否则容易引起群体焦虑。另外要实现课堂心理健康知识学习和课外心理健康活动实践的有机结合，实现心理健康教育与高校思想政治教育工作其他内容的协同。要实现经常性活动和专题性活动有机协同，注意在时间、内容上的错位，对于不同部门则要进行统一协调，相辅相成，共同推进大数据时代高校心理健康教育工作。

综上所述，大数据时代高校心理健康教育的协同实践是可行的，充分体现了全员、全程、全方位协同育人的理念。在以学生为中心的理念下，将各个主体、各种活动、各种载体、各种资源有机融合，协同开展高校心理健康教育工作。完善校、院、班、寝室的四级心理健康教育网络管理机制，实现自上而下和自下而上相结合，在大学生心理健康教育的监测、预防和干预等环节发挥了重要的作用。经过部分高校实践和验证，协同理念指导下的高校心理健康教育工作取得了一定的成效。主动到学校心理咨询中心咨询的学生较之前多了，大学生心理健康知识的掌握、能力的培养有较好的提升，由于心理问题导致的学生极端事件也少了。需要在大数据时代继续探索和实践高校心理健康教育的协同，促进大学生心理健康水平的提升。

第五节　网络舆情与危机事件处理

大数据时代背景下，高校增强危机事件应对的能力，特别是网络舆情等危机事件的处理能力，培养网络和大数据思维，掌握互联网时代的危机变化规律，已经成为信息化社会高校思想政治教育工作的紧迫问题，亟待引起高度和重视。

高校大学生是网民的重要组成部分，这个群体思维活跃、对社会时事敏感，善于通过互联网表达自己的思想和看法。在现实的环境中，如果学生的诉求得不到重视和解决，极易通过网络将个人情绪演变为群体不满情绪，积聚到一定程度容易成为网络舆情。网络舆情是整个社会舆情的重要组成部分，对高校的安全稳定有重大影响。因此，高校需要加强大数据时代网络舆情的相关研究，重视基于大数据思维和技术对网络舆情进行分析和研判，并加以管理和引导，切实维护校园的安全稳定。在大数据时代做好网络舆情工作，是加强和改进高校思想政治教育工作的重要内容。

一、高校大学生网络使用现状

1. 当前大学生已经成为"网络原住民"

调查显示，当前大学生多为"90后"和"00后"，他们接触网络的时间和频率都创历史新高。大学生目前浏览最多的媒体前四项依次为"微信""QQ""微博""bilibili"（哔哩哔哩）等国内视频类网站，其所占比例依次为21.8%、18.3%、14.2%和8.9%。这说明"90后""00后"大学生与"80后""网络移民"大学生相比，已经成为"网络原住民"，新媒体已经成为大学生日常生活的一部分。与此同时，大学生对于传统媒体的使用已经愈来愈少，其中报纸杂志仅为2.5%，电视广播仅为3.6%。网络媒体的兴起重构了大学生的日常交际模式，尤其是像微信、微博以及QQ等即时聊天软件，既可以进行社交也可以查看当天的新闻，选择个性化的推送服务。需要对大学生的网络"原住民"特点加以高度重视，提前做好预判，开展针对性的思想政治教育。

2. 网络参与热情高涨、思想活跃

大数据信息化时代，大学生这一群体思维活跃，通过网络积极发表自己的思想和观点。特别是对关系到大学生个人利益的国家政策、时事热点等，他们有非常高的思想敏感性。调查中发现，有41.2%的同学经常在网络上发表自己的看法和评论，56.3%的同学会在学校征求意见的时候，积极表达想法。如经济发展、脱贫攻坚、教育建设、全面依法治国等引发学生强烈共鸣，北斗导航、进博会、登月计划备受学生肯定。无论是国际、国内大事，还是高校校园政策，无论是网络热点话题还是线下形势与政策，都是广大学生关心关注的对象。

3. 有较好的网络素养，不做"键盘侠"

调查发现，"我在网上发表的言论都会经过深思熟虑"和"在上网时我会严格要求自己，决不做键盘侠"两个选项学生的认可最高，分别达到了90.9%和95.2%。从调查数据可以看出，大学生有着较好的网络自律性，在网络发表言论、观点时能够深思熟虑，对网络上不正确的言论能够理性对待，表明了当代大学生有着较好的网络素养。

4. 网络爱国意识强烈

大数据时代信息化的飞速发展，给广大学生提供了一个全新的表达爱国情感的平台。越来越多的大学生，通过网络表达自己的爱国之情和强国之志，强烈的中华民族情感在国庆等重大节日和国家处于特殊阶段时候表达得最为明显。如中国航天的"登月"计划、"空间站"计划等取得成功时，民族自豪感油然而生；在国家经济受到别的国家遏制，遇到短期困难时，民族自信和民族自强的情感充斥全网。这种大数据时代网络信息化的特点，给高校思想政治教育工作带来了重大的机遇，可以树立爱国主义的典型进行网络的积极传播，培养当代大学生的爱国主义情感，实现思想政治教育的目的。在看到机遇的同时，也要看到其不利的一面，这种网络参与、网络传播的自由性，也带来了很大的不确定性因素。在大学生思想和价值观尚未完全成熟的时候，很容易被网络裹挟，产生极为恶劣的影响，这给高校思想政治教育工作特别是网络思想政治教育工作带来了巨大的挑战。

5. 网络行为的情绪化

大数据时代的发展，使得网络成为大学生的日常生活方式，每时每刻都离不开互联网。大学生通过互联网完成日常生活、人际交往、学习科研、职业发展等，大学生的网络行为已经成为新的行为方式。网络行为更加"自由"

和"无边界性",不像线下行为受学校校规、社会道德等多个方面的约束,网络行为的监管力度较弱。这使得部分大学生一方面容易散发各种不实言论,转载很多未得到证实的虚假信息,很容易造成信息的失真;另一方面部分大学生网络理性思维尚未建立,容易轻信网络信息。很多大学生以为网络上的数据和资料比现实中真实,容易轻信各种网络谣言,由此引起个人"恐慌",造成个人行为的盲从和冲动。上述两个方面都是网络行为情绪化的体现,这种情绪化的行为和言论很容易得到网络响应,进而形成网络舆情。这种网络舆情如果缺乏理性,没有被合理引导,就会冲击正常的社会秩序,这给高校思想政治教育工作带来了严峻挑战。

二、存在的问题分析

大数据时代高校在网络舆情应对及处理方面做了大量的工作,也取得了有目共睹的成绩,但在工作理念、工作内容和工作方法方面仍然存在需要进一步完善的地方,主要表现在以下几个方面。

1. 理念上被动保守

进入大数据时代,网络舆情具有敏感性和复杂性,高校思想政治教育工作者整体理念上呈现被动保守的特征。这主要体现在两个方面:首先,高校思想政治教育工作者对网络舆情的意识相对较弱,反应滞后。部分高校思想政治教育工作者对网络舆情的重视不足,将每次的舆情事件仅看作是一个偶然的阶段性事情,没有基于大数据分析,宏观把握舆情产生的内在规律,没有形成具有极强应用价值的预案,舆情处理完成后也没有及时地进行总结。其次,理念的被动保守还体现在高校思想政治教育工作者的动力不足。本就纷繁复杂的思想政治教育工作已经让教育者手忙脚乱,面对网络舆情的不确定性和偶发性,高校思想政治教育工作者呈现出"疲于应付"的工作状态,对众多网络事件的处理,大多选择其中最为重要的、危险系数较高的进行处理,而其中可能诱发更大舆情的网络因素容易被忽略,不利于网络舆情的提前监测和及时的干预。

2. 内容上正负失衡

高校网络舆情工作中内容侧重点的不同,也容易给网络舆情的处理带来差异化的结果。大数据信息化时代,高校网络舆情工作"重负面、轻正面"的现象普遍存在。当前对网络舆情的排查和监测,部分高校采用了大数据技术，但仍然有大量的高校采用人工监测的方式。面对海量的网络信息，排查和监测工作难度非常大，在这种形势下，收集负面网络舆情信息成为各个高校开展工作的主要方式。相关的网络舆情工作监测人员对各类负面舆情信息进行分类处理，对风险比较大的负面舆情，及时登记，及时上报，高校启动相应的网络舆情处置预案，进行及时的干预和反馈。而对正面网络舆情则相对重视不足，在网络监测环节不作为信息关注和收集的重点，很多时候被忽视。网络舆情存在不确定性，正面和负面网络舆情存在转化的可能性，当前高校网络舆情工作的内容侧重，容易忽略部分网络舆情的起因，急需引起高校网络舆情工作者的重视。

3. 方法上略显简单

高校在应对各种突发网络舆情时，最常用的工作方法是"拖""压""封""堵""撤"。在高校日常网络舆情处理时，根据网络舆情事件的严重程度将网络舆情分为普通网络舆情和涉危网络舆情，对不同的网络舆情，处理的工作方法也存在着差异。对于普通网络舆情，主要是高校宣传等部门的日常工作，会定期分类对信息进行汇总，报送给相关负责部门。日常普通舆情从收集、分类到定期上报，会拖一段时间。相关负责部门收到网络舆情后需要进行问题核查和处理，也会有一段时间。这种日常网络舆情的处理，由于需要各个部门之间的流转、核实和处理，需要花费一段时间，因此不能及时在网络上进行回复和反馈，使得"拖"和"压"成为高校应对这类舆情的常用工作方法。而对突发的危险系数比较高和风险比较大的网络舆情，一旦发生则会引起高度重视，从工作人员的登记、上报到接办、处理和反馈都非常迅速，以求最大限度地降低负面网络舆情的破坏力。现实工作中，常用"封""堵""撤"的方法，要求学生撤帖、删帖、删除评论等，工作方法略显简单。

三、高校网络舆情与危机应对的路径分析

高校网络舆情与危机应对是大数据时代高校思想政治教育工作的重要内容，关系到高校的安全与稳定，关系到社会主义建设者和接班人的培养，需要在提前预防、过程干预和反馈评估各个环节开展工作，完善高校网络舆情危机应对策略。

1. 提前预防

大数据时代，高校网络舆情工作要做好提前预防。提前预防就是运用大数据的思维和技术，在网络舆情的搜集、分析和研判等方面做好工作，防止网络舆情事件的发生、转变，及时对问题进行纾解和制止，将网络舆情消灭在萌芽状态。

建立和完善大数据时代网络舆情的搜集机制。高校应建立网络舆情工作队伍，并进行网络舆情的专业化培训，围绕舆情搜集的内容、方法和工作制度等制定相关的规范；对包括正面、负面在内的各类网络舆情内容进行收集，并按照风险级别进行等级划分和标记；运用网络爬虫技术、数据追踪技术等大数据技术开展网络舆情的数据搜集，并用问卷调查、网络调查等各类社会调查方法进行主动搜集；建立舆情收集研讨和汇报制度，包括日常舆情汇报和专题舆情汇报研讨等。网络舆情的全面搜集，是开展网络舆情工作的第一步，是后续分析和预警的基础。真实、全面的网络舆情信息至关重要。因此高校要建立网络舆情搜集机制，对高校网络舆情管理中的盲点和难点及时进行查漏补缺。除建立专业的网络舆情工作队伍之外，要发动全校师生员工，广泛收集网络舆情信息，及时反馈给学校相关部门进行复核和汇总。

健全大数据时代网络舆情分析和研判机制。在网络舆情搜集完成之后，进入分析和研判阶段。这对高校网络舆情工作队伍提出了比较高的专业性要求，既要懂高校思想政治教育工作的内容，又要掌握大数据思维和方法，能够快速对信息进行甄别、筛选、加工和处理。首先，要有政治敏锐性。对于提供的大量网络舆情信息，如何发现其中的异常信息，这需要有较强的政治敏锐性和洞察力，需要对高校思想政治教育工作有综合的思考和理解。其次，快速甄别。挑出网络舆情信息后，要甄别各种网络素材和意见，防止片面性的舆情结论，确保客观性。最后，进行专业分析研判。对各种网络舆情要进行深入的分析，了解其缘由、转折和发展的走向，根据不同阶段的特征，采取不同的干预措施。在舆情搜集、分析完成之后，要根据不同的风险等级进行预警。常规的预警分析方法有两种，即定量预警和定性预警。基于大量的数据分析得出的结论，归结为定量预警，这是目前高校欠缺和需要大力发展的。另一种是基于网络舆情工作人员根据知识和经验，对网络舆情的走向给予判定，属于定性预警。无论是定量预警还是定性预警，一旦进入预警阶段，都需要高校引起高度的重视，及时采取措施，防止事件恶化。

2. 过程干预

在高校网络舆情工作过程中，需要明晰部门之间的权责分工，建立交流、保障、应急处置、快速反应等过程干预机制，实现各部门的分工合作，协同参与。

首先，要明晰高校网络舆情在各部门的权责分工。高校网络舆情关系到高校的安全稳定，关系到学校宏伟蓝图的实现，关系到全校师生的切身利益。网络舆情的重要性要得到全校师生的高度认可，形成全员参与的意识。在此基础上，明确学校党委领导下的网络舆情管理部门的权力，能够调度学校相关资源。其他业务部门，要及时对接网络舆情部门，对提出的各种诉求和需求，及时给予研究和反馈。全校师生要成为网络舆情的信息员，主动参与到学校网络舆情的搜集环节，及时反馈网络中发现的网络风险行为。

其次，畅通网络舆情的交流机制。对发生在高校中的各类问题，要通过线上线下各类渠道，畅通意见反馈渠道，如学校的信访渠道。通过各种方式收集师生的诉求，将合理诉求转介到相关部门，能解决的给予及时解决，暂时不能解决的给予积极回应，说明缘由。另外，要畅通网络信息收集反馈渠道。随着大数据信息技术的发展，通过网络渠道反馈问题的越来越多。对这些信息要及时进行整理汇总、反馈和跟踪。通过学生平台及时对学生诉求给予回应，让学生体会到学校的态度和解决问题的决心。通过学校官方渠道，及时发布师生关心的热点问题，消除误会，进行网络舆情引导，从而保持校园的安全稳定。

再次，建立健全网络舆情处理的保障机制。网络舆情工作是一个系统工程，具有非常强的专业性和复杂性，需要高校在工作队伍、经费保障、技术保障等方面进行顶层设计。在工作队伍方面，需要建立专兼职相结合的人才队伍，对专业工作人员进行专业培训，对兼职工作人员进行常规型的业务培训。在经费保障方面，采购相应的舆情搜集软件和数据库以及数据分析技术等硬件和软件设备，确保网络舆情工作的顺利开展。在技术保障方面，与相应的互联网平台加强合作和交流，进行专业技术的培训，确保网络信息安全等。

最后，建立健全网络舆情事件的应急处理和反应机制。高校应建立平战结合、线上线下结合的应急处理机制。高校网络舆情事件发生后，要启动快速反应机制，遏制事态发展，将对高校的负面影响降到最低。在网络舆情突发事件发生后，注意其引起的线下负面影响。启动线上线下的应急预案，保卫、学工、教务、后勤、宣传等各个部门按照分工进入紧急工作状态。在控制住事件现场的局势后，及时疏导师生情绪，通过官方媒介，公平、公正、公开地通报事件的处理结果。在事件处理过程中，确保学校各项工作正常运行，校园正常秩序不受干扰。

3. 反馈评估

这是大数据时代高校网络舆情处理的最后一个环节，是实现整个网络舆情工作的闭环重要内容。反馈评估是落实网络舆情最后疏导的重要措施，反馈评估不当，可能会引发新的网络舆情事件，因此，高校要认真布置和安排，确保疏导目标的实现。

首先，完善高校网络舆情的反馈调节。这里的反馈调节主要包括纵向和横向两个环节。纵向环节主要是网络舆情的反馈部门和决策部门之间的沟通过程。网络舆情的疏导反馈部门，要将初步的问题解决方案发给决策部门进行研究，决策部门对方案的可行性进行判断，并将修改意见反馈给疏导反馈部门，待方案修改后再提交决策部门决定批准，最后通过反馈疏导部门对反馈问题的对象开展工作。横向环节主要是问题反馈者和疏导反馈部门进行多次互动和沟通的过程。问题反馈者提交问题给学校部门后，会不断询问问题解决进度，而学校疏导反馈部门接到问题信息后，会采集数据信息、联动职能部门进行各类工作，对问题的处理结果或者过程及时跟问题反馈者进行沟通，如果未能满足问题反馈者的诉求还会进行第二轮的过程，直至事件的解决结果被双方都认可。

其次，完善高校网络舆情工作的评估。网络舆情工作的评估，是网络舆情工作处理完毕后，对工作处理的经验与教训进行总结。这里的评估主要包括对网络舆情工作过程和结果进行评估。对工作过程的评估，主要考察各个部门的协作程度、主体和客体对话沟通的程度、问题解决的环境和程序等。而对工作结果的评估，则是看网络舆情工作的社会影响、满意度、目标实现度等综合因素。对好的经验和做法进行及时的总结和推广，对存在问题的做法，进行及时的反馈和修改，查漏补缺、即知即改，确保在后续的事件处理中避免再次发生。

总而言之，高校网络舆情工作是大数据时代高校思想政治教育工作的重要内容，关系到高校办学目标的实现，关系到高校的安全与稳定，需要高校各个部门和全体师生的高度重视和全员参与，这对高校思想政治教育工作目标的实现具有重要意义。

第六节　职业价值观教育

　　培育大学生树立积极、科学、理性的职业价值观，是开展大学生职业生涯规划和就业指导工作的核心。基于大数据对大学生职业价值观培育规律进行深入分析，已经成为高校和全社会最关心的思想政治教育工作之一。当前我国高等教育已经进入大众化阶段，大学生职业价值观教育还不能适应当前社会和企业转型发展的需要，创新型、复合型、应用型人才相对缺乏。针对当前复杂、艰难的国内外形势，高校急需加强大学生就业创业教育，而其中最为紧迫的则是大学生职业价值观教育。

一、大学生职业价值观培育的社会价值

　　大学生职业价值观是大学生就业创业教育的核心内容，是大学生对于职业评价、职业价值和职业选择等内容，形成的稳定的价值判断和取向。不同人群、不同年龄有着不同的职业价值观，这是大学生价值观的重要组成部分。部分大学生职业价值观存在错位，片面追求职业的薪资待遇、工作条件、名声声誉等，制造了人为的就业难的困境。到大城市就业、到外企国企就业、到薪资待遇高的行业就业，如果这种职业价值观不加以引导，成为全社会大学生的普遍认知和选择，势必造成了人才的浪费，不利于全社会人力资源的优化配置。因此，积极引导大学生树立正确的职业价值观，在岗位上建功立业，发挥个人最大价值，显得尤为重要。

　　大学生职业价值观与社会的转型、高等教育的发展等社会大环境息息相关。大数据信息化时代，要积极引导高校大学生培育科学的职业价值观，这是新时代高校思想政治教育工作的重要内容之一。首先，适应社会主义市场经济改革为核心的整体社会转型的内在需要。当前我国已经吹响了全面深化改革的号角，市场经济体制改革更加深入，经济成分、利益主体、社会组织形态和生活交往方式都发生了深刻变化。在此基础上职业结构、就业体制、就业观念发生了深刻变化，开放、多元、自由、共享、自我价值实现等已经成为新时代大学生职业选择时考虑的重要影响因素。我们在看到社会转型带来了积极因素的同时，也要清醒地认识到也给大学生职业价值观培育带来了

调整。如拜金主义、享乐主义等仍深深影响着当代大学生,物质报酬至上、工作享乐轻松等仍然是部分大学生选择职业时考虑的首要因素。

其次,适应高等教育大众化和职业改革的内在需要。教育部2021年全国教育事业统计数据显示,2021年全国普通、职业本专科共招生1001.32万人,而2021年全国高考报名人数1078万。根据计算,2021年全国高考总体录取率达到92.89%。各个省市可能数据会有所不同,但不可否认的是,高等教育大众化的阶段已经来临。在这一时代背景下,高校已经从传统的精英教育向大众教育转变。而很多高校大学生还没有在思想上意识到这一点,还在用传统的思维来认识高校大学生的身份。这使得部分大学生盲目追高,对薪资待遇、工作性质、工作地点等都怀有较高的预期,存在着职业价值观的偏离。进入大数据信息化时代,新型职业样态不断出现,如自由职业者、网络主播等新职业出现。当代社会职业改革的步伐不断加快,在职业选择、职业发展、职业评价等多个方面有了新的改革。这对大学生职业价值观也产生了深远影响,呈现出分化的态势,越来越多的大学生选择了新型职业,大学生职业价值观功利性也更强,更加重视自身发展、声望地位、福利待遇等。因此,大学生必须端正职业认知,调整职业期望值,避免出现高不成、低不就的窘境,错过了就业良机。

最后,适应高校思想政治教育工作发展与创新的需要。大学生职业价值观教育是大数据时代高校思想政治教育工作的重要内容。思想政治教育工作是一切工作的生命线,要在帮助解决学生的具体问题中加强大学生的思想政治教育工作。进入新时代,大学生就业工作成为党和国家高度重视的领域,就业成为民生工程,就业成为民生之本。与就业工作相结合,高校思想政治教育工作正在从生存型向发展型转变,聚焦人的全面发展成为新时代高校思想政治教育工作的质量内涵。职业价值观教育是其中最为有效的抓手,将个人价值与社会价值的统一、物质利益与精神利益的统一、自身发展与社会发展的统一等思想政治教育内容嵌入大学生职业价值观之中,在开展大学生就业工作中全面推进职业价值观教育。

二、大数据时代职业价值观培育的策略分析

大数据时代,大学生职业价值观培育是高校思想政治教育工作的重要组成部分,需要结合大数据思维,积极推进大学生职业价值观教育。高校应通过学习、实践、体验等职业教育活动，引导大学生职业价值观从理性认知、情感共鸣向思想转化、心理调适、沉淀固化转变，形成职业价值观培育的闭环。这几个环节是一个动态循环系统，理性认知是起点，情感共鸣是重点，思想转化是拐点，心理调适是焦点，沉淀固化是终点。在新时代，积极引导大学生调适自己的职业理想和信念，端正职业价值观，促进高校思想政治教育工作高质量发展。①

1. 完善高校大学生职业价值观的理性认知

职业价值观的理性认知是开展大学生职业价值观培育的前提，直接影响和制约着高校大学生就业工作的开展。职业价值观的知识既包括职业科学的内容、特征等学科知识，也包括个人性格、兴趣和爱好等职业心理学知识，还包括敬业精神、专注精神、精益求精的态度等高校思想政治教育工作内容。需要对大学生进行系统培训，让其掌握上述知识和精神，真正领会职业价值观的理性本质。

通过课堂的学习和课后的社会实践，培育高校大学生职业价值观更加理性。在课堂教育方面，实现思政课、专业课、就业选修课、职业生涯教育等课程的协同育人。其中通过思想政治理论课，来教育广大学生从个人和国家的关系的角度，深刻理解职业价值观的社会价值，对实现第二个百年奋斗目标，实现国家振兴具有重大意义。将职业价值观的培育，嵌入专业课教学中，特别是对职业精神、职业道德、敬业精神、专注精神、精益求精的态度等进行全方位培育，这是职业价值观的重要组成部分。通过就业选修课、职业生涯教育等课程，使学生深刻学习职业选择与决策理论、职业心理学理论等学科知识，对职业的内涵、程序、过程等有更加全面的思考。个人的性格、兴趣和爱好等自我评估，也是职业价值观知识的重要组成部分。

除课堂知识学习之外，还需要学生在实践中体验、思考、理解职业价值观，实现知行合一，完善对职业价值观的理性认知。大数据背景下，高校要提供各种线上线下的实践机会和平台，让广大学生走出课堂和学校，走入企业和社会，在实践中检验和思辨自己的职业价值观。通过实践的验证，大学生对自己职业选择、职业属性认识、职业道德、职业价值等体会更加深刻，认知也更加理性。

---

① 张强. 大学生职业价值观的形成机理探析［J］. 青年与社会：中，2014，(9)：33-34.

2. 促进高校大学生职业价值观的情感共鸣

情感共鸣是促进高校大学生职业价值观培育的重点，使大学生对职业的理解与高校所倡导的主流职业价值观产生心理上的高度认同，从而在情感上产生了一致和共鸣。这种情感共鸣是一种强烈的心理倾向，是通过在知识学习和实践基础上形成的共识和判断。

职业选择是高校大学生最为关注的话题，与每个大学生切身利益息息相关，很多大学生把好的职业发展作为自己读书的主要目的之一，希望能够将所学知识应用于未来的岗位，在岗位上建功立业，在促进国家和社会的发展中实现自己的人生价值。这种出发点与高校倡导的职业价值观是一致的，但是部分高校大学生在读书过程中，受网络错误观点、各种社会因素的影响对职业发展的认知产生了异化，如职业选择更加追求物质利益、注重享乐主义、看重眼前利益，整体呈现功利化趋势，这与高校所倡导的主流职业价值观产生了背离，也人为地导致了大学生就业难的问题。

为此要充分调动和激发大学生的积极情感因子，使其更加理性和客观地认识职业选择、职业价值、职业评价等职业价值观问题。倡导大学生注重培养自己的职业精神、敬业精神等职业素养，在职业选择时要坚持个人价值和社会价值的统一，鼓励更多大学生要脚踏实地，不要好高骛远等。通过调动职业情感因子，使大学生对高校所倡导的职业价值观产生强烈认同，这是大学生职业价值观教育的精髓，也是高校思想政治教育工作有效性的直接体现，使大学生把这种价值观内化于心，积极促进大学生将其转化为自己的职业认知，这是职业价值观培育的重点环节。

3. 推进高校大学生职业价值观的思想转化

在大数据时代，高校基于大数据思维和技术，将线上线下相结合、课内课外相结合，积极推进大学生职业价值观教育，让大学生对职业价值观形成理性认知的基础上，产生情感共鸣。在此基础上，大学生对比高校倡导的主流职业价值观，反思个人不合理的职业价值观，对职业选择、职业理解、职业精神、职业价值等进行重构，实现思想转化，这是高校推进大学生职业价值观教育的拐点。

大数据时代，各种错误和虚假的信息充斥网络，给大学生职业价值观的培育带来了巨大的挑战。当前我国处于社会转型期和矛盾多发期，各种思想发生碰撞，如拜金主义、享乐主义、实用主义、功利主义等非常盛行，并且通过网络放大了其负面影响。广大学生世界观尚未完全成熟，极容易受网络的负面影响，很多大学生在职业选择时不理性的现象普遍存在，拜金主义、功利主义盛行，造成了大学生就业难，这对大学生家庭及其本人的发展，对社会的安全和稳定造成了重大影响。因此，高校思想政治教育工作者，要积极推进大学生职业价值观教育，让大学生科学理性认识职业，对高校倡导的主流职业价值观产生情感共鸣，进而产生思想的转化，选择科学的职业价值观，将个人价值与国家社会价值统一。

4. 优化高校大学生职业价值观的心理调适

在大学生比对高校所倡导的主流职业价值观，反思个人的职业价值观时，势必会发生思想波动，很多时候不能直接实现思想转化，需要经过较长时间的激烈的思想斗争，这个时候需要高校思想政治教育工作者积极介入，优化高校大学生职业价值观的心理调适，确保大学生在职业价值观培育过程中思想转化的顺利进行。

优化高校大学生职业价值观的心理调适，需要高校创设良好的教育环境，从大学生自身心理的调适和外部环境的调适两个方面来推进。首先是大学生自身心理建设方面，通过职业心理学对大学生的个性、爱好和兴趣等进行详细分析，让学生对自我有更加全面的了解，这是让其对职业价值观形成理性认知的第一步。在此基础上，高校思想政治教育工作者应通过职业生涯教育等课程和职业实践教育活动等，对大学生的心理困惑进行答疑解惑，对其在职业选择、职业评价时产生的心理困扰进行化解，使其形成相对良好的职业心理和职业素养。其次是优化高校职业价值观培育的外部环境。在优化引导大学生树立良好的职业心理的基础上，高校教师、思想政治教育工作者、管理人员要提供良好的外部环境，促进大学生更好地进行职业价值观的心理调适，巩固理性的职业认知。大数据时代，高校要利用线上线下平台，拓展就业资源，进行顶层设计，实现全员就业，解决大学生就业难问题。就业创业部门要积极贯彻学校促就业的精神，出台相关的就业创业激励政策，鼓励大学生到基层、到中小企业、到中西部地区就业，对自主创业的大学生提供就业扶持和就业援助，在启动资金、人员税收、创业场地等方面给予关系和帮助。高校教师要积极开设职业类课程，帮助大学生掌握职业环境、职业政策、职业选择等专业知识，提高其职业能力和素养，增强其职业信心。高校思想政治教育工作者要积极为大学生推荐就业机会，分析就业形势，反馈企业等招聘单位信息，做好各类就业服务工作，对暂时职业选择不顺利的学生进行积极的心理辅导，为大学生职业价值观的培育做好各类保障服务工作。要优化各类职业价值观培育的外部环境,并将其转化为大学生的职业支持,增强其心理调适能力。

5. 实现高校大学生职业价值观的沉淀固化

高校大学生职业价值观培育,经过教学、自学、实践、调适的系列过程后,大学生对科学的职业价值观认识更加深化。大数据时代,需要借助线上线下、校内校外等更多的平台,对大学生的职业价值观进行巩固,最终实现大学生积极践行高校倡导的主流职业价值观的目标。

首先,在职业价值观学习规律中,实现高校大学生职业价值观的沉淀固化。职业价值观的培育,要遵循思想政治教育规律、课程学习规律和大学生学习成长规律的内在统一。理性认知、情感共鸣、思想转化、心理调适之后已经基本实现了大学生对高校倡导的主流职业价值观的接受和认同,但要让大学生将其沉淀和固化,则需要遵循职业价值观培育的基本规律,在教育、自学、研讨这种循环过程中沉淀和固化其思想内涵。职业价值观培育是一个十分复杂的过程,涉及思想政治教育工作、大学生心理工作等内容,需要不断地运用教育、自学、研讨等手段来强化和巩固大学生的认知,从而实现大学生职业价值观的沉淀固化。

其次,在理论和实践的互动中,实现高校大学生职业价值观的沉淀固化。要坚持理论和实践的统一,在知行合一中推进大学生职业价值观的培育。大学生职业价值观的培育,理论学习和生活实践密不可分,缺一不可。通过理论学习,实现职业价值观知识的理性认知,带着这些职业知识到企业等社会实践中验证,对职业知识的认知进行反馈和修正,进一步巩固大学生的职业价值观理解。这两个过程分工不同、作用不同。理论学习过程,聚焦于让大学生理解职业精神、职业价值、职业知识、职业方法等,用科学的理论来吸引大学生。实践验证过程,强调大学生的动手能力,在真实的职业场域中进行体验和思考,验证对职业价值观知识的理解,这一过程比理论学习过程更加艰辛,但更有意义。要让学生在社会真实的职业场域中体验职业竞争、职业压力、职业兴趣、职业选择等。大学生职业价值观的沉淀固化是职业价值观培育的闭环,是全面所有培育环节发生作用的集中体现,最终实现大学生认同并践行高校倡导的主流职业价值观的目标。

综上所述,高校大学生职业价值观是大数据时代高校思想政治教育工作的重要组成部分。就业是最大的民生工程,大学生就业工作事关国家和社会的安全稳定,事关学生的前途命运,而职业价值观在大学生就业工作中起着根本性影响。进入新时代,大数据信息化的不断应用在为大学生就业提供便利和资源的同时,也对大学生职业价值观培养产生了重大挑战。因此培育高校大学生职业价值观具有重大的社会价值与意义,高校应在大学生职业价值观培育的理性认知、情感共鸣、思想转化、心理调适和沉淀固化五个环节,积极开展工作,塑造全员育人、全员就业的良好氛围,为推进大数据时代高校思想政治教育工作,破解当前大学生就业难题,做出积极的探索和实践。

第五章

大数据时代高校思想政治教育工作存在的问题及成因

第一节 大数据时代高校思想政治教育工作存在的问题

一、立德树人的工作理念和模式不够明显

大数据时代高校思想政治教育工作作为一门新时代的意识形态课程，不只是一门政治性课程，还具有重要的教育功能，对大学生树立正确世界观、人生观和价值观，正确认识客观世界具有重要意义。然而，当下多数思想政治教育工作者仅仅将其看作是一项上级交代的必须完成的任务，站在自己的立场上而不是站在学生的立场上开展工作，主要体现在两个方面：一方面，只关注工作流程，不关注工作效果。在大数据时代高校思想政治教育工作开展中，流程式推进工作，往往忽略网络空间中学生心理、思想状况以及成长规律，导致大数据时代高校思想政治教育工作的实效性大打折扣。另一方面，过度强调工作者的主导地位，不尊重学生主体地位的现象时有发生。经常在开展工作时将学生看作是不如自己的、被动的受众，意味着按照工作者的思想推进工作，服务学生、寓管理于服务之中的理念还有待加强。

大数据时代高校思想政治教育工作程式化现象比较严重，简单地将高校思想政治教育工作当成了"信息上网"，而其他方面的工作还是按传统思想政治教育工作的旧模式进行，导致有针对大数据时代环境下重大事件观点论辩和心理疏导少。虽然大数据时代高校思想政治教育工作在其开展中极力贴近生活，但是它在提供与青年学生生活实际需要相契合的内容的同时仅仅限于简单形式地介绍，缺少明显的价值引导和深入剖析，很少针对性进行重大事件的观点论辩和心理疏导。

二、思想政治教育工作大数据供给不新颖和采集难并存

首先，内容供给上不够新颖。在形式呈现上，文字性产品呈现较多，专门性音像、影视产品呈现较少，文字中说教形式较多，论辩、故事形式较少。大数据时代高校思想政治教育工作内容的表达应该是集声音、动画、视频、文字、图片等形式为一体的呈现，丰富多彩的形式会使教育效果事半功倍，也更被大众喜闻乐见，并使大众在潜移默化中接受着润物细无声的思想洗礼。但是，纵观目前大数据时代高校思想政治教育工作的内容，在形式呈现上，还是以文字性产品为主，影音产品较少。一方面，从工作内容的呈现上来说，缺乏吸引力，缺乏大数据时代高校思想政治教育工作所必备的资源库；内容还是以文字形式呈现为主，影视作品较少，并且文字标题多半严肃，带有浓厚的政治色彩。另一方面，从工作内容的设计安排上来说，缺乏合理性。版面设计和美工等构思不够科学，缺乏让学生"一见钟情"的感觉。

其次，数据采集上缺乏统一整合。当前高校思想政治教育大数据缺少良好的顶层设计和统一谋划，呈现碎片化的特点。高校思想政治教育大数据以图像、文字、音频、视频等多种形式存在，散落在高校教学管理系统、学生工作管理系统、后勤管理系统等各个模块中，呈现零散的碎片化特征。而比较遗憾的是，在利用大数据服务于高校思想政治教育领域，各个高校还是各自为政，对高校思想政治教育的数据还缺乏应有的重视，高校内部教学系统、学生系统、后勤系统等还没有将学生大数据进行有效整合，还处于零散的碎片化阶段，高校思想政治教育大数据采集相对较难。另外，立体多层的平台载体不深入。纵观近几年来大数据时代高校思想政治教育工作中的平台建设，发现还存在以下几个问题：一是大数据时代高校思想政治教育工作专有平台建设有待提高。现阶段大数据时代高校思想政治教育工作虽然均借助校园网、易班等建立起了属于自己的工作平台，但大都需要进一步"精耕细作"，精细化运作，壮大、巩固红色主流阵地。二是商业门户网站平台有待充分利用。调查发现，大数据时代高校思想政治教育工作中封闭性倾向比较严重，与社会、企业合作力度不够。比如，今日头条、大型游戏网站、商业网站每天均会有较高的点击量、互关注度，完全可以利用这些网站平台构建嵌入式工作模式开展大数据时代高校思想政治教育工作。

三、大数据时代高校思想政治教育工作展示与凝聚能力较弱

在当前,大数据在高校思想政治教育工作中展示与凝聚能力较弱。榜样效应非但没有发挥好,传统思政教育主导地位和主流意识反而受到较大的冲击。主要表现在两个方面。

1. 大数据动摇了思想政治教育工作者的主导地位

传统高校思想政治教育模式是通过课堂讲授的方式,将内容讲授给学生,是一种灌输式、单向的教育。在这一模式中,学生处于被动接受的地位,没有主动性。这是部分大学生抵触思想政治教育的根本所在。思想政治教育工作者因为处于主导地位,也缺少了改进教育内容和教育方式的动力,传统思想政治教育的效果不佳。

在大数据时代,高校思想政治教育无论是内容、形式上还是传播方式上都发生了很大的变化,大学生可以利用大数据,主动查阅资料,完成学习过程,形成自己的思维判断。这种变化使得大学生对传统思想政治教育模式产生了怀疑,动摇了高校思想政治教育工作者在教育活动中的主导地位。调查发现,62.5%的老师感受到了传统思政教育主导性地位的弱化,如图5-1所示。

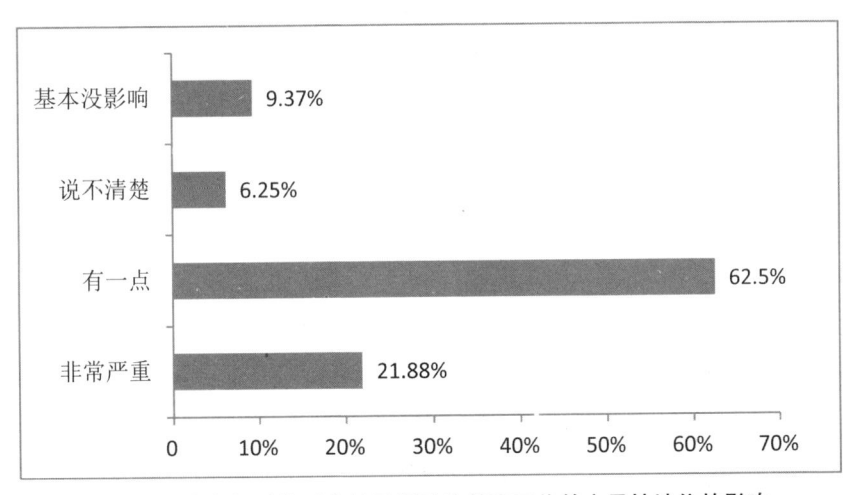

图5-1 大数据时代对高校思想政治教育工作的主导性地位的影响

如图 5-2 所示，调查发现，53.13%的老师认为对大数据时代的来临，对老师的数据能力要求空前提高，这是一种巨大的挑战，需要老师尽快学习大数据相关知识，及时应对这一变化和需求。

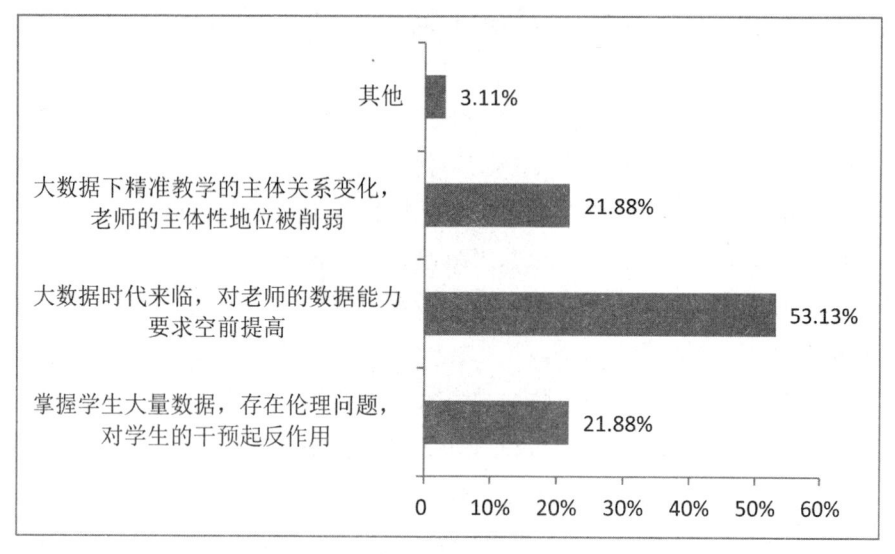

图 5-2 大数据时代面临的挑战

如图 5-3、图 5-4 所示，调查发现，老师对大数据应用于思想政治教育领域保持谨慎态度，有近 34%的老师认为不是所有的学生都能适应大数据时代的思想政治教育模式，这是重大的挑战。并且面对高校学生数据的片面化和碎片化，75%的老师认为高校对大数据平台在思想政治教育中的合理使用认识不足，保持谨慎态度。

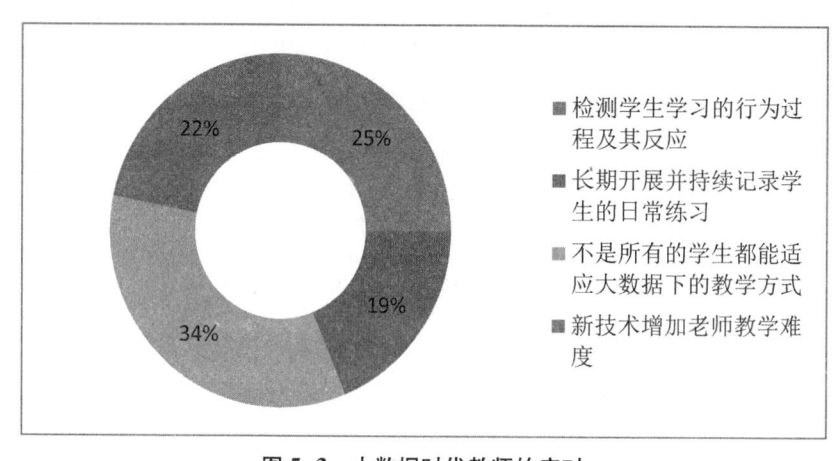

图 5-3 大数据时代教师的应对

<<< 第五章　大数据时代高校思想政治教育工作存在的问题及成因

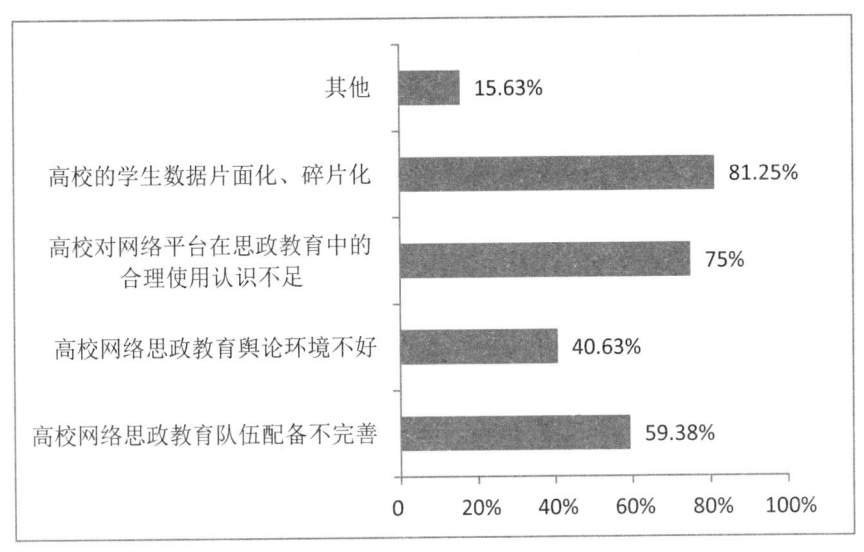

选项	百分比
其他	15.63%
高校的学生数据片面化、碎片化	81.25%
高校对网络平台在思政教育中的合理使用认识不足	75%
高校网络思政教育舆论环境不好	40.63%
高校网络思政教育队伍配备不完善	59.38%

图 5-4　大数据时代高校思想政治教育工作的困境

2. 大数据冲击了高校思想政治教育的主流意识

在大数据时代，结构化、半结构化和非结构化数据同时存在。与结构化和半结构化数据相比，非结构化数据占比更多。特别是在各种自媒体平台、互动平台，各种思想交织，不同观点碰撞，不同思想交流。在这一过程中，大学生由于其生理和心理特征，思想上还处于人生观、世界观和价值观的形成阶段，对新事物容易好奇而轻信，但是分辨思考能力较差，容易受不良思想和观点的影响。特别是西方社会思潮，如实用主义、工具主义、拜金主义、个人主义等，对大学生的影响较大，这对高校思想政治教育传播的主流价值观形成了较大压力，需要高校思想政治教育工作者和全社会的高度重视和警惕。

如图 5-5 调查发现，大数据冲击了高校思想政治教育的主流意识，动摇了传统思想政治教育工作者的主导地位，其权威性受到了威胁。传统的榜样力量、模范作用都有一定程度的衰弱。在这一过程中，既有客观的原因，也有大学生主观的原因。客观方面，大数据时代带来了信息技术便捷的同时，也带来了诸多风险。一些西方敌对势力，凭借技术优势，垄断了全球较多的数据资源。在大学生利用大数据过程中，西方敌对势力附加上意识形态元素，宣传西方价值观和生活理念，弱化我国集体主义和社会主义核心价值观等主流价值，通过"西化""分化"达到其不可告人的目的。通过体育文化、娱

147

乐文化、影视文化等吸引大学生眼球，特别是对实用主义、工具理性、拜金主义的传播，极大地冲击了我国主流意识形态的教育，形成了严峻挑战。主观方面，大学生处于特殊的生理和心理阶段，其独立思考判断的能力还在形成过程中，世界观和人生观还未完全形成，在追求新鲜事物的过程中，容易受不良思想和价值的影响，从而动摇了大学生对主流价值的认同感，加重了高校思想政治教育工作者的压力。

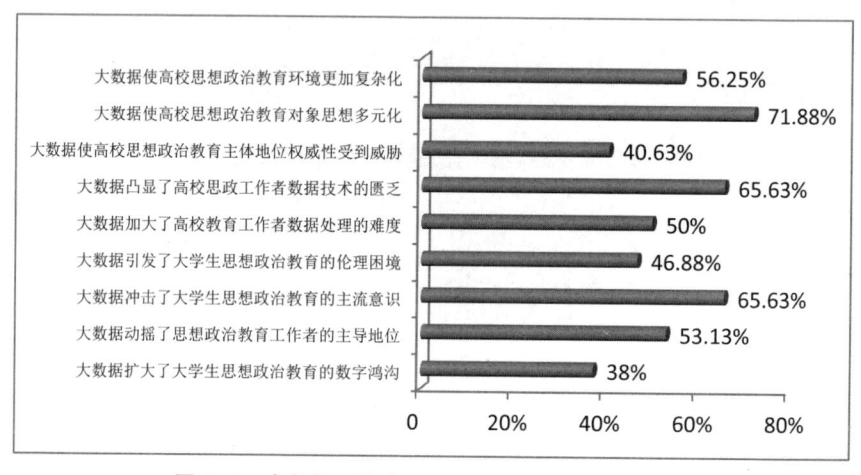

项目	百分比
大数据使高校思想政治教育环境更加复杂化	56.25%
大数据使高校思想政治教育对象思想多元化	71.88%
大数据使高校思想政治教育主体地位权威性受到威胁	40.63%
大数据凸显了高校思政工作者数据技术的匮乏	65.63%
大数据加大了高校教育工作者数据处理的难度	50%
大数据引发了大学生思想政治教育的伦理困境	46.88%
大数据冲击了大学生思想政治教育的主流意识	65.63%
大数据动摇了思想政治教育工作者的主导地位	53.13%
大数据扩大了大学生思想政治教育的数字鸿沟	38%

图 5-5　大数据时代高校思想政治教育工作的困境

四、大数据分析引发了高校思想政治教育的伦理困境

科学技术在带来先进生产力的同时，也会产生一定的伦理道德问题，大数据技术也不例外。高校思想政治教育大数据涉及结构化、半结构化和非结构化等多种数据形式，能够反映大学生的活动轨迹、兴趣爱好、关注问题、家庭经济情况、心理情况等许多隐私问题。在进行大数据分析时，要综合采集这一系列数据，如果分析使用不当，就会产生重大隐私问题，陷入伦理困境。

在高校思想政治教育中运用大数据技术进行分析，同样会产生伦理困境。图 5-6 显示，有 42% 的同学认为，大数据时代会侵犯学生的隐私；图 5-7 显示，在隐私问题可能的原因上，个人隐私保护意识薄弱、软件本身存在安全漏洞、相关法律法规不健全是大学生的首要选择。

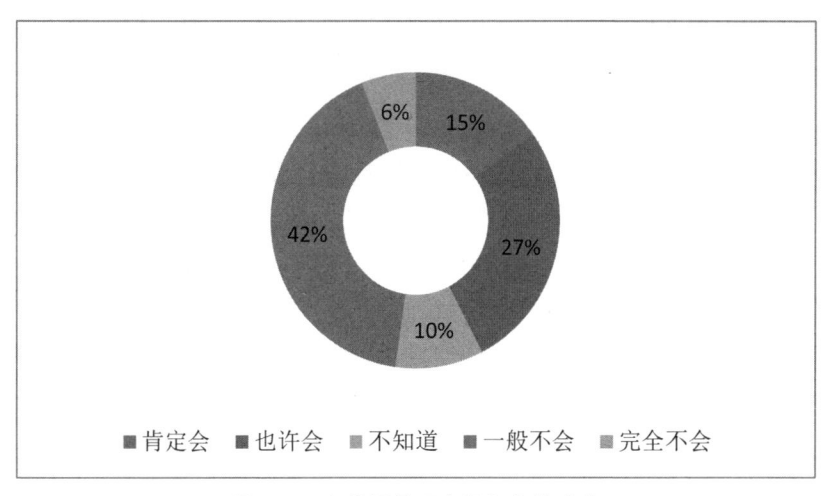

图 5-6 大数据是否会侵犯你的隐私

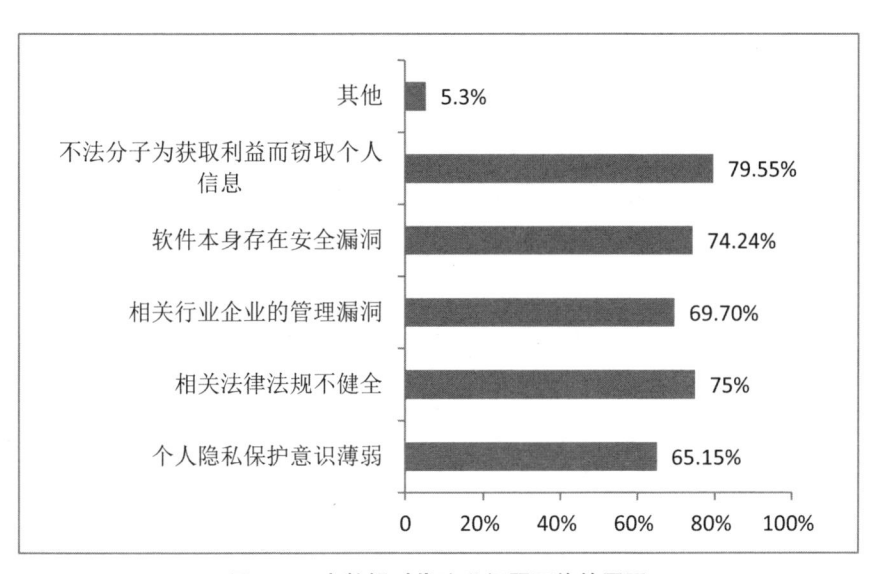

图 5-7 大数据时代隐私问题可能的原因

在客观方面，大数据本身的特点如数据的数量庞大，种类繁多，形式多样等，使得大数据具有较强的关联性。高校思想政治教育工作者在对采集到的大数据进行分析使用时，可能会发生偏离数据使用的初衷的问题。当前各种电子器械普遍应用于大学生行为活动的各个环节，记录了大量的学生行为数据。例如，校园一卡通除了记录学生的消费情况，还关联着学生其他的个人信息，如学生出入寝室情况、图书馆借阅信息、洗浴记录、食堂就餐记录、消费记录、上网时间等,这些信息有的已经涉及学生个人隐私问题,如果因为系统的故障出现信息泄露,对学生将是重大的伤害。

在主观方面,高校思想政治教育工作者利用数据与数据隐私保护之间存在博弈。在分析处理学生大数据时,会碰到各种隐私敏感问题,是否有借思想政治教育的目采集非常敏感的隐私数据,是存在重大矛盾的灰色地带。此外,高校大学生数据安全受到全社会重视,这些学生行为大数据能否得到妥善管理、安全保存、合理利用都是社会关注的焦点。高校思想政治教育的各类工作者,都要树立大数据安全的意识,切实保护好大学生行为数据,避免因信息泄露而产生高校思想政治教育伦理困境,这是所有高校思政教育工作者都应该重视的问题。

五、专职专业的工作队伍不全面和制度建设难实施

专业的工作队伍既是新时代做好大数据时代高校思想政治教育工作的内在要求,也是思想政治工作发展到今天的必然逻辑。专业化的社会分工要求思想政治工作队伍不仅要具有专业的理论素养,还要掌握互联网信息技术,能够与时俱进,与学生说得上话,实现师生之间的同频共振。从当前大数据时代思想政治工作进展的成效来反观大数据时代高校思想政治教育工作队伍,发现还存在以下需要补足的短板:一方面,工作队伍自身素质、技能不全面。大数据时代思想政治工作队伍信息化技术水平有待提高。调查发现,很多高校思想政治教育工作人员缺乏大数据思维,缺乏利用互联网开展工作意识,一直抱着传统思想政治工作中的"老办法"不放,不善于利用网络新技术开展工作,不善于在网上发声引导舆论。另一方面,高校思想政治教育工作队伍的学生管理服务的水平有待加强。多数工作人员不注重大数据时代大学生的生活方式、交往方式的特点的研究,经常出现师生双方话语听不懂的状况,严重影响了师生之间的交流沟通。此外,缺乏定期培训机制,大数据时代思想政治工作队伍的专业知识更新乏力。

体制机制作为大数据时代高校思想政治教育工作推进过程中的保障性条件,其完善与否直接关系着大数据时代思想政治工作的进展状况。纵观大数据时代高校思想政治教育工作多年来制度建设方面的建设状况,当下集中存在以下两个方面的问题:一方面,在宏观上,大数据时代高校思想政治教育工作的制度设计缺乏整体性、可协调性。尽管经过多年的发展完善以及体制机制的建设，大数据时代思想政治工作逐渐走上了制度化、规范化、科学化的轨道，但是其中还有不少地方存在着制度冲突、制度漏洞。另一方面，从微观角度看，具体体制机制规定得过于原则性，无法落实，弹性空间太大，考核评价标准难以把握，对大数据时代思想政治工作进程中的不规范行为难以起到规范、保障作用。

第二节　存在瓶颈原因分析

一、大数据思维转变不到位

进入大数据时代，一方面，大学生大数据时代思想政治教育已经取得了一定的成绩，但另一方面不可否认存在诸多不足，并没有完全适应当前大学生思想政治教育的最新发展，达到预期的效果。原因是多方面的，但思想转变不到位、认识存在偏差是主要原因。思政工作者对大数据在思想政治教育工作中的作用认识大致有三类：一是危害论，这种主要是在网络普及初期，面对迅猛发展的网络和充满"不清朗"内容的载体，很多人对网络给思想政治教育工作可能带来的负面后果存在深深的担忧，甚至不知所措。二是工具论，从某种程度上讲，这种认识到目前为止依然普遍，很多思政工作者并没有真正树立用网络开展思政工作的意识，没有认清互联网的意识形态属性，没有意识到现在思想政治工作的主阵地在网上，而仅仅将网络当成思想教育的工具，定位不准、认识不清。三是环境论，随着互联网等新媒体的野蛮生长和国家对互联网战略的重视，"广义"的大学生大数据时代思想政治教育工作应运而生，不管你是否愿意，人们总是随时随地被动地"处于"网络拟态环境之中，并深受其影响。认识决定行动，思想转变不到位、理念落后于实践发展、认识不统一，是高校大数据时代思政工作效果不明显的主要原因。

二、大数据时代高校思想政治教育内容供给不精细

大数据时代思想政治教育工作要达到预定的效果，必须坚持内容为王，增强内容的吸引力、针对性和思想性。首先，很多思想政治教育工作专题网站页面单调，首页仅仅只有新闻和简单链接，缺乏大数据时代思想政治教育工

作所必备的资源库；内容多以文字形式呈现为主，影视作品较少，并且文字标题多半严肃，带有浓厚的政治色彩。多数网站的整体构思、版面设计和美工等构思不够科学，缺乏让学生"一见钟情"的感觉。有的网站仍采用静态建站技术，缺乏能实现动态交互的部分，缺乏吸引力。其次，对于学生关心的社会热点问题或者是政治敏感问题，大多数高校通常采取回避的态度，缺乏针对学生感兴趣的问题进行交流和互动，甚至一旦发现校园网站上出现一些过激、出格言论就立即删除，很少针对性进行重大事件的观点论辩和心理疏导，往往是"泛政治化"的教育，效果自然也就被弱化。最后，经历高等教育、接受一定学科思维训练的大学生们，具有一定的独立思考能力，这就要求大数据时代思想政治教育工作的内容必须具有一定的质量。虽然大数据时代思政在其发展中极力贴近生活，但鲜有针对性形势教育和重大事件观点的论辩，缺少明显的价值引导和深入剖析。

三、吻合大数据的思想政治教育工作方法不健全

教育者、受教育者、教育手段是教育中的基本要素，只有三者紧密结合，才能实现教育目标。在大数据时代，舆论格局和传播生态发生深刻变革，传播主体多元化、传播受众时代化、传播生态复杂化，给社会生活方式乃至政治运作模式都带来革命性的影响。我们必须承认，新形势下思想政治教育工作的主战场已转向大数据时代新媒体，"互联网日益成为舆论生成的策源地、信息传播的集散地、思想交锋的主阵地，成为人们社会生活中的一个'最大变量。'"① 传播方式发生颠覆性的变化，思想政治教育工作的方式和手段也必须与时俱进。但当前大数据时代思想政治教育工作的手段还是以传统的思政教育方法为主，很难被"键盘上"的一代所接受。因此，大数据时代思想政治教育工作要适应新情况，切实转变传统的教学模式，从大学生的根本需求出发，不断探索新的方式、手段将大数据时代思想政治工作模式做到生动活泼、大众喜闻乐见，发展能够真正吸引学生关注的大数据时代思政教育形式，进而提高点击量和互动率，使大数据时代思政教育阵地真正成为大学生的精神家园。②

---

① 王伟光. 开辟当代马克思主义哲学新境界 [M]. 北京：中国社会科学出版社，2019.
② 夏红辉，王强. 高校网络思想政治教育的现状及对策研究 [J]. 兰州交通大学学报，2008（2）：132-135.

四、高校思想政治教育工作大数据平台建设滞后

大数据平台的构建应占据大数据时代思想政治工作模式体系的重要位置，没有大数据平台，大数据时代思想政治教育工作无从谈起。大数据时代思政的平台有两种，一种是专属的思政大数据平台。虽然目前各个高校和机关单位基本上都建立了自己的宣传思想工作宣传网站，但是大部分都注重网络形式的不断翻新，简单地建几个"红色网站"，却忽略了大数据时代宣传思想工作的内容建设，网络主流声音常常出现"自说自话""无的放矢"的尴尬局面。同时，不少思政工作者仅仅利用一种或几种大数据平台，立体化、多样化的大数据时代思政工作方法还不完善，手段比较单一。另一种是利用门户网站、商业网络平台，充分发挥大数据时代媒介的优势，设置主题网站、专题微博、微信公众号、宣传视频、时事论坛等大数据平台。但这种平台缺陷也显而易见，大数据时代信息纷繁复杂、信息良莠不齐，很大一部分信息没有经过认真核实和充分过滤就直接进入了网络。在网络这个虚拟的空间里，相对于传统媒体严谨的信息发布条件，那些无论是正面的还是负面的言论、文章都可以很容易地在网上被流传，青年学生们甚至可以凭借虚拟的身份畅行无阻。而现在的网络技术还不能做到严格地筛选、过滤不符合大数据时代思政教学任务的信息。

五、高校大数据思想政治教育工作人才队伍建设不完善

大数据时代思想政治教育工作在改变传统思政教育模式的同时，也对从业者提出更高的要求，但是目前无论是从思想政治素质方面还是从科学技术水平方面来看，大数据时代思想政治教育工作的相关人才仍然难以跟上时代步伐。首先，缺乏一支政治素质好、思想品德端正、科技意识和创新能力强、业务水平高的思想政治教育工作队伍。有些政治理论水平高的，但是网络信息技术水平低；有些电脑技术精通的，但理论功底差。其次，如何制度化、规范化地培养一支既能熟悉和掌握大数据时代思想政治教育工作的发展规律、熟练大数据时代思想政治教育工作的理论发展水平，又能熟悉各种网络文化知识的特点、有效掌握各种网络技术的思想政治教育工作队伍是急需解决现实问题。最后，有关大数据时代思想政治教育工作的研究主要由哲学、文学以及法学一些领域范围内的学者承担，缺乏专业学科的支撑，不仅使得大数

据时代思想政治工作模式体系构建尚难完整，而且很大程度上也限制了该领域研究的发展深入。

六、大数据时代高校思想政治教育工作体制机制不协调

虽然各级思想政治教育主体都十分重视大数据时代思想政治工作模式的建设，但是中宣部、网信办、教育部、团中央等各级领导机构未建立健全党委统一领导、党政工团齐抓共管、党委宣传部门牵头协调、有关部门共同参与的工作机制，各类思政教育主体还没有建立大数据时代思政内容体系建设的战略目标，缺乏顶层设计和宏观布局，缺乏统一领导、通力合作、协同生产，因此不能发挥大数据时代思想政治教育工作的最大合力。于高校层面而言，各地高校都按照中央的决策开始部署，宣传推广网络教育主阵地。但是，各个高校之间还没有形成工作合力，缺乏战略合作和互相监督，各自为战，在阵地建设、平台搭建、渠道开通上没有发挥共同的主体力量。

第六章

大数据时代高校思想政治教育工作目标构建

第一节 大数据时代高校思想政治教育工作的场域环境

一、大数据时代高校思想政治教育工作创新面临的机遇

1. 大数据时代的来临为高校思想政治教育工作增加了新的方式

大数据时代以其数据信息的规模庞大和交互性强,影响了社会的各个行业,受到了全社会的重视。教育领域也不例外,大数据思维和技术助推了教育领域的数字化改革进程。越来越多的教师和学生选择了大数据网络信息化平台,如慕课、微信等,高校思想政治教育工作面临着巨大的挑战。传统的高校思想政治教育工作模式主要是在限定的时间、空间中对大学生进行思想政治教育,教育模式更多的是单向的、灌输式的、统一化的思想政治教育,这与大数据时代凸显个性化、差异化的需求不吻合,亟须融合大数据思维和技术,对传统高校思想政治教育工作进行创新升级。例如,利用大数据网络技术,可以打破时间、空间的局限,通过电脑、手机等平台,随时随地开展思想政治教育工作。另外,在大数据的网络虚拟场域中,有利于塑造师生平等的互动关系,让教育者更多地了解学生的诉求和心理,从而帮助大学生解决各种问题,提供更多的平台课程资源,促进学生健康成长。

大数据的发展,为高校思想政治教育工作提供了全新的教育方式。这种教育方式与传统的线下、单向的方式相比,更具有互动性,也极大地增强了大学生的主体性。这种平等的、互动式的高校思想政治教育工作方式,调动了大学生参与的积极性和主动性,以大学生乐于接受的方式开展思想政治教

育工作，拉近了教师与学生的距离，提高了工作的效果。

2. 大数据的不断发展为高校思想政治教育工作提供了新的载体

教育载体是开展高校思想政治教育工作的重要前提，教育载体与教育对象的匹配性是影响高校思想政治教育目标实现的关键因素之一。传统的高校思想政治教育工作中，课堂教学模式是最主要的载体，志愿服务等社会实践活动是重要的补充载体。传统载体中课本、报纸、杂志、广播、电视等发挥了重要的作用，对开展高校思想政治教育工作起到了重要支撑作用。但随着社会的发展，"00后"大学生成为当前高校的主体，传统的教育载体难以满足当代大学生的需求，亟须进行教育载体的创新。

大数据时代的兴起，各种网络媒体、数据平台迅速发展，以其独特的信息数据优势、速度传播优势，深刻地影响了当今的高校思想政治教育工作。各种数据库、网络课程资源等大数据信息应有尽有，既可以满足大学生获取各个行业最新知识的需求，又能够为教师提供各种教学资源，帮助老师更好地完成教学任务，提高教育效果。这种新的载体，集多种功能于一身，通过音频、视频、图像、色彩等多元化的方式呈现，创造更加具有体验感的思想政治教育场域，为大学生职业选择、心理健康、学术科创、能力训练提供了更多的信息。这也充实了高校思想政治教育工作的内容，创新了工作的形式，增强了高校思想政治教育工作的实效性。

3. 大数据的不断发展为高校思想政治教育工作提升了效率效果

融合大数据思维和方法开展高校思想政治教育工作，可以有效地提高大学生思想政治教育工作的效率，并基于数据采集、挖掘、分析和处理等过程，提高思想政治教育工作的实效性。传统思想政治教育工作，常常受纵向层级管理和横向部门协调的时间、空间影响，工作的时效性和精准性需要进一步提升。而大学生思想行为具有动态性，随时随地都会发生新的变化，传统的高校思想政治教育工作管理模式难以完全适应这种动态性变化，造成了工作效率不高、效果不佳的困境。

大数据等数据收集、信息传播等新手段，速度更快、内容更加强大，可以有效地提升高校思想政治教育工作者的准备过程、应急处理、评估反馈等，进而提高工作效率和效果。如教育者可以借助大数据平台，收集更多的学生数据信息，并对数据进行充分挖掘和分析，储备更多的思想政治教育资源，比传统仅靠个人知识、经验开展工作准备更加充分。大数据时代，各种交互式的信息平台已经成为人们的日常生活方式，如微信、微博等。对于新时代大学生，网络社交已经成为其主要的交往方式，网络平台成为其展示个人思想行为的重要载体。高校思想政治教育工作者，要进入大学生的网络思想行为阵地，通过网络论坛、网络社交、网络互动等及时对学生的困惑进行答疑和反馈。借助大数据信息平台的速度快、共享性强、即时传输等特点，实现了师生跨越时空的即时沟通和交流。另外，基于大数据分析技术，教育者掌握现象背后的本质规律成为可能，进而将其用于指导思想政治教育工作，提高了决策的科学性和实效性。

二、大数据时代高校思想政治教育工作创新面临的挑战

大数据信息媒介是一把"双刃剑"。一方面，不仅构造起一种全新的新媒体生活和生存方式，而且深刻地影响和潜移默化地改变着师生们的认知、情感、思想、心理和行为方式。① 另一方面，大数据信息媒介面对的是全球的媒体系统，不可避免地存在着消极的方面，必然给大学生思想政治教育带来一些不好的影响和挑战。

1. 大数据时代的发展改变了高校思想政治教育工作的环境

大数据时代的典型特征之一是其具有共享开放性，信息数据的来源多样化，师生都可以进行收集和挖掘，这使得高校思想政治教育工作的环境产生了巨大的变化。

传统的高校思想政治教育工作环境，受时间、空间和技术的制约，相对固定在一定的范围之内，学生思想行为和变化主要受教师课堂教学、校内外社会实践的影响。当前仍有很多高校教育工作者认为，大数据信息技术冲击了传统的高校思想政治教育秩序，认为其带来的挑战远远高于其所产生的机遇。导致了大学生迷恋网络而产生"网瘾"等负面现象，他们甚至对大数据信息技术产生了不信任。造成这一困境的主要原因有三个。

一是高校教育工作者对大数据时代高校思想政治教育工作的复杂性、特殊性认识不足。部分教师仍然习惯用传统的思维和方法开展理论教学和实践工作。在政治理论课等课程中，部分教师对课程内容、方法、载体的更新不够，或者仍然选用传统的灌输式的、单向的授课范式，或者简单地运用网络信息，将视频等大数据信息资料进行简单的传播，这些都难以实现课程育人

---

① 仲素梅，胡玉霞. 论新媒体时代的高校思想政治教育 [J]. 教育探索，2009（09）：114-115.

的效果。在这一过程中,部分教师对新事物新技术缺乏充分的认知,认为大数据会给教学带来更多的不确定性,害怕传统教学范式的改变。

二是作为教育对象的大学生,因其理性面对问题的能力尚未完全具备,容易形成数据网络依赖。大学生虽然在生理上已经成熟,但其世界观和价值观尚未完全建立,独立思考问题并进行决策的能力需要进一步提升,突出表现在以下两个方面:首先,部分大学生对大数据新媒体技术的依赖还时有发生。当前手机、电脑已经成为大学生接触外界知识和信息的重要渠道,很多大学生被大数据网络信息的内容、形式所吸引,时时刻刻都离不开手机,有的沉溺网络游戏,形成了网络依赖,严重影响了大学生的日常生活和学习。其次,部分大学生形成了思想依赖。正因为大数据时代提供了丰富的网络信息资源,几乎所有的问题能从网络中寻找到"答案",使得很多大学生不愿意自己思考问题,有了问题先网络寻找答案,并且认为网络上的答案大多是正确和权威的,长此以往,严重影响了大学生独立思考问题的能力。

2. 大数据时代的发展冲击了高校思想政治教育工作的手段

高校思想政治育工作的内容,是对大学生在思想、政治、道德、法律、心理等方面的要求,是影响大学生发展的重要方面。它不仅体现思想政治教育的性质,而且是实现思想政治教育目标与任务的重要保证。[①] 传统教育模式中,教师是绝对的权威和中心,学生接受知识的渠道主要来自教师的授课,学生处于被动接受的地位。这种模式下的思想政治教育工作相对容易,学生的思想和行为受社会环境的影响较小,传统的单向的思想政治教育工作手段十分奏效。

随着大数据时代的到来,信息化、数据化、网络化普遍兴起,网络成为大学生的日常生活方式,获取信息和知识的渠道从原来的课堂,转向了网络空间,传统的单向的、灌输式的教育手段遇到很大困难。学生除接收到课堂讲授的主流思想和观点外,还能从网络上获取各种非主流的思想和观点,教师的权威性受到很大的冲击,这大大增加了高校思想政治教育工作开展的难度。在学生世界观尚未完全形成,独立思考意识和能力还有欠缺的背景下,大数据时代带来的信息共享、信息多元容易使得学生在思想上无所适从。再加上高校思想政治教育工作的手段,尚未完全融合大数据思维和方法并进行创新,使得高校思想政治教育工作面临巨大的挑战。

[①] 邱伟光,成媛. 思想政治教育学原理 [M]. 上海:上海中医药大学出版社,2007:3.

3. 大数据时代的发展增加了高校思想政治教育工作的难度

大数据时代的到来，为高校思想政治教育工作提供了良好的机遇，也增加了工作的难度。大数据提供了海量的信息数据，这对高校思想政治教育工作具有双重作用，如果利用不好，容易对学生思想和行为产生负面影响，给高校思想政治教育工作增加难度。主要表现在网络上的信息数据没有经过权威认证，大数据时代每个终端个体都可以成为信息的发布者，这使得大量未得到验证的虚假数据信息在网络上流传，很多大学生容易轻信、错信网络上提供的各种虚假数据信息，对主流思想和话语在大学生中的传播产生了极为不利的影响。

另外，大数据时代创设了共享、开放、虚拟的网络空间，在促进大学生积极参与和展示自我的同时，因为这一空间的复杂性，给高校思想政治教育工作带来了挑战。大数据时代，各种信息平台、网络空间、社群论坛成为全体社会成员经常参与的社会交往场域。每个个体都是其中的重要组成部分，都可以发表各自的思想认知、价值判断、时事观点，这极大地吸引了当代青年大学生的参与，但这也给高校的网络监管带来了巨大挑战。手机等移动终端随时可以获取信息，信息的隐蔽性较强，信息的真假难以辨别，这给高校的网络监管增加了难度。

第二节 大数据时代高校思想政治教育工作创新的目标定位

一、大数据时代高校思想政治教育工作创新的总体设计

进入新时代以来，习近平总书记围绕着高校思想政治教育工作、网络强国建设和加强党对意识形态的领导发表了一系列的讲话，不仅从建设网络强国的战略高度为新时代高校思想政治教育工作模式创新指明了方向、规划了路径，也从如何做好时代思想政治工作的理论深度为大数据时代如何创新高校思想政治教育工作模式，做到因事而化、因时而进、因势而新提供了理论指导和价值遵循。在党和国家战略规划的指导下，我国高校思想政治教育应从提高认识、创新内容、丰富载体、更新方式、充实队伍、创新制度出发，全面推动高校思想政治教育工作模式体能升级，努力形成"要素完备、效果

明显、动态发展"的适应大数据时代的创新模式。

二、大数据时代高校思想政治教育工作创新的基本原则

大数据时代高校思想政治教育工作模式作为互联网时代思政工作的新形式，作为传统思政工作的模式的升级版，在推进过程中既要注重对传统思政工作模式的继承与发展，也要大胆借鉴互联网时代新技术为思政工作提供的新机遇。探索大数据时代高校思想政治教育工作可移植、可推广、可复制的新型融合协调工作模式，必须遵循以下几项原则。

1. 整体性原则

大数据时代高校思想政治教育工作作为一项系统复杂的工程，要在坚持整体性原则的基础上，把工作理念、工作内容、工作方式、工作载体、工作队伍、工作制度有机整合形成合力，坚持全方位育人、全要素发力，一体化建设、共同推进。一方面，在大数据时代开展高校思想政治教育工作，需要各个主体协同推进，其中既包括传统的思政课教师、辅导员、后勤人员、党团干部等主体，也包括网络平台的主管单位、论坛的博主等新兴主体，只有更多的教育主体协同参与，形成强大的育人合力，才能为大数据时代高校思想政治教育工作提供支持和保障。另一方面，高校思想政治教育工作的要素较多，涉及各个系统、各个主体，在大数据时代更加复杂和多元，需要融合线上、线下多个主体的共同参与。构成大数据时代高校思想政治教育工作模式的六大要素是相互联系、相互影响、相互关联的有机整体。大数据时代高校思想政治教育工作需要从整体着眼，细节入手，有效整合各种要素在其建设过程中的积极作用，才能发挥育人优势并取得预期效果。

2. 实用性原则

大数据时代高校思想政治工作既要有高大上的顶层设计和理论指导，同时必须接地气，有可操作性，能够在具体工作过程中发挥作用，体现价值。实用性可以通过大数据影响高校思想政治教育工作师生方面进行思考和理解。一方面，大数据提供了丰富的教育资源，可以为教育者提供各种教育素材，提高教育者开展高校思想政治教育工作的能力。授课教师可以从大数据信息平台获取各种资料，丰富其备课的素材、形式和载体，如各种视频资源、音频资源等，用学生喜闻乐见的素材来传递思想政治教育工作内容。另一方面，大数据满足了学生的个性化、差异化的需求，促进了其综合素质能力的提升。

进入新时代大学生的个性化诉求日渐增加，现有的资源难以满足其需求，整合大数据网络资源，可以针对学生的学术科研、职业发展、心理健康、班级管理等提供差异化的供给和服务，这使得高校的思想政治教育工作紧贴学生需求、关注学生发展，工作的实效性会大大增强。

3. 融合性原则

大数据时代高校思想政治教育工作，不仅仅是大学生成长成才的工作，更重要的是为国家培养建设者和接班人的工作，对实现国家的高质量发展具有重要的价值意义。在这一育人思想的指导下，高校要实现技术融合、队伍融合、工作模式融合，推进高校思想政治教育工作的开展。要熟练运用大数据思维和技术，特别是数据的采集、挖掘、预测、评估等，对大学生的思想和行为规律进行整体分析和精准把脉，在此基础上对具体的思政教育工作进行指导和反馈。在育人队伍方面，除融合传统的教师队伍、后勤保障队伍、学校管理队伍外，结合大数据特征，还要将信息数据平台单位、论坛博主等纳入，为更好地开展思想政治教育工作提供保障。在具体工作中，虽然嵌入式、交互式、参与式、浸润式、衔接式等各种工作模式在思政教育中所发挥的作用各有侧重，但在推进大数据时代高校思政教育工作过程中必须要将各种模式融合发展，共同发力，谋求最佳效果。

4. 创新性原则

创新性是大数据时代高校开展思想政治教育工作的基本原则。融合大数据思维和技术，高校思想政治教育工作在理念思维、技术方法、工作模式等方面都进行了重要的改革和创新。理念思维方面，吻合学生个性需求、满足学生多样化诉求，进行精准化思想政治教育的思维理念得到高校学生的欢迎。这打破了传统的统一模式，追求规模化的思想政治教育工作理念，实现了重大变革和创新。在技术方法方面，融合了大数据的采集、挖掘、分析和处理等技术，广泛使用调查问卷和定量分析方法，使得高校思想政治教育工作的科学性大为提升。在工作模式方面，与传统的单向度、灌输式的工作模式不同，互动式、体验式、参与式的工作模式快速确立，更加注重春风化雨，注重思想政治教育的文化浸润，更加注重对大学生主体性价值的培育，得到了高校思想政治教育工作对象的欢迎，也极大地提高了高校思想政治教育工作的效果。

三、大数据时代高校思想政治教育工作创新的具体目标

以"立德树人"为目标,以"价值引领、道德塑造、政治认同"为指引,在遵循大学生成长规律与教书育人规律的基础之上,牢牢抓住大数据时代高校思想政治教育工作队伍的建设,以增强高校思想政治教育工作的亲和力、影响力、感召力、实效性。

1. 树立引导性、思想性的思政工作理念

参照著名心理学家西格蒙德·弗洛伊德提出的"本我、自我和超我"理论,"本我"体现的是人的生存需要,以满足人的欲望为基本准则,忽视了行为规范的作用。在日常的行为规范中,"本我"受到法律和道德的多重规范制约。如不能故意伤害别人等,否则将受到应有的惩罚。大数据时代虚拟网络社会的匿名性、交往的广泛性、信息流动的开放性,为个体的聚集和随意发表不负责任的表达创造了条件,使得网络群体的去个体化和群体极化效应更为明显。① 因此,高校要在大数据时代背景下,占领网络场域的思想政治教育制高点,争夺网络话语权,将引导性和思想性嵌入大数据时代高校思想政治教育工作中。第一,占领大数据时代高校思想政治教育工作场域,获得话语权的主导地位。要对大数据时代的内涵、特征、方法等进行深入研究,组织高校思想政治教育工作队伍进入这一场域,在工作内容、方法、载体、模式等方面全面融合,牢牢把握思想政治教育工作的主导权。第二,掌握大数据时代高校思想政治教育工作的话语权。在大数据时代各类信息平台上,高校思想政治教育工作者要积极介入,成为青年大学生群体中的"意见领袖"和网红博主,在思想观点讨论中掌握话语权,发挥议程设置、话题引导的作用。第三,要增加引导的思想性,以增加引导信度,提高有效性。

2. 建设多元化、创新性的思政工作内容

大数据时代新媒体环境下思想政治教育工作的内容构建要具有多元化、创新性,以增强时代发展的适应性。新媒体时代信息内容不仅角度多元化,而且数量众多,是"高雅与低俗、真实与虚假、现代与传统、东方与西方、集体与个人、自由与保守的高度集合体"。② 同时,多种社会思潮的网络化演

---

① 黄河. 新媒体发展与社会管理 [M]. 北京: 中国传媒大学出版社. 2013: 28.
② 王永友, 宋斌. 论自媒体时代的意识形态传播 [J]. 重庆邮电大学学报(社会科学版), 2016, 28 (01): 66-71.

变态势冲击着青年学生的思想观念，极端个人主义、享乐主义、拜金主义等不良社会思想以生活化、网络化、感性化的方式，通过文字、图片、视频等多种形式，侵蚀民众尤其是大学生的思想意识，大大稀释了思想政治教育主体提出讨论的议题。首先，要加强马克思主义基础理论的研究工作，从理论高度上回应中国社会转型期阶层利益多元化等重大理论与现实问题，增加理论本身的信度和解释力，满足新媒体环境下大学生日益增长的主体性价值需求。其次，要重视与优化大数据时代高校思想政治工作模式的隐性化设计。新媒体工具的使用已经深入社会现实生活的各个领域，尤其是对当代大学生群体而言，大数据信息化媒介环境已经成为其日常生活的重要组成部分，这也使得大数据时代高校思想政治教育工作日益重要。在这一环境中，高校思想政治教育工作更要创新工作方式，用隐性的潜在的思想政治教育手段开展工作，顺应大数据时代的特征，有效地推进高校思想政治教育工作。

3. 搭建易操作、灵活性的思政工作载体

新媒体环境下的网络思想政治教育需要借助信息容量大、传播速度快、交流互动频繁的传导平台来开展，而易操作、灵活性的思政工作载体成为必要条件。当下微信、微博是较为流行、普及率较高的社交沟通软件，大学生作为主要使用群体，他们乐于在其中感知世界、分享生活、抒发情感、表达情绪。高校要充分发挥专业技术优势，利用信息网络与大数据技术，建立新媒体环境下大学生思想政治教育的信息平台和工作载体，通过协同管理实现信息共享与反馈。在"自我"构筑的工作载体上，设置一些正能量的议题，如在微信公众平台发布"感动校园人物评选"活动，参选人员附有感动校园小故事，让同学们票选出自己心目中的榜样，引导大学生树立正确的观念、健康的思想。在无形之中达到思想政治教育的目的，真正地为学生的思想健康发展而服务。

4. 建立多样化、差异性的思政工作方式

经过40多年的改革开放，社会快速发展、文明程度提高，青年学生不仅有更多元的信息来源，眼界更开阔，思想更自主，而且对信息消费的体验有更高的要求，需求变得更加多元。"新时代人民美好生活需要日益广泛，不仅对物质文化生活提出了更高要求，而且在民主、法治、公平、正义、安全、环境等方面的要求日益增长。"① 首先，传播受众分众化、多元化。"媒介从业人员发现，没有任何一个传媒能吸引所有的受众，媒介要更好地生存，只能针对特定的受众群进行自身定位。"② 其次，传播受众信息"茧房化"。所谓舆情信息"茧房化"，美国传播学家卡斯·桑斯坦曾这样描述，伴随着网络技术的发展，人们可随意选择想关注的话题，依据喜好定制报纸、杂志，每个人都可为自己量身打造一份"个人日报"；这种状态使人被禁锢在自我建构的天地中，信息来源变得程序化与定式化，从而陷入一种"信息茧房"之中。大学生作为时代最前沿的青年学生同样如此，分众化的需求和信息"茧房化"的趋势，要求新时代必须建立起多样化、差异性的思政工作方式。

5. 打造高素质、强阵容的思政工作队伍

面对众多的网络思想政治教育平台、新载体渠道，急需培养一支高素质、强阵容的思政工作队伍，满足网络教育工作中对技能的高要求。而当前大数据时代高校思想政治教育工作队伍依旧存在诸如重视程度不够、处置经验不足、人才队伍整体匮乏的情况。首先，要加强网络制作专业人员队伍建设。要具备网络课程设计与网页美工设计，还包括漫画制作、微电影制作等技能。当代大学生普遍对这类新鲜事物感兴趣，需要这方面的高技术人才把这些元素融入网络课程与校园网站建设中，吸引大学生的注意力，引发他们的学习热情。其次，要加强网络专业队伍的建设。一方面可以引入部分网络信息技术专业的大学生参与加入，他们了解当代大学生对网站审美或网络课程平台功能需求，从学习者角度出发，可以增强大数据平台设计的实用性；另一方面，了解身边同学平时的网络活动、上网规律、校园网络漏洞、不良的网络行为等，能够提出有针对性的建设意见与管理意见。最后，要加强思政工作队伍的理论修养。目前绝大部分思政工作者对马克思主义的基本理论和中国特色社会主义理论缺乏系统了解，对网络思想政治工作中意识形态的敏锐性不强，难以对纷繁复杂的网络信息做出甄别，很难精准捕捉到意识形态中带有极强倾向性和导向性的思潮。

6. 建构完备性、系统性的思政工作机制

网络思想政治工作要建构完备性、系统性的思政工作机制，但目前管理

---

① 习近平. 决胜全面建成小康社会 夺取新时代中国特色社会主义伟大胜利——在中国共产党第十九次全国代表大会上的讲话 [M]. 北京：人民出版社，2017：12.
② 胡翼青. 试论21世纪受众在传播中的地位 [J]. 新闻与传播研究，2000（04）：70-74，96.

相对缺乏系统性。宏观层面，网络思想政治工作的管理工作千头万绪，需要理论宣传部门、技术部门、网络管理部门的共同协作，不仅涉及中央，更涉及地方、社会及个人多个层面。但目前各级党委宣传部门、互联网管理部门和信息技术部门配合缺乏默契。在机构设置上，国家已成立了中共中央网络安全和信息化领导小组办公室、国家互联网信息办公室，但对基层宣传工作而言，能够调动和整合的社会资源依然有限。微观层面，要着手制定网络思想政治工作模式体系和大数据平台的管理制度，从人事、财务、学术活动、科研项目管理、物资管理、考核奖惩、人才培养、网站维护等方面制定切实可行的制度规范，实现网络环境下思想政治教育领域的统一管理和有效对接。

四、大数据时代高校思想政治教育工作创新的关键领域

1. 高校思想政治教育工作大数据采集

高校信息化建设已经进行了较长时间，各个高校都已经构建了包括教学、科研、学生工作、生活管理等众多内容在内的信息化平台，积累了大批的数据，这些数据已经构成了校园大数据环境。在这一大数据环境中，学生的各种行为如学习、心理、生活等，被相应的数据系统采集保存，已经成为高校思想政治教育工作不可或缺的重要组成部分。

如表6-1所示，思想政治类、专业学习类、日常生活类大数据，是当前高校学生行为大数据采集的三大板块。思想政治类大数据，主要包括高校大学生党校团校培训，各类学生会、志愿者、社团等团活动，包括入党谈话在内的各种谈心、谈话记录等；专业学习类大数据，主要包括学生的选课信息、学习成绩、专业论文、课题竞赛等，这是学生行为大数据的重要组成部分；日常生活类大数据，主要包括学生宿舍出入记录、一卡通消费记录、图书馆记录、资助帮困、勤工俭学等。上述三大类数据散落在高校中的各个管理部门，整理和采集这些大数据对高校思想政治教育工作具有重要的价值和意义。[1]

---

[1] 张强，程玉莲，吉祥."三全育人"视域下高校档案管理育人路径探析[J].浙江档案，2021（01）：62-63.

表 6-1　高校思想政治教育工作大数据采集项目及内容

项目	内容
思想政治	各种党校、团校培训，团学活动，志愿服务等
专业学习	选课、学籍、成绩、奖励、竞赛、论文等
日常生活	宿舍数据、食堂消费、图书馆记录等

高校思想政治教育工作大数据，包含各类相对成型的结构化和半结构化数据，也有还未得到整理的非结构化原始数据。结构化和半结构化数据大多存于各类统计报表、稳定的数据库系统中，而非结构化数据大多存在于各类微信、微博、BBS等互动平台中，有音频、视频、电子文档等多种形式，也是高校思想政治教育工作大数据的重要组成部分。

当前高校已经建立了各种信息平台，对高校大数据进行收集。高校教学管理系统、学生工作管理系统、一卡通管理系统、寝室管理系统、图书馆图书借阅系统、教室出勤考核系统等各类信息系统，都是高校思想政治教育工作大数据采集的终端。多年来已经积累了大量的结构、半结构数据，在各类互动平台中，也散落存在着各类非结构化数据，这些都是高校思想政治教育工作大数据的重要资源。

2. 高校思想政治教育工作大数据分析

高校思想政治教育工作大数据分析是实现数据价值的重要环节。采集到的各种原始数据只有经过数据挖掘，通过数据统计、模型分析，揭示数据背后的规律，大数据的价值才得以真正体现。一般经过 Map/Reduce 模型数据拆分、平衡处理数据的效率和准确性、进行云平台集成等环节，如图 6-1 所示。

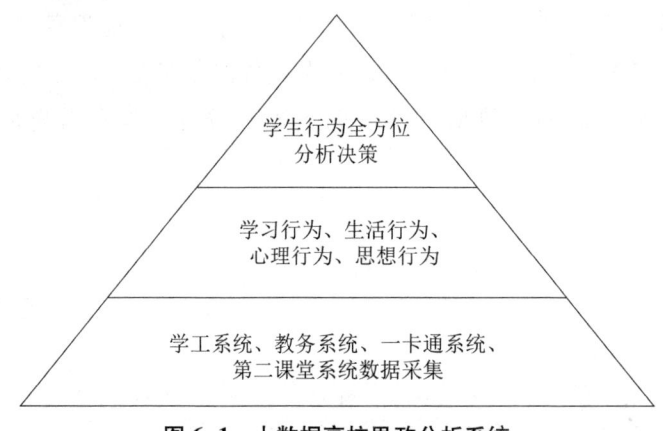

图 6-1　大数据高校思政分析系统

大数据时代高校思想政治分析，首先基于教学管理系统、一卡通系统、学工系统、宿舍门禁系统等，采集学生大数据信息，进行初步的分类、汇总。其次，对分类的大数据信息进行规律分析。通过大数据，全面掌握大学生学习行为、生活行为、心理行为和思想行为，对大学生进行行为画像。最后，基于高校大学生大数据行为分析，对高校思想政治教育工作提出相应的对策和建议。例如，基于大学生上课考勤情况、迟到旷课情况、宿舍出入情况、上课表现情况、图书馆记录情况等大数据，对大学生的学习动力和思想动态进行全面画像，得出大学生学习情况的总体评价。又如对大学生食堂消费记录、宿舍情况记录等大数据进行分析，为大学生贫困生测定提供决策支持。在尊重学生隐私的基础上，对大学生上网时间、上网频率、上网内容进行分析，从而了解大学生关注什么，感兴趣哪些内容，对某些问题的观点和意见等。这些成为高校思想政治教育工作的重要参考。

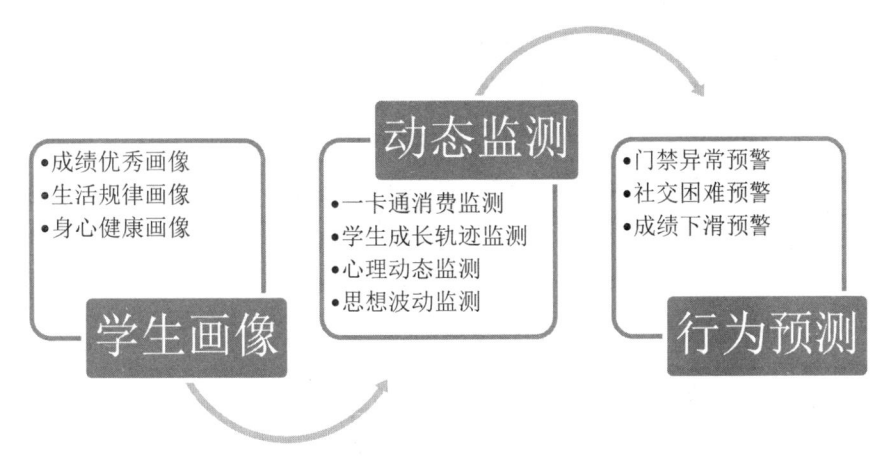

3. 高校思想政治教育工作大数据展示与预测

在对高校思想政治教育工作大数据进行分析之后，将结果进行展示和预测，对好的行为进行鼓励，对各种特殊的行为提前进行预警。从而为高校思想政治教育工作提前干预和决策提供政策支持，如图6-2所示。

图6-2 高校思想政治教育工作大数据展示与预测图

通过大数据行为分析，学生画像、动态监测、行为预测成为高校思想政治教育工作大数据展示预测的三大组成部分。其中，学生画像部分，主要包含成绩优秀画像、生活规律画像、身心健康画像等内容，对学生的学习、生活和心理行为等进行全方位的描述。动态监测，主要是基于一卡通消费数据、学生成长轨迹监测等。通过一卡通监测，可以实现贫困生认定的精准化。通过宿舍门禁系统、上课出勤系统，可以对学生的学习行为进行监测。实现行为预测是通过对学生行为大数据分析，从而对学生异常行为进行提前预警，如学业问题、心理问题、社会交往问题等。大数据的展示与预测，最终的目的都是提高高校思想政治教育工作的针对性，提高思想政治教育的效果。

（1）"学生画像"模块。

根据学生行为大数据如学习、生活和心理等行为，实现"学生画像"（图6-3），从而成为思想政治教育的典型案例，对学生进行教育和辅导。例如，可以选择优秀学生为案例，通过对这些同学大学期间行为大数据分析，探究"学霸"养成规律，刻画"学霸"群体的"学生画像"，通过树立"学霸"典型，提高整体学生的学习成绩，发挥思想政治教育的效果。

图 6-3　学生画像图

图6-3是当前运用比较广泛的层次成像算法图，通过推算和计算，将二维数据转换成三维数据，立体呈现学生画像。从中可以反映大学生的性格特

点、兴趣爱好、行为选择、思想动态等。

(2) 动态监测。

动态监测模块主要从生活行为、学习行为和心理动态三个方向进行动态监测，如图6-4所示。

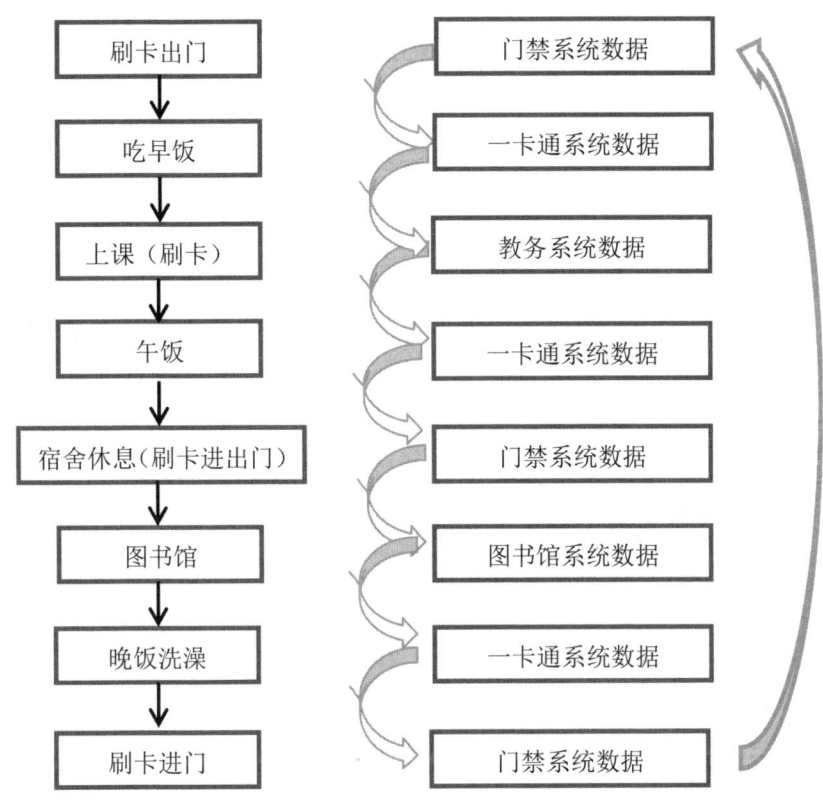

```
刷卡出门      →  门禁系统数据
   ↓
吃早饭        →  一卡通系统数据
   ↓
上课（刷卡）  →  教务系统数据
   ↓
午饭          →  一卡通系统数据
   ↓
宿舍休息（刷卡进出门） →  门禁系统数据
   ↓
图书馆        →  图书馆系统数据
   ↓
晚饭洗澡      →  一卡通系统数据
   ↓
刷卡进门      →  门禁系统数据
```

图6-4 高校大学生行为轨迹图

基于大数据，对大学生的生活、学习和心理等行为进行综合分析，动态监测。

在大学生生活行为模块，可以对某种特殊行为群体进行监控，从而对其行为进行分析和干预。例如，对经常不吃早饭的大学生这一群体，在分析其不吃早饭的原因时，可以根据其宿舍出入系统的刷卡记录来进行推算。可以分为起床较晚没有时间吃、生活习惯不愿意吃等几种类型，如果是因为起床原因，可以实现食堂数据与学生宿舍数据的联动，及时调整食堂的供餐时间等。同理，可以基于图书馆系统的数据，实现图书馆开馆时间的动态调整。

针对大学生学习行为模块，可以通过对图书馆刷卡系统、教室考勤系统、上课表现情况等大数据信息进行综合分析,对学生学习情况进行总体把握,掌握大学生学习的规律,从而提供针对性的辅导和答疑,最终提高思想政治教育的效果。

针对大学生心理行为模块,可以通过一卡通信息、宿舍出入信息、食堂消费信息等大数据,掌握大学生是否有规律性地活动。如果大学生经常不出宿舍、食堂消费记录较少等,要及时关注学生的心理波动,是否发生各种突发事件,学生是否存在人际交往的困难,从而把握大学生的心理行为。

除完成对正常状态大数据的分析之外,大数据时代高校思想政治教育工作另一重要的功能在于对异常数据和行为的动态监控。在对大数据规律性分析的基础上,对异常数据进行预测和干预,是高校思想政治教育工作的一个重要内容,如对连续挂科多门的学生设立学业警戒线,一旦达到这一警戒标准,及时采取对学生谈话、与任课老师沟通、与家长沟通等各种加强措施,促进学生学习成绩的提高。

高校学生行为大数据散落在各个系统之中,将模块的大数据进行统一分析,研究和发现数据之间的关系,探究数据背后的规律,有利于实现思想政治教育的精细化。例如,对学生行为轨迹进行个别跟踪分析,会发现有时候大学生会经常出入某种场所如图书馆、教室、体育场、健身房等,可以通过大数据判断学生的兴趣爱好、人际关系等。可以利用学生档案信息、在校期间表现情况、毕业跟踪调查数据等绘制大学生入学前、大学期间、毕业后的整个成长轨迹图,如图6-5所示。

(3)行为预警。

大数据时代高校思想政治教育工作的一个重要优势在于,可以利用大数据技术进行回归分析、结构分析、差异分析、空间分析等,一旦发现异常数据,能够及时对大学生的异常表现给予高度关注,从而做到提前研判,提前干预,如图6-6所示。

在高校思想政治教育工作过程中,各种事件都会发生。异常、极端、突发等学生状况是高校思想政治教育的难点,也是其工作的重点。传统高校思想政治教育工作应对不足、事前研判能力较弱,往往是事后疲于应付,效果不佳。而大数据分析,可以有效弥补这一缺陷。大数据分析学生行为规律,对异常点、风险点及时筛选,反馈给高校思政教育的相关管理队伍,提前干预,从而将风险降到最低,提高了思想政治教育的预测力。

<<< 第六章 大数据时代高校思想政治教育工作目标构建

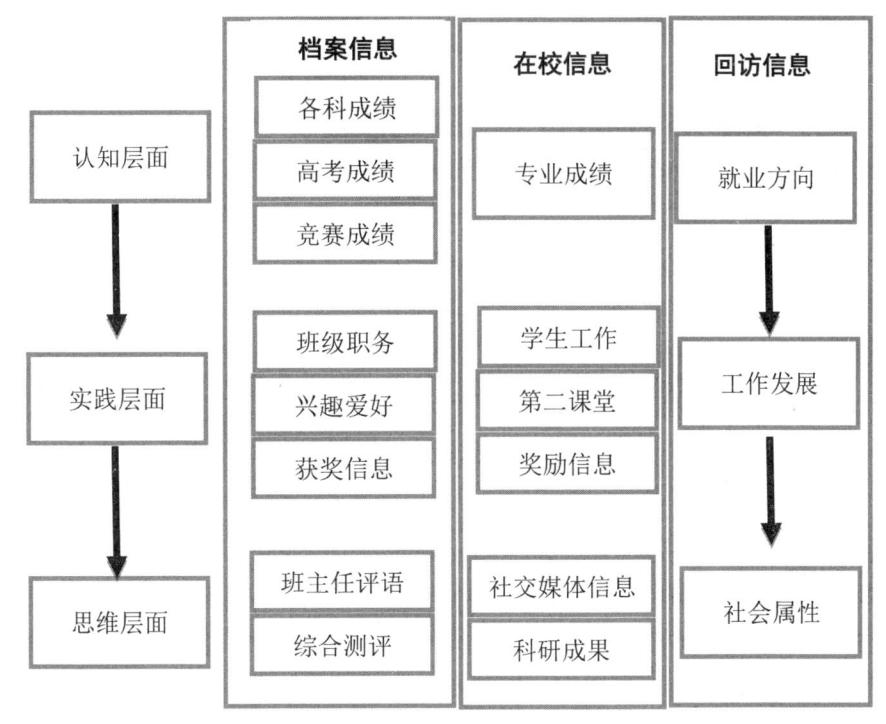

图 6-5 大学生成长轨迹图

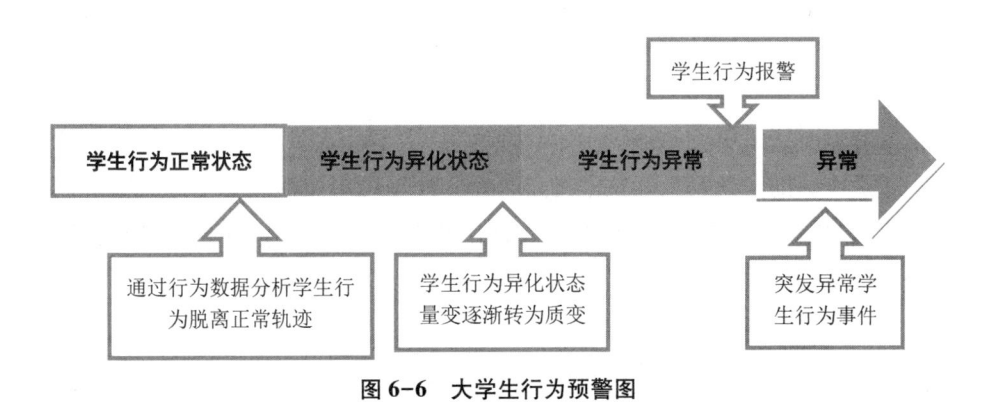

图 6-6 大学生行为预警图

171

第七章

大数据时代高校思想政治教育工作方法创新

高校思想政治教育工作方法是高校教育工作者在思想政治教育工作中所采取的各种方式和手段的总和，通常包括理论教育法、实践锻炼法、榜样示范法等。高校思想政治教育过程是一个多要素相互影响、相互作用的过程，方法就是其中不可或缺的重要因素，对高校思想政治教育的运行及其效果有着重要影响。随着大数据时代的到来，传统的高校思想政治教育工作方法需要结合大数据进行创新，这已经成为高校思想政治教育工作改革创新的重要内容。

第一节 大数据时代高校思想政治教育工作方法创新的必要性

大数据时代改革创新高校思想政治教育工作方法，有效融合大数据方法，有利于适应新的时代背景和技术特点，提升高校思想政治教育工作的科学性，更好地满足高校思想政治教育工作信息化的需求，实现高校思想政治教育工作的个性化培育，最终增强高校思想政治教育工作的实效性。

一、提升大学生思想政治教育科学性的要求

进入大数据时代，大学生的思想状况和行为具有新的特征和变化。特别是在网络空间中，由于存在隐匿性等特点，运用传统的观察体验、典型调查等方法难以全面、客观地收集大学生的思想状况、日常行为等数据，或者小样本量地收集部分碎片化数据，而建立在这些资料基础之上的判断和决策缺乏较好的科学性。

在大数据时代，充分利用各种信息数据平台，收集和记录大学生在网络

和现实空间中的所有思想状况、学业情况、日常行为等各种数据已经成为现实。高校思想政治教育工作者,利用大数据等各种网络技术手段,对大学生的学习、生活和思想行为进行可视化呈现,并据此对大学生进行"数据画像"。在此基础上,高校思想政治教育工作者运用数据处理、统计分析等手段,对收集的各类大学生思想行为状况数据进行深度处理,进而做出相关决策和判断,这极大地提升了高校思想政治教育工作的科学性。

二、满足高校思想政治教育工作信息化的需求

当前,部分高校思想政治教育工作方法信息化、网络化水平不高,缺乏信息化的思维和理念,因此无法满足高校思想政治教育工作信息化的需求。一方面,高校思想政治教育工作人员,受所学专业、技术水平、客观条件和工作特性等方面的限制,仍然以传统的人工记录、观察实践、谈心谈话为主,虽然近年来有所改变,但整体上仍然习惯于传统的思想政治教育工作方法,而这很容易生各种偏差和错误。另一方面,当代大学生思想变化和日常行为变化更为频繁,原有通过观察、谈话等传统思想政治教育工作方式虽然能获取一些学生信息,但很难全面掌握学生的思想行为变化规律,无法确定获得的资料是否是学生的真实客观反映。

随着大数据的发展,社会进入了数字化转型时期,再加上云计算、"5G"网络技术的快速普及和发展,包括大学生在内的全体社会成员的信息获取方式和生活方式发生了巨大变化。数据、网络已经成为人们每天的生活"必需品"。大学生作为网络"原住民",网络购物、网络消费、网络学习、网络社交等已经成为大学生的日常。而这些网络行为中蕴含着丰富的大数据信息,在很大程度上反映了学生的思想行为状况。高校思想政治教育工作者,可以通过数据平台收集大学生校内外的各种数据信息,利用数据处理技术对大学生思想状况进行动态分析和把握,及时发现不良苗头,并进行干预和教育,这吻合和满足了高校思想政治教育工作信息化的迫切需求。

三、实现高校思想政治教育个性化培育的需要

长期以来,受客观条件的限制,高校思想政治教育工作更多地强调规模效应,采取统一的模式开展思想政治教育工作,教学者难以全面照顾到每个个体的需求和发展,随着社会的发展,这种工作模式越来越被社会所诟病。

进入大数据时代，高校思想政治教育的个性化培育真正得以落地和实施。运用大数据技术，对每个大学生的思想特点、性格特征、行为偏好、兴趣选择、日常行为等各种数据信息进行运算分析，为每个大学生绘制"思想画像"和"行为画像"，在此基础上高校思想政治教育工作者采取与之相匹配的高校思想政治教育方法，开展针对性和差异化的教育，促进大学生的个性化发展。另外，大学生通过大数据平台，收集适合自己特点的学习资源，打破了传统的被动式资源信息获取方式，极大地提升了学习兴趣和内动力，从而实现了高校思想政治教育工作的个性化培育。

四、增强大学生思想政治教育有效性的需要

高校思想政治教育工作方法是思想政治教育成效的重要影响因素。高校思想政治教育工作要取得实际效果，就得讲究工作方法。方法科学、恰当，就可使思想政治教育内容更好地为教育对象所内化，使思想政治教育产生更好的教育效果；不讲方法或方法不当，就会事倍功半，甚至劳而无功、事与愿违，难以产生好的效果。

大数据时代提供了大量的数据信息资源，高校思想政治教育工作者对大学生思想行为等各种数据进行收集、处理和分析，在此基础上概括归纳不同性格、不同特点的学生规律，选择与之匹配的教育内容和教育方法，这为高校思想政治教育工作者提供了因材施教的实践场域，增强了高校思想政治教育工作的有效性。

第二节　大数据时代高校思想政治教育工作方法创新的内涵及特征

一、思想政治教育方法

方法是人们为了认识世界和改造世界，达到一定目的所采取的活动方式、程序和手段的总和。所谓的思想政治教育方法就是教育者为达到一定的思想政治教育目的，在思想政治教育活动中所采取的各种方式和手段，包括思想

方法和工作方法。① 思想方法是思想政治教育工作者在认识教育对象、教育环境、教育过程、教育方法等方面采用的方法；工作方法则是指具体开展思想政治教育工作，促进教育对象发展的实践方法。

高校思想政治教育工作方法，是高校教育工作者运用思想政治教育的理论、手段等，具体地开展思想政治教育工作，实现思想政治教育目的的实践活动。这种工作方法要和思想政治教育活动相依存，离开了思想政治教育实践活动，高校思想政治教育工作方法就失去了存在的基础。这是教育工作者对高校思想政治教育工作规律的科学认知和深刻把握，是在长期的工作实践中形成的方法。

思想政治教育工作方法根据思想政治教育的不同阶段、不同对象、不同内容、不同环境，选择差异化的思想政治教育工作方法，包括思想政治教育认识方法、实施方法和调节评估方法等。各种方法之间相互联系、相互影响，随着时代的发展和情况的改变，同时发生着变化。正确理解和把握思想政治教育方法，是思考和研究高校思想政治教育工作方法创新的前提和基础。

二、大数据时代高校思想政治教育工作方法创新

1. 基本内涵

通过对大数据和思想政治教育方法内涵的研究，我们可以得出，所谓的大数据时代高校思想政治教育工作方法的创新，就是指在大数据的时代背景下，将大数据挖掘、采集、分析、处理等思维与高校思想政治教育工作有机融合，并在此理念下开展高校思想政治教育工作，进而推动高校思想政治教育工作的创新发展，这是高校思想政治教育工作方法创新发展的需要，也是积极应对大数据时代到来的必然选择。对这一内涵的理解，需要明确以下几个问题。

第一，大数据是高校思想政治教育工作方法创新的时代背景。

面对大数据时代到来的巨大变化，特别是信息化水平得到极大提升，大学生思想状况、日常行为已经发生了深刻变化，信息化、网络化已经成为大学生的日常生活方式，高校思想政治教育工作方法亟待改变来应对这种时代变化。为此，高校思想政治教育工作方法的创新，需要教育者充分考虑这一时代背景，确保改革创新的方向。

第二，大数据是高校思想政治教育工作方法创新的重要驱动力。

---

① 陈万柏，张耀灿. 思想政治教育学原理［M］. 北京：高等教育出版社，2015：219.

大数据的思维方式、技术手段、信息资源为高校思想政治教育工作方法的创新提供了动力，传统的思想政治教育工作方法融合了大数据思维而产生了新的活力，从而更好地推动高校思想政治教育工作的开展。

第三，明确大数据与高校思想政治教育工作方法两者之间的地位关系。

大数据与高校思想政治教育工作方法相互支撑，共同推进了高校思想政治教育工作的高质量发展。其中，大数据是手段，高校思想政治教育是目的，这是两者之间关系的核心。强调大数据与高校思想政治教育工作方法的融合，两者的地位是有重大区别的，其中高校思想政治教育工作方法是核心，大数据起支撑辅助作用。运用大数据思维和技术，革新传统的思想政治教育工作方法，让其重现活力，进而更好地实现思想政治教育的目标，这是两者融合的价值取向和根本目标。

2. 大数据时代高校思想政治教育工作方法创新的特征

第一，继承性。

马克思主义的历史唯物主义告诉我们，任何事物都不是凭空产生的，都要以之前的事物为依据，在继承中发展，在守正中创新。大数据时代高校思想政治教育工作方法也正体现了这一规律，首先要继承优秀的思想政治教育工作方法经验，在此基础上结合大数据的思维、方法、技术等进行融合创新，对传统的高校思想政治教育工作认识方法、实施方法和调节评估方法进行融合，让其具有时代化、信息化的新效果。在大数据时代高校思想政治教育工作方法创新的过程中，教育者要坚持做到"取其精华，去其糟粕"，在继承传统高校思想政治教育工作方法的基础上把其中的有益成分与大数据进行有机融合，使传统的高校思想政治教育工作方法不断与时俱进，实现新的发展。

第二，融合性。

体现大数据时代高校思想政治教育工作方法创新的最重要特征是融合性，即融汇、融合。大数据技术不仅是一种技术手段，更是一种思维方式，高校思想政治教育工作方法创新，不仅仅是进行技术嫁接，更要实现大数据思维的融合和运用。在开展高校思想政治教育工作时，要将大数据采集、处理、分析技术与基于数据的判断、概括、预测思维，运用到日常的高校思想政治教育工作中，从而真正地实现高校思想政治教育工作方法的创新。

第三，客观性。

客观性是大数据的基本特性和本质特征，这也使得大数据时代高校思想政治教育工作方法创新具有客观性特征。大数据是对社会现象和状况的真实记录，虽然因为环境和信息的变化，数据记录的实际情况也在不断变化，但仍然是社会现象的客观反映，体现了实事求是的根本特征。大数据时代高校思想政治教育工作方法创新，是在坚持大数据客观性特征基础上的创新，要基于大学生学习习惯、思想动态、日常行为等大数据信息，在此基础上进行归纳、处理、分析和决策，这反映了大数据时代高校思想政治教育工作具有客观性。

第三节　大数据时代高校思想政治教育工作方法创新的维度

高校思想政治教育工作方法并不是固定不变的，而是随着学生的学情、时代的变化在不断地完善和调整。随着大数据时代的来临，带来了最新的数据思维和信息技术，这给高校思想政治教育工作方法创新提供了难得的机会。教育者要融合大数据思维和技术，在高校思想政治教育工作的认识技术、实施方法和调节评估方法三个维度上进行方法的创新，最终推动高校思想政治教育工作方法创新发展。

一、高校思想政治教育工作认识方法的创新

所谓高校思想政治教育工作认识方法，是指在高等学校的教育环境中，教育者认识教育对象过程中采用的工作方法。[①] 主要包括高校思想政治教育工作信息的获取方法、分析方法和决策方法，三个部分相互联系、相互支撑。三种方法又包括多种具体方法，如社会调查、观察体验法是获取方法的核心，定量、定性等组成了分析方法，战略、战术决策成为决策方法的核心。在大数据时代来临的背景下，不断优化高校思想政治教育工作的认识方法，融入数据思维和数据技术，使教育者更加全面、科学地认识教育环境和教育对象，从而更加有效地开展高校思想政治教育工作。

1. 优化信息获取方法

获取大学生信息是开展高校思想政治教育工作的前提，利用大数据技术对信息获取方法进行改造升级，提高信息获取的效率，本书以社会调查这一信息获取核心方法为例。

社会调查法是高校思想政治教育工作者最常采用的信息获取方法，通过

[①] 郑永廷. 思想政治教育方法论 [M]. 修订版. 北京：高等教育出版社，2010：64.

随机抽样、典型抽样等，按照一定的比例从大学生中抽取调查对象，通过对这一部分学生情况的分析，推测整体的学生情况。因简便快捷、容易操作，成为高校思想政治教育工作者较为常用的信息采集方法。但由于样本的数量、代表性等客观条件局限，存在着不能全面、准确、科学地掌握学生思想行为规律的问题。如果要实现全覆盖的学生情况调查，则要耗费巨大的人力物力成本，问卷填写的主观性很强，也很难保证能够了解和调查到学生的真实思想动态。另外，人工统计分析跟工作人员的认真细致程度密切相关，准确性有待提升。

融合大数据思维和技术，社会调查方法可以有效地规避上述缺陷，实现功能的迭代升级。在数据收集环节中，基于互联网调查技术和网络"Python爬虫"技术，进入大学生经常使用的微信、微博、QQ、抖音、论坛等各类网络虚拟空间，收集大学生思想行为、言论诉求、交往动态等各类信息，分类、整理、汇总成大学生思想行为数据库。当教育者需要调取学生相应的信息时，可以直接从数据库中找到。这使得调查的时间、效率大大提升，提高了调查的准确性和科学性，为教育者研究大学生思想行为规律提供了帮助。除数据收集环节外，在数据挖掘、分析和处理等环节也有重要的创新。传统的社会调查，在人工统计完问卷后，限于时间和技术等原因，只是相对简单地对问卷内容进行分析和处理，对调查对象进行简单的规律性概括和归纳，方便教育者快速开展思想政治教育工作。而运用大数据技术，可以深度挖掘大样本的调查数据，提取各个层次的有价值的信息，能够透过数据的表象抓住研究的本质，对影响数据变化的多种因素进行交叉分析、相关分析、中介分析、聚类分析等，使教育者更深地了解大学生的思想行为本质。特别是在大学生心理健康、贫困资助等方面起到重要的支撑作用，如可以通过食堂的消费记录，设置消费警戒线，对连续消费低于警戒线的同学进行了解，是否是建档立卡贫困学生，及时给予各种帮助和支持。通过类似的数据分析和数据挖掘，帮助教育者关注个位和微观的容易被忽视的问题，从而更有效地提高思想政治教育的效果。

2. 优化分析方法

定性和定量是最主要的两种分析方法，已经被广泛地应用于高校的思想政治教育工作实践中。在高校思想政治教育中的定性和定量方法，是指对认识对象的性质和数量开展研究的主要方法。①

传统的定性研究方法，主要是通过教育者对大学生的思想状况和日常行为规范进行分析，判定其属性和类型，进而开展针对性的思想政治教育工作。主要依靠教育者的经验和知识积累情况，对大学生的思想状况进行分析。这与教育者的受教育水平、工作经验、思维习惯、性格特征等紧密相关，不同教育者对同一对象和行为有可能会做出不同的判断，具有比较强的主观性。定量研究方法，主要是基于调查的样本和数据，运用相关的统计分析方法，进行数据分析和推导，从而概括和提炼大学生思想行为规律的方法。传统的定量分析方法，更多的是对大学生思想状况规律的表面概括和描述，缺乏深入的规律分析，导致其结果准确性和科学性存疑。

随着大数据时代的来临以及大量的学生思想状况和行为记录信息的产生，量化大学生思想状况和行为成为可能。首先，运用大数据思维和技术，对定性分析方法进行优化。在高校思想政治教育工作分析前期，可以基于大数据技术尽可能地获取大学生的各方面信息数据，客观地描述其思想动态和行为特征，从中捕获其思想的主观因素，形成"数据刻画"。在运用数据进行分析描述的过程中，注意运用数据相关关系、中介关系等对大学生思想状况进行预测分析，形成"数据推理"。在形成定性结论的时候，借助大数据可视化技术，对研究结论进行直观形象的处理，形成"数据画像"。其次，运用大数据思维和技术，对定量分析方法进行优化。充分运用大数据的统计分析方法，如相关分析、交叉分析、回归分析、聚类分析等，对获取的大学生思想状况、学习情况、日常行为等大数据信息进行全面的量化分析，建立结构方程、系统工程等分析模型，对数据背后的内在机理进行深入研究，增强用数据说话的能力。这一过程的实现，需要大量的数据资源，挖掘充足的研究样本，可以有效地解决传统定量分析不足的问题和局限。融合了大数据思维和方法的定量分析方法，展示了更强大的功能，可以对高校思想政治教育工作规律进行更为深刻的解释，增强工作的有效性和针对性。

二、高校思想政治教育工作实施方法的创新

高校思想政治教育工作实施方法，主要包括基本方法、通用方法、特殊方法和综合方法四个部分。理论教育、实践锻炼法是常用的基本方法，疏导

---

① 郑永廷. 思想政治教育方法论 [M]. 修订版. 北京：高等教育出版社，2010：107.

教育、比较教育则是通用方法中的常用方法，预防教育、冲突干预则是特殊的高校思想政治教育工作方法代表，综合方法是指所有方法的融合使用。认识方法是基础，实施方法是在认识方法基础上的运用发展，面对各种需求的教育对象，要运用不同的实施方法，进而满足大学生的差异化需求。融合大数据思维和技术，在高校思想政治教育工作实施方法上创新，构建虚拟实践锻炼平台，加强对高校思想政治教育工作的预防教育，更早地介入学生思想行为的变化，提高大学生思想政治教育的有效性。

1. 优化实践锻炼法

实践锻炼法是指思想政治教育者有目的、有计划地组织、引导受教育者参加各种社会实践活动，促使受教育者在实践中形成良好的思想品德和行为习惯的方法。实践锻炼法的直接理论依据是马克思主义认识论和实践观。马克思主义认识论和实践观认为，社会实践是人的思想形成发展的源泉和动力。简言之，社会实践活动是大学生形成正确的世界观、人生观、价值观的根本途径，对培养教育对象的思想品德具有极其重要的作用。

实践锻炼的教育方法与理论教育的方法相对应，实践锻炼方法增强了大学生的思想觉悟和认识能力，通过实践更好地明辨是非、善恶和美丑。有利于强化理论教育的效果，让大学生在社会实践中接受思想观念、价值观点和道德规范，并内化为自己的品德意识。而传统的实践锻炼方法受实践场地、实践设施、师资力量、教学资源等客观条件的诸多限制，需要耗费较高的人力、物力和财力成本，这就大大限制了实践训练教育方法的广泛应用。另外，实践锻炼更多的是统一模式、规模化的运行方式，虽然也考虑每个学生的特点，但受制于时间、空间等客观条件，难以满足大学生日益增加的差异化需求。

随着大数据时代的来临，可以对高校思想政治教育工作实践锻炼法进行优化。首先，通过大数据，可以构建网络虚拟实践教育平台。这种以VR等虚拟网络空间技术为代表的新型虚拟技术，已经广泛应用于娱乐、消费等场域，技术本身已经非常成熟。借助虚拟技术，可以实现沉浸式的观感体验，各种光、电、影、音技术的综合立体使用，极大地提高了体验效果。大数据网络虚拟实践锻炼教育平台，将极大地改善现有大学生实践锻炼的客观瓶颈，打破时间、空间及各种实践设施、资源的限制，降低现实实践的高成本，提升实践的教育效果。这种虚拟实践平台可以用于大学生思想行为的各个环节，让学生在模拟的真实场域中，应对各种突发情况，锻炼大学生的思维、能力和意识。另外，这种新技术符合年轻大学生的网络兴趣和诉求，以大学生乐于接受的方式开展思想政治教育工作，这对提升高校思想政治教育工作的实践效果有重要作用。其次，运用大数据优化实践锻炼活动的选择。大数据时代，能够精确地分析大学生的性格特点、兴趣爱好、职业发展等需求，进而提供与之相匹配的实践锻炼活动，实现高校思想政治教育供需的动态平衡，这是传统高校思想政治教育所不能实现的。高校教育者提供的各种实践活动是否有效果，关键是看是否和大学生的具体需求相匹配，而这种匹配的前提是基于大数据对高校大学生的思想动态、行为习惯等进行全面分析，进而对基本规律的综合把握。大数据提供了这种动态匹配的思想和技术，通过大数据的可视化分析，显示匹配值和预测值，对高校思想政治教育工作的实践指导意义重大。

2. 优化预防教育法

预防教育法主要是指对可能发生的风险进行预估，事先采取思想政治教育的手段进行干预，防止产生错误思想和行为的工作方法。在高校思想政治教育工作开展过程中，经常要进行形势的提前预判，并在此基础上开展思想政治教育工作，做到"防微杜渐"。

传统的预防教育法，主要依赖教育者凭借个人的工作经验积累，在进行一定的调查和访谈的基础上进行形势预测，受教育者个人专业知识、工作经验等因素影响较大。另外，由于做出预测评估的基础材料，即调查样本的数量、结构等方面的限制，局部的特征很难全面地反映学生的普遍规律。除此之外，由于获取信息的时间滞后性，很难动态地掌握学生的实时信息，难以在学生思想行为处于转折时候及时进行预测和干预，难以对重点领域、重点对象进行实时监测和干预，因此亟须融合大数据思维和技术进行优化升级。

大数据思维和技术可以优化高校思想政治教育预防教育的工作方法。首先，可以通过大数据信息，预测分析整体的学生思想行为规律，进行面上的预防教育。大数据最重要的特征就是数据的广泛性，通过对海量信息数据清洗，采集所有反映学生思想状况、行为特征、意识形态的数据信息，通过大数据方法进行规律的总结分析和概括归纳，既反映静态的学生思想行为的普遍规律，也对处于思想行为转折的动态变化进行及时预警和反馈，引导大学生群体的思想行为向正确的方向转变，防止错误的不良的思想和行为产生。通过大数据开展预防教育，可以最大优势地发挥预测分析功能，对重大事件、重大舆情的苗头进行监测，及时进行思想政治教育工作，将苗头性问题消灭在萌芽之中。其次，运用大数据技术进行重点领域、重点对象、重点问题的预防教育。这里主要是重点关注高校思想政治教育工作中的关键领域、关键时刻可能出现的风险，及时利用大数据进行预测分析，防止不良思想和行为的发生。一方面是对重点事件、重点时点的大学生思想行为进行关注分析。当前随着社会转型的发展，大学生个体诉求也呈现多元化和差异化。在重大的国家事件、重大时点问题面前，会有同学不理解、不配合等情况，需要通过大数据采集相关信息，及时进行干预，进行思想政治教育工作，把理论和道理进行详细讲解和说明，减少不良思想行为的发生。通过大数据及时关注大学生的思想动态变化，采取有针对性的思想政治教育工作，确保教育工作的平稳运行。另一方面是对重点关注对象的思想行为进行分析。对包括心理问题、贫困问题等特殊关注对象，要通过大数据的信息收集、挖掘等技术，对重点关注对象的思想行为变化进行及时跟踪，通过数据信息来分析学生的情绪变化和异常波动的规律。这将极大地提升高校思想政治教育工作在特殊关注对象上的工作效率，实现传统手段难以实现的目标，及时对其进行思想和行为干预，帮助更多的重点关注学生度过风险，回归正常的学习生活轨道。通过大数据，优化预防教育方法，可以更加灵活有效地开展各类高校思想政治教育工作。

三、高校思想政治教育工作调节评估方法的创新

思想政治教育工作的调节评估是高校思想政治教育工作的最后一个环节，对思想政治教育工作目标的实现具有重要的作用。调节、反馈、保障工作目标不偏离，结果评估是对工作效果的直接评价，调节评估方法对提高高校思想政治教育工作质量具有重要价值。

1. 大数据优化高校思想政治教育工作调节反馈方法

思想政治教育工作调节反馈和检测评估方法，是思想政治教育工作方法中较核心的方法，为思想政治教育工作的目标准确、工作质量提升提供了坚实的保障，发挥了重要作用。但不可否认的是，这种调节反馈和检测评估方法更多地受教育者主观知识储备、工作经验积累和客观环境的制约，在目标与现实发生偏离时虽然能够进行部分调节反馈，但反馈的时效性和动态性仍需要提高。另外，虽然能够对高校思想政治教育工作进行结果评估，但评估的手段单一，结果发生后的事后评估居多，过程性、增值性的评价较少，这严重影响了调节反馈和检测评估方法的高质量实践运用。

运用大数据的思维和技术，可以更好地优化高校思想政治教育工作调节评估方法。首先，可以通过大数据技术来提高信息反馈的质量，改进反馈调节系统。融合和运用大数据，对思想政治教育全过程进行信息数据收集，及时反馈给决策系统，进而确保高校思想政治教育工作目标的实现。第一，优化高校思想政治教育工作的反馈调节方法。反馈调节是以信息反馈为载体，及时干预、修正和引导大学生思想行为，实现高校思想政治教育目标的活动。这对反馈的信息准确性和速度要求非常高，现实中很难确保每次都能实现。有些时候因为学生思想行为的多变性和滞后性，导致反馈调节时存在一定的滞后性，这也影响了信息的时效性，从而错过了高校思想政治教育的最佳时间。运用大数据，可以优化信息反馈的准确性和时效性。大数据具有快速的信息处理能力，能够第一时间收集、处理和推送给教育者相应的大学生思想行为数据信息，切实解决速度和时间有效性的问题。另外，大数据具有综合的分析处理能力，运用相应的程序模型，对数据信息进行比对、分析和校正，剔除各种虚假无用信息，从而提高信息反馈的准确性，这有利于开展高校思想政治教育工作。第二，构建大数据信息平台，优化高校思想政治教育工作的反馈调节系统。高校内与思想政治教育工作有关的部门众多，如何高效率地协同推进思想政治教育工作，实现协同育人是当前的突出问题之一。纵向系统是上下级部门之间的代表，横向系统是各个职能部门之间的代表，这种纵横交错的反馈调节系统，产生了信息决策的壁垒和碎片化，不利于工作的顺利开展。构建大数据信息平台，可以有效打破这种系统壁垒，形成统一的、动态化的反馈调节系统。可以提高纵向信息传输的速度和效率，跟踪反馈落实的进度。另外，可以基于大数据信息共享平台，打破横向部门之间的壁垒，实现协同配合，协同育人。

2. 大数据优化高校思想政治教育工作的检测评估

检测评估法主要是依据一定的评价指标，对高校思想政治教育工作的效果进行评估，是确保高校思想政治教育工作质量最重要的环节，有利于教育者思考工作存在的问题，及时进行工作调整，优化工作举措。

要实现对高校思想政治教育工作效果评估的目标，首先要建立科学、全面、完善的评估指标体系，这是开展高校思想政治教育工作检测评估的前提。在实际评估工作中，教育者往往是评估者，主要依据个人的知识、经验和情感来设置评价指标体系，有很强的主观性，难以保证评估工作的准确和客观。另外，过程缺少量化分析，更强调静态分析，过程比较复杂，也难以做到客观和全面。

运用和融合大数据，可以完善高校思想政治教育工作的评估指标体系。大数据可以提供更为客观全面的评价指标体系，供教育者进行筛选和参考，针对不同的人群设置相应的参考指标，更为精准地为每一项内容设定具体的评估指标，提高检测评估的针对性和实效性。通过大数据采集、分析、处理和应用，最后形成的检测评估结果更具有客观性，更有说服力。另外，使用大数据技术，可以优化改善检测评估的过程。运用大数据分析方法，可以对评估全过程进行量化分析，提高评估的科学性、客观性和全面性，防止掺杂更多的个人因素。大数据具有动态分析技术，可以实时动态地收集追踪数据，这可以极大地提高评估的动态性，实现评估结果与评估过程的有机统一。通过大数据的信息收集技术，可以在扩大评估样本范围的同时，增加评估对象之间的差异性研究，使得整个评估更加全面。

第四节　完善高校思想政治教育工作方法创新的实践路径

高校思想政治教育工作方法创新，是高校思想政治教育工作创新的核心组成部分，是提高思想政治教育质量的关键。完善高校思想政治教育工作方法是一个长期的系统工程，从思维和理念转变开始，培育大数据思维、构建基础信息平台、建设人才队伍等都不可缺少。

一、树立高校思想政治教育工作大数据挖掘思维

大数据是人民获得新的知识、创造新的价值的重要源泉。大数据的数量庞大、形式多样、价值丰富，高校思想政治教育工作者要树立大数据的挖掘意识，采集各种高校思想政治教育大数据。数据背后存在着众多价值信息，综合反映了大学生的各种行为，如学习行为、心理行为等。高校思想政治教育工作者要不断培养采集数据、整合数据的能力，占有信息数据，这是思想政治教育的前提和基础。当前高校中存在着各种数据，毫无价值的数据会浪费时间和成本，占用资源，高校思想政治教育工作者要采集那些与大学生思想政治教育密切相关的数据就显得尤为重要。采集高校思想政治教育大数据的针对性、有效性，是指导高校思想政治教育方向的重要方面，因此要树立高校思想政治教育数据分析思维。大数据的表面特征在于其数据量之大，而

其本质在于其价值之大。散落在高校中的各种原始数据，如果不加以采集和分析，就没有太大价值，只有经过专业采集，运用各种工具进行相关分析、空间分析、结构分析等，才具有巨大的价值。数据从"无价值"到"有价值"的转变，就是数据分析者运用专业技术，对原始数据进行加工、整理和处理的过程，把看似无关的各种现象数据整合为有重大价值的链条数据，透过现象发现数据背后的规律。特别是对众多的非结构性数据，进行专业的收集分析，将感性的材料、视频、音频等，经过加工处理，转变为可以利用的理性的信息，以此探究思想政治教育的规律，从而推动高校思想政治教育工作的开展。树立高校思想政治教育数据预测思维。大数据除了对现有现象的概括和总结之外，还有一个重大的功能是对未来的预测和判断。高校思想政治教育大数据分析，直接服务于大学生成长成才，除了对大学生过去行为的分析之外，更为重要的是对大学生未来思想行为的预测，从而掌握大学生思想变化趋势，为思想政治教育工作开展针对性的思想政治服务提供参考。正如我国信息管理专家徐子沛所说的："大数据能针对过去，揭示规律；面对未来，预测趋势。"高校思想政治教育大数据对异常行为、突发行为等异常数据，能够提前监控和预测，并及时将这一信息反馈给思想政治教育工作者，进行提前干预和处理，实现高校思想政治教育的时效性。

二、完善高校思想政治教育工作大数据平台

在明确了高校思想政治教育大数据的价值的基础上，建立一个集大数据采集、分析、处理、预测的大数据技术平台显得尤为重要。各个高校信息化建设不断推进，人力、物力、财力的投入逐年增加，已经构建了诸多的大数据信息平台，如高校一卡通信息技术平台、校园门户系统平台、教学管理信息系统、学生工作管理系统等，这些都已经在高校思想政治教育大数据处理中发挥了重要作用。然而高校思想政治教育大数据平台，是一个涵盖数据采集、加工、处理、应用的系统工程，单个部门、单个功能无法完成。必须整合高校各个部门的力量，相互配合、相互分享、相互交流，打破部门壁垒、部门利益，从更加宏观的视角来看待大数据时代的高校思想政治教育，才能实现大数据服务高校思想政治教育的目标。在这一过程中，除了整合高校内部资源外，还需要整合社会资源，如专业的数据服务公司、专业的社会组织等，加大数据采集供给的渠道和来源，实现数据的专业化处理。通过专业技术,将散落在各个系统的大数据如教学管理系统、学生工作管理系统、图书馆信息平台等进行统一整合和管理,从中发现大学生思想行为规律,为高校思想政治教育工作者提供决策参考。构建高校思想政治教育大数据网络课堂教育是高校思想政治教育的主渠道、主阵地。传统的思想政治教育课堂以老师讲授为主,内容相对枯燥乏味;形式以教材板书PPT为主,缺乏吸引力;课堂氛围沉闷,互动参与提问较少。在大数据时代,这些传统的高校思想政治教育模式已经难以满足当代大学生的需求,迫切需要进行新的改革和探索。

当前,国内外一些高校开始尝试利用大数据平台创建网络课堂,如慕课,它是传统课程与信息技术深度融合的时代产物。如今,慕课已经演变成在线网络课堂的代名词,设计与学科相适应的慕课是教育者进行网络教育的关键点。这是一种非常好的课堂教育模式,它强调互动参与,内容生动形象,对大学生具有较强的吸引力。这种新兴的课堂教学模式,对于探索建立大数据时代的思想政治课堂教育具有重要的借鉴意义。

三、加强高校思想政治教育工作大数据人才队伍建设

专业的大数据技术需要专业的技术人才队伍,需要掌握系统的大数据理念、知识,具有丰富的大数据实践经验。在大数据技术蓬勃发展的今天,大数据人才队伍建设迫在眉睫。思想政治教育大数据人才和传统思想政治教育人才最大的区别在于,其具备思想政治教育理论和经验,又具备大数据的理念和应用能力。

当前,高校思想政治教育教师的现状不能满足大数据时代高校思想政治教育工作的需要。年龄较大的思想政治教育工作者对大数据技术不够熟悉,对信息数据技术缺乏了解,缺少相应的知识和训练。年纪轻的思想政治教育工作者,虽然对信息网络技术相对熟悉,但是所关注的多以生活娱乐内容为主,真正学会利用大数据进行思想政治教育分析的少之又少。面对这种情况,一方面要加大对"存量"人才的培养。对各类思想政治教育工作者须进行信息化、大数据技术的专门培训,使其快速掌握基本知识,学会运用大数据进行思想政治教育分析。另一方面,加大对"增量"的大数据专业人才队伍建设力度。新加入的思想政治教育队伍,最好具有大数据专业背景,能够具有一定的理论知识和较丰富的实践经验。另外,可以与专业的大数据公司等社会力量合作,提高大数据分析的效率。

第八章

大数据时代高校网络思想政治教育工作模式创新

第一节　大数据时代高校网络思想政治教育工作模式创新内涵

一、高校网络思想政治教育工作模式创新

随着信息技术的广泛运用，互联网发展的不仅是生活方式，更改变了人们的思维方式。与时代发展要求相适应、与信息技术发展相协调，打造网络思想政治教育升级版，扫除原有思想政治教育的盲区，不仅是新时代思想政治教育的本质要求，也是互联网时代有效开展思想政治工作的必然选择。网络思想政治教育作为网络环境下思想政治教育的一种新形态，作为传统思想政治教育在网络时代的转化和升级，"是传统思想政治教育在其领域、方式及手段上的拓展和延伸，是一种全新的思想政治教育模式和理念，是思想政治教育发展和创新的一种新趋势……不仅指网上思想政治教育，还指网下针对网络影响开展的思想政治教育；不仅指网络上的思想政治教育，还指思想政治教育的网络化"[1]。正确认识传统思想政治教育是界定网络思想政治教育的前提和基础。目前学者们多将网络看作是一种工具、手段，从工具的角度来认识网络思想政治教育。认为网络思想政治教育是根据传播学和思想宣传的理论，利用计算机网络进行的思想政治教育[2]，可以从狭义和广义两个方面来

---

[1] 冯春芳，成长春. 理解网络思想政治教育涵义的新视角 [J]. 江淮论坛，2004 (06): 153-155, 106.

[2] 刘梅. 思想政治教育的现代方式——论网络思想政治教育建设 [J]. 河南师范大学学报（哲学社会科学版），2000, 27 (02): 103-106.

理解。狭义的网络思想政治教育是指基于网络的思想政治教育，广义的网络思想政治教育是指网络背景或网络环境下的思想政治教育①。为了更好地研究网络思想政治教育工作模式的特点，本书将从广义的概念出发展开研究。升级版的思想政治教育是指教育主体运用互联网思维，发挥网络整合功能优势，挖掘思想政治教育元素，对思想政治教育客体进行的世界观、人生观和价值观教育。

二、网络思想政治教育工作及其构成要素

网络思想政治教育工作作为高校思想政治教育的实践活动，即在网络背景下通过利用网络信息技术创新思想政治工作，探索"互联网+"条件下思想教育、政治教育、道德教育、法纪教育、心理教育的新形式，进而实现对受众的思想观念、政治观点、道德规范进行引导的目的实践活动，是由一系列的要素相互联系、相互作用共同构成的。我们根据一般网络思想政治教育实践活动的过程分析，其具体包括网络思想政治工作理念、内容、载体、方法、队伍、制度六大要素。

网络思想政治教育工作理念。这是网络思想政治教育工作模式的根与魂，在整个网络思想政治教育工作模式中处于根本性地位，决定着工作模式的其他各方面的建设。新时代网络思想政治教育必须牢固树立立德树人、德法兼修的工作理念开展工作，努力做到为人民服务，为中国共产党治国理政服务，为巩固和发展中国特色社会主义制度服务，为改革开放和社会主义现代化建设服务②。

网络思想政治教育工作内容。网络思想政治教育工作内容作为工作模式理念的重要体现，作为思想政治工作的关键要素，是紧紧围绕网络思想政治工作模式展开的，是网络思想政治教育政治、思想、道德、法纪、心理五个方面内容的现实化、具体化和实践化，是新时代推进网络思想政治教育工作的有力抓手。

网络思想政治教育工作载体。网络信息技术既为新时代思想政治工作的开展提供了新的技术，也开辟了更多的工作载体，日益成为网络思想政治工作有力的技术支撑。既要积极开辟属于自己的工作载体，也要善于用力、借

---

① 宋元林. 网络思想政治教育 [M]. 北京：人民出版社，2012：05.
② 习近平：把思想政治工作贯穿教育教学全过程 [EB/OL]. 新华网，2016-12-08.

力，借助商业网站平台开展网络思想政治教育工作。

网络思想政治教育工作方法。网络信息技术的发展在对传统的思想政治教育工作的方式方法造成冲击的同时，也提供了新的、更有效、更适合网络时代开展思想政治教育工作的方式手段，极大丰富了思想政治工作的"工具箱"。网络思想政治教育方法是指"教育者依据传播学理论和思想宣传理论，注重网络环境影响，利用网络工具所进行的有目的、有计划、有组织的思想政治教育活动而采取的各种途径和手段"①。既要积极适应网络技术的发展对思想政治教育工作带来的冲击，也要积极利用网络信息技术推动新时代思想政治教育工作的深入发展。

网络思想政治教育工作队伍。工作队伍建设作为网络思想政治教育工作的关键要素，既是促进网络思想政治教育工作提能升级的抓手，也是新时代实现网络思想政治工作更新迭代的关键。在具备坚定的政治立场的基础之上，不仅要具备良好的人文素养、知识储备，还要有利用网络信息技术的专业技能。

网络思想政治教育工作制度。新时代网络思想政治工作有效推进离不开外在条件的保障。制度作为人们某种理念的外在体现，作为人们行为的外在规范约束，本质是一种行为规则。其所具有的根本性、稳定性等特征决定了制度建设既是网络思想政治教育工作有效开展的保障条件，也是网络时代思政工作有序进行的必备要素。

由此可见，网络思想政治教育工作虽然与传统思想政治教育工作相联系，但并不是一般意义上的继承与发展的关系，而是一种全新的创新，是一种质的变化与飞跃。

第二节 高校网络思想政治教育工作实践模式优化路径

新时代，为了更好地应对随着互联网发展给高校思想政治教育工作带来的挑战，我们必须牢牢抓住"立德树人"根本任务，努力建设出符合我国高校实际、具有中国特色、适应网络特征的大数据时代高校思想政治教育工作模式。

---

① 唐亚阳，等. 网络思想政治教育学［M］. 北京：人民出版社，2016：207.

一、"四位一体"融合发展

大数据时代高校思想政治教育工作模式作为推进网上思想政治教育的重要环节，关键是借助互联网技术实现资源整合，推进模式融合，增强大数据时代高校思想政治教育工作合力。

1. 衔接式模式

所谓衔接式就是要实现思想政治教育的课上教学与课下辅导相衔接，网上与网下相结合。面对在网络环境之中成长起来的"网络原住民"群体，常规课堂教育在目前形势下仍是大学生思想政治教育的主要途径，需要思想政治教育工作者充分开发利用课上课下、网上网下两个渠道，并打通相互间的"关节"。

首先，改进教学方法，增强教学能力，提高思想政治理论课等课程的授课效果。课堂是思想政治教育的主渠道，教师是提高课堂教学效果的主体。一方面，教师要不断加强大数据时代重大理论和实践问题的研究，将其应用于课程教学，让课程有厚度；另一方面，要利用大数据改进教学方法和教学手段，提高课堂教学效果。在大数据时代，综合运用案例教学、演讲辩论等教学方法，运用视频、音频等新媒体技术手段，把思想政治教育内容形象化、具体化，用学生易于接受的语言和手段，传递思想政治教育的价值取向，实现课程思政。充分调动广大学生的主动性，积极参与到课程讨论、校外实践中，实现知行合一，提高课程的育人效果。

其次，通过网络交流和大数据分析，了解、掌握大学生群体的思想和行为动向，使网络领域内的教育成为思想政治教育工作在课堂之外的有效延伸和有益补充，最终提高思想政治教育工作实效。第一，网络环境有利于思想政治教育内容的传播。教育者要利用网络技术，对思想政治教育内容进行加工处理，用学生喜欢的语言和形式进行改造，提高传播效果。第二，根据学生个性化需求，进行思想政治教育的精准供给。学生的性格、兴趣、特点存在差异，对思想政治教育工作内容的需求也存在着差异性，教育工作者要充分重视大学生这种个性化需求，利用网络资源和技术，提供差异化的思想政治教育内容和服务。第三，实现线上和线下思想政治教育的有机结合。通过网络大数据，分析归纳学生的思想行为特征，通过线下的谈心谈话进行思想和心理辅导，这是大数据时代高校思想政治教育工作的重要经验探索和实践。

2. 嵌入式模式

探索思政内容嵌入日常管理、生活服务的方法途径，融教育、管理与服务于一体。思想政治教育本身根植于生活之中，其教育目标是要引导人从当下的现实生活逐渐走向未来的可能生活，其教育对象也是现实的、具体的人，可以说思想政治教育本身应向"生活世界"积极回归。就高校而言，大数据时代思想政治教育嵌入学生群体日常生活，主要应体现于管理和服务两方面。

就嵌入管理方面来说，需要建立一定范围的网络舆情监测机制，提高网络思政教育的针对性。通过网络舆论和社交网络的分析软件，有效掌握学生网络舆论的相关数据，敏锐地洞察、把握大学生真实的思想特点和动态，积极整合各种网络资源，嵌入高校思想政治教育工作的全过程，在活动设计、议程设置、集体研讨、文化引领等方面严格审核、监测和管理，弘扬主旋律，树立社会主义核心价值观；在嵌入服务方面，立足于高校大学生的实际需求，特别是在大学生关心的就业、学业、科研、交往等方面提供丰富的网络资源供给，解决广大学生的实际问题。在此基础上嵌入网络思想政治教育，在尊重学生诉求和帮助学生解决生活、学习、工作、交往、就业等具体问题基础上，嵌入理想、信念、道德、价值教育，在服务中实现高校思想政治教育的目的。综上，嵌入式的高校思想政治教育工作，有利于学生更好地接受，切实增强思想政治教育工作的实效性。

3. 交互式模式

思政工作队伍利用网络信息技术便捷、快速等特点，积极与学生展开对话交流，借助网络的虚拟性，减少现实生活之间的差距对思政工作的干扰。网络自由、开放、平等的特性对传统教育中的师生关系产生了冲击。思政教育工作者要通过网络空间的交互沟通激发受教育者的主体意识，让大学生群体在自我管理和自我教育中实现个体的发展。具体而言，需要开发覆盖不同层次学生的自媒体平台如微信平台等，提高网络思政教育的互动性。首先，组建网络思想政治教育工作的师生团队。加大对教育者大数据互联网知识的培训，提高网络工作能力。在此基础上组织更多优秀学生骨干加入，用学生喜爱的语言、形式、手段等对主流思想和时事话题进行加工处理，并向全体同学进行推送和服务。其次，强化网络思想政治教育的互动反馈机制。对学生感兴趣的话题、相关的咨询建议等在互联网平台及时给予回复和反馈，让学生体会到尊重和被重视，增强网络互动的信任度。最后，基于互联网滚动开展大学生思想动态调查。这是大数据时代的重要优势体现，对学生的思想成长、道德修养、法律基础、综合素质等进行大样本的滚动调查，通过数据采集、挖掘、分析和处理，从中概括和整理出反映学生思想行为的普遍规律，并应用于高校思想政治教育工作，有利于提高工作的科学性。

4. 浸润式模式

充分利用新闻网站、门户平台中的思政资源，使学生在接受相关服务的过程中潜移默化地受到影响。充分利用新闻网站、门户平台的思想政治教育资源，首先，需要坚持正确的舆论导向，坚持以人为本，确保网络思想政治教育的真实性。当前网络上充斥着各种虚假信息，高校在开展网络思想政治教育工作时，要对供给的各种网络资源的真实性进行核对，确保不传播虚假信息，这是开展工作的前提。其次，要强化队伍建设，提高网络思想政治教育的质量和影响力。所有的高校思想政治教育工作者都要提高网络思想政治教育的素养、能力和知识，运用大数据网络技术，对思想政治教育内容进行形式、手段、话语的转化创新，提高网络思想政治教育的效果。最后，基于大数据新媒体，打造高校思想政治教育工作的全网络育人环境。利用大数据新媒体技术，整合校内外的网络舆论信息资源平台，借助微信、微博、论坛等社交媒体平台，传播正能量，让社会主义核心价值观入脑入心，打造坚强的网络思想政治教育阵地，实现网络思想政治教育的浸润式教育。

二、"五大功能"创新导向

以思想政治教育中的五大功能的有效发挥为大数据时代高校思想政治教育工作模式的创新导向，明晰大数据时代高校思想政治教育工作的发展方向，在继承以往思政工作成功经验的基础上，实现提能升级。

1. 价值引领导向

探索课程思政+思政课程的新路径、新方法、新模式，将知识传授与价值引领结合起来。所谓课程思政，简而言之，就是高校的所有课程都要发挥思想政治教育作用。正如习近平总书记所指出，"其他各门课都要守好一段渠、种好责任田，使各类课程与思想政治理论课同向同行，形成协同效应"[①]。

"课程思政"是在全国高校思想政治工作会议上提出"要坚持把立德树人作为中心环节，把思想政治工作贯穿教育教学全过程"的大背景下，促进包

---

① 全国高校思想政治工作会议 http://www.gov.cn/xinwen/2016-12/08/content_5145253.htm#1

括通识课、专业课在内的各类课程与思政教育有机融合，挖掘和充实各类课程的思政教育资源。"课程思政"体系的整体架构，离不开专业课程的设计创新。完善课程思政体系，要将专业课程作为"课程思政"的重要组成部分，立足学科的特殊视野、理论和方法，创新专业课程话语体系，实现专业授课中知识的传授与价值引导的有机统一，达到"以文化人、以文育人"的隐形"课程思政"目的，扭转目前专业课程教学中重知识传授轻德行培育的状况，深度发挥课堂主渠道功能，打破原先思政教育和专业教育"两张皮"的困境①。构建高校专业课教师与思政工作者在内的多主体参与的育人机制，是"课程思政"理念的重要实践，是大数据时代加强和改进高校思想政治教育效果的重要尝试。

2. 道德塑造导向

大数据时代高校思想政治教育工作队伍不仅要善于利用网络新技术改进思政工作，还要敢于在各大网络平台、网络空间中发声，在众声喧哗的环境中倡导主旋律、弘扬正能量，积极融社会主义核心价值观于大数据时代高校思想政治教育工作模式之中，用社会主义新道德感染、熏陶大学生，发挥重要的道德塑造导向功能。

要实现网络思想政治教育的道德塑造导向，首先要优化社会道德的运行机制。现实社会中道德是在长期的社会实践中形成的，反映了一定的社会行为规范，对人们的思想和行为有一定的约束保障作用。人的网络行为也是社会行为的重要组成部分，道德行为规范的要求应该是统一的。高校教育工作者要积极弘扬和传播网络正能量，在全体学生中塑造良好的网络道德塑造导向。用社会主义核心价值观和法律规范，引导广大学生的网络思想和行为，对负面和反面的网络道德行为及时地干预和阻止。

其次，引导广大学生强化网络道德意识，实现网络自律。要让学生充分明白和理解，网络领域不是道德和法律约束不到的地方，相反更应该具有良好的网络道德素养。这对高校思想政治教育工作者提出了更高的要求，教育和引导广大学生在网络中培养良好的网络道德规范。通过思想政治教育工作，不断培养大学生的网络道德主体性。在大数据网络时代，线下的道德教育功能在不断减弱，教育工作者要不断培养大学生的网络道德素养，提高其网络

---

① 张强."课程思政"视域下专业课教师与思政工作者协同育人机制研究［J］.科教导刊（中旬刊），2019（02）：88-89.

思考能力，加强网络伦理建设。在此基础上，强化青年大学生的网络自律精神，自觉遵守网络道德，履行网络社会责任。

3. 心理疏导导向

所谓网络思想政治教育的心理疏导功能，主要是着眼于大学生在网络和现实空间中遇到的各类心理问题，通过供给网络资源、网络社交、网络培训等，纾解大学生的各类心理障碍。通过网络心理疏导，健全大学生的心理适应能力、抗挫折能力、人际关系沟通能力等，全面提高其应对心理风险和心理危机的素养，促进大学生的成长成才。

健康的心理素养对其综合素质的培养具有重要意义，在人的健康内涵三维度中占有十分重要的地位。做好网络空间中大学生的心理疏导关键是做到入情、入理、入心，在网络空间中利用网络虚拟性等特点，与大学生产生充分的心理共情。充分考虑网络思想政治教育主客体心理、思想和行为的多因素性、复杂性和多维性，通过运用综合性的网络思想政治教育心理调适和心理疏导方法，对网络空间大学生群体心理、思想、行为发展变化加以正确的心理引导。网络心理疏导必须坚持以人为本、疏通与引导相结合、个性疏导与群体疏导相结合，依据不同的标准和不同的网络载体，应用不同的网络受众心理疏导方法，有目的地对相关网络受众进行心理疏通和引导，在此基础上做好网络思想政治教育工作，提高学生的思想认同。学生的自我生存、认知、激励、发展能力不断提升，心理健康的综合素养不断优化，进而适应综合复杂的社会环境。

4. 法治宣传导向

网络的迅猛发展，已日渐成长为一个集信息、观点、民意为一身的舆论平台，正急剧改变着人们的思维方式、价值观念和精神世界，成为当前极为重要的普法渠道。而思想政治教育本身与法治观念的培育在育人目标、育人方式、育人方法以及二者内容范畴等方面有着内在的契合联系，可以说，发挥网络思想政治教育的法治宣传功能，既是顺应我国法治国家、法治政府、法治社会一体化推进的时代潮流，也是更好营造网络思想政治教育环境和培育大学生群体网络空间法治思维的必然选择。在网络空间通过思想政治教育进行法治宣传的引导，必须充分考虑网络空间特点、法治宣传特点、大学生群体特点、网络传播特点等各种影响因素，有选择有重点地抓住网络犯罪、网络诈骗等大学生经常遇到的法律问题，积极将法律知识引进课堂、引进网络、引进为学生的答疑解惑以及管理服务之中，通过整合网络思想政治教育法治宣传资源，科学统筹架构网络思想政治教育法治宣传管理机制，打造网络思想政治教育法治宣传载体平台群，不断探索网络思想政治教育法治宣传的新途径新方式，最大限度扩大对大学生群体的法治宣传空间，调动大学生学习和践行法治观念的积极性，引导学生树立正确的法治思维，学会正确运用法律维护自身的合法权益。

5. 政治传播导向

政治传播功能是思想政治教育工作最根本性的功能，这是由思想政治教育工作本身特殊性质所决定的。所谓政治传播，是指特定政治共同体中政治信息扩散和被接受的过程。网络思想政治教育工作，就是将国家政策、主流思想、道德法治等，通过网络渠道和方法，对高校大学生施加影响的过程。通过大数据互联网传播，广大学生思想认同、接受实践、行为转化，是思想和行为达成共识的行为过程，社会价值意义重大。

网络时代背景下的政治传播有着显著的新时代特征，一是网络时代政治传播是多元化传播，无论是传播内容，抑或是传播形式都得到极大丰富，让政治传播变得更具活力。二是网络时代政治传播具有非垄断性特点，政治传播的信息来源极为广泛，让普通民众获得了更为多元化的政治信息。三是网络时代政治传播具有互动性特点。通过互联网渠道，政治传播的主体与客体之间可以进行深入互动交流，为政治传播的进行提供更加良好的帮助。网络思想政治教育工作者必须适应新环境下政治传播的新特点，抓住重大的整治活动的时间点，善于利用有利时机，围绕大学生的兴趣点、关注点，利用网络技术、网络平台科学、合理地向学生讲授党成立以来的重大历史成就。进一步增强大学生对社会主义的道路自信、理论自信、制度自信、文化自信。

三、"六大保障"创新优化

1. 理念优化：以学生成长为中心，以思想引领为指引

高校思想政治教育工作本质上是青年群众工作，它所面对的对象是具体的个人，网络思想政治教育要转变传统的教育理念，从以教师为中心转到以学生为中心，这是重大的育人理念转向和优化。

大数据时代网络思想政治教育具有开放、平等、互动等特点，在虚拟的网络环境中，师生之间地位平等，网络信息平台开放共享，学生可以获取包括课堂学习在内的各类信息，师生之间的沟通打破了时间、空间的局限，实

现了即时互动。要在网络场域中获取学生的认同，管理者要及时调整育人理念，贯彻马克思主义以人为本的思想。以人为本，就是要尊重人、关心人、激励人，以人的全面发展为根本目标。高校思想政治教育工作者，在网络思想政治教育工作中，要坚持以学生为本，尊重学生的个性化、差异化等合理性诉求，以平等的身份与学生进行思想交流，对学生的各类困难和困惑给予解答，用情感渗透的方式开展大学生思想政治教育工作，帮助大学生全面成长，做学生的知心人和领路人。

网络思想政治教育工作的创新，首先需要理念的创新优化，在以人为本教育理念的指导下，完善网络思想政治教育工作的内容。如运用大数据网络信息技术，对理想信念教育、道德法律教育、学业发展教育、心理健康教育等内容进行网络化改造，用学生易于接受的方式，传播给大学生，用社会主义核心价值体系引领学生健康成长，在解决学生困惑中实现价值引领。

2. 内容优化：以实践发展为基础，以内容至上为根本

紧跟社会潮流，牢牢把握住时代发展的脉搏，立足于中国特色社会主义波澜壮阔的实践历程，善于经验总结、理论提升，及时将马克思主义中国化的最新成果尤其是习近平新时代中国特色社会主义思想成果进课堂、进教材、进网络、进头脑，以最新的理论成果武装头脑、推进工作、开拓局面。

网络思想政治教育工作，需要在习近平新时代中国特色社会主义思想的指导下，在中国特色社会主义的政治、经济、文化、社会、生态等领域的研究成果的支撑下，构建立体的思想政治教育内容体系，这是网络思想政治教育工作的根本。在此基础上，将中国特色社会主义理论体系与高校思想政治教育工作相结合，对大学生关心的社会热点、时事政策、职业发展等进行积极回应和正面反馈。结合案例教学、实践教学、社会调查等方法，对相关内容进行深入解读，引导高校大学生深刻学习习近平新时代中国特色社会主义思想体系，自觉将其纳入自己的学术视野，在思想上产生共鸣。在推进习近平新时代中国特色社会主义思想进班级、进学生头脑过程中，要顶层设计、建立完善的规章制度体系，特别是网络领域的道德法律制度。加强对各种网络平台、网络资源、网络教育的管理，增强网络平台企业的社会责任，提高从业人员的职业素养，提升高校大学生的网络道德。在此基础上，优化网络思想政治教育的内容，最终实现网络思想政治教育工作的目标。

3. 载体优化：以多元多样为关键，以及时畅通为追求

以课堂为主要载体的传统思想政治教育工作模式，已经越来越不适应大

数据信息化时代的发展要求，难以满足大学生日益增长的个性化、多元化、差异化的需要。因此，要构建多元化的网络思想政治教育工作载体，实时满足学生的各种差异化诉求。

大数据信息化时代，各种各样的新媒体平台不断涌现。高校网络思想政治教育，要充分利用这些新媒体载体，善于利用互联网时代快速、便捷的电子化信息产品，借助微博、微信等社会化媒体人际传播的新特点，及时将时政信息、思政内容第一时间立体化、多渠道地传送到学生手中，成为网络时代思想政治教育实践的重要方法和手段。当前思想政治教育的网络载体具有多种具体形式，主要包括以下几类：宣传类网页资源，这主要包括网页、网站等各类红色网络资源。网络通信平台资源，主要以微信、QQ等为代表。网络社群资源，以各种论坛、BBS（电子布告栏系统）等为代表，成为大学生关注的热点。网络交流展示资源，以个人微博、博客等为代表。这些网络载体，极大地改变了思想政治教育工作范式，对大学生产生了重要影响，成了网络思想政治教育的新载体。这些网络思想政治教育载体，极大地改变了传统的师生关系和地位差别。大学生可以充分地在网络虚拟空间中表达自己的思想和观点，教师给予适时的反馈和呼应，这种良好的沟通关系使得和谐的师生关系得以更加积极地建立。在网络空间中，师生的地位更加平等，学生的积极性、主动性得以最大限度地发挥。意识到网络思想政治教育载体的重要作用，高校及全社会要积极建设各类网络载体，丰富其符合社会主流、弘扬社会正气的内容体系，创新其传播形态，优化其功能和效果，最终增强大数据时代网络思想政治教育的效果。

4. 方法优化：以灵活简便为标准，以协调互补为重点

随着大数据互联网信息技术的发展，现代科学技术在思想政治工作中的广泛运用，已成为促进高校思想政治工作与时俱进高质量发展的需要。大数据时代网络思想政治教育工作也必须紧跟时代潮流，善用新的网络技术手段，丰富思政工作方式，构筑起多元立体、协调互补、灵活便捷的大数据时代高校网络思想政治教育工作体系。

大数据网络信息化提供了即时沟通的网络优势，增强了思想政治教育工作的科技含量，亟须构建大数据网络化时代的思想政治教育工作新模式。首先，各种灵活简便的互联网沟通模式，如微信、QQ等软件，实现了师生沟通的零距离，可以实现多人之间的实时沟通和互动。这对网络思想政治教育工作提出了更高的要求，实时注意大学生的各种思想和行为动态。其次，大数

据互联网时代网络思想政治教育工作科技含量不断提升。与传统的线下思想政治教育相比，网络思想政治教育工作，更加强调大数据、信息化技术和手段的运用。如网络思想政治教育工作要善于使用大数据搜集技术，如数据爬虫Python技术，能够通过对大学生经常使用的网络平台的跟踪，采集大学生的思想和行为数据，了解其兴趣爱好、情绪变化、心理健康等内容。熟练掌握使用各种数据分析技术，如多元回归、结构方程等方法，透过表面现象，对现象背后的本质规律进行提炼和归纳，对可能产生影响的相关因素进行分析。预测评估技术，主要是利用掌握的大学生思想和行为数据，对未来一段时间的变化作出估计和预测，对偏离思想政治教育目标的行为进行提前干预，避免向负面和反面的行为转化等。这些大数据网络技术都要嵌入网络思想政治教育工作中，增强网络思想政治教育工作的技术含量，提高其科学性。最后，构建网络时代高校思想政治教育新模式。在师生角色地位、技术知识结构等方面全面创新和优化。在大数据网络时代，学生可以通过互联网获取最新最前沿的知识，学生的诉求更加多元和差异化，师生地位更加平等。这对教师提出了更高的要求，要满足大学生的各种诉求，对面临的各种具体问题和困难进行答疑解惑，就需要及时更新知识结构，掌握最新的互联网信息技术手段，更好地利用技术开展思想政治教育工作。

5. 队伍优化：以人文素养为核心，以专业技能为导向

随着网络技术的发展，大学生已成为上网的主力军，要掌握和引导大学生群体的思想状况，必须培养和锻炼一支具有综合素质的网络思想政治教育工作队伍。这支队伍要有良好的政治品德、扎实的人文素养、雄厚的专业技能、高超的专业技术，为更好地开展网络思想政治教育工作打下坚实基础。

一方面，当下的网络思想政治教育工作者必须要树立大思政工作理念，改变思政课教师一支队伍孤军奋战的状况，构建思政课教师、辅导员、专业课教师、学生、日常工作管理人员多维、多元的立体化大数据时代高校思想政治教育工作队伍。包括专业教师、思政教师在内的教师队伍，要更新大数据网络时代的知识结构，不断提高网络思想政治教育能力。教师虽然都来自各个专业，有着较好的专业知识结构，但在大数据互联网时代，需要不断更新互联网知识、专业前沿知识，只有这样才能够满足互联网时代大学生的前沿需求。调动思想政治教育工作者、日常工作管理人员、学生骨干的积极性和创造性，发挥他们经常使用互联网的优势，鼓励他们走入互联网领域，通过举办各种思想政治教育活动与广大学生在网络上打成一片，了解大学生思

想动态，及时进行答疑解惑，在解决学生具体问题中实现价值引领、思想指导、学业辅导等。另一方面，高校网络思想政治工作者要敢于、善于、巧于运用网络技术打造自己的"网红"，即培养学生"意见领袖"，在网上发声、在众声喧哗中引领。学生"意见领袖"的筛选往往可以根据网络知名度和号召力，包括时事关注度，原帖数、浏览数、跟帖数和帖文转载数，跟帖与原帖价值取向的一致性，个人网络身份（级别、头衔等）等进行识别，对大学生群体施以积极的引导。

6. 制度优化：以环境塑造为目标，以系统配套为抓手

制度作为大数据时代高校思想政治教育工作中规范性、保障性的因素，关键是加强顶层设计、协调配合，减少各项制度运行过程中的结构性损耗，提高制度的整体效能，实现协同育人。制度优化是实现网络思想政治教育工作目标的重要保障，通过完善配套制度系统，塑造良好的网络思想政治教育环境。

在大数据网络化背景下，建立健全制度和法规体系，是有效开展网络思想政治教育工作的重要保障。优化良好的网络思想政治教育工作环境，首先，要明晰网络思想政治教育工作主体责任。通过制度约束的方式，确立明晰的权责关系，健全责任评价考评机制，激励各个主体积极开展网络思想政治教育工作。其次，完善校园网络安全管理制度。以高校网络信息安全中心为载体，将安全技术检测和网络安全教育有机结合，实现两手都要抓，两手都要硬。在安全防范方面，构建信息发布、追踪、检测的全套制度规范。在网络安全教育方面，普及各种网络诈骗、网络安全知识，增强大学生的防范能力。最后，利用技术手段，加强高校大学生上网的控制和引导。建立健全网络思想政治教育工作的应急响应机制，建立与之相匹配的管理机构、技术支持、经费保障、处突机制等。对高校大学生互联网使用的情况进行技术检测，收集、分析、处理各种上网信息，及时阻止各种负面信息侵入校园，确保校园正常的互联网使用。对发表不当言论、关注不健康网络信息的学生及时进行批评和教育。建立健全各种配套制度，营造良好的校园互联网环境，促进高校网络思想政治教育工作目标的实现。

第九章

大数据时代高校思想政治教育工作协同机制创新

增强高校思想政治工作的协同效应,是贯彻落实习近平总书记在全国高校思想政治教育工作会议上的讲话和《中共中央、国务院关于加强和改进新形势下高校思想政治教育工作的意见》文件精神的重要环节,是在新形势下提高高校思想政治教育工作有效性的重要途径。依据高校思想政治教育工作全员、全过程、全方位育人的战略要求,基于理论与实践结合的系统视野和跨学科的综合视角,深入分析高校思想政治教育工作的协同现状和存在的主要问题及制约因素,深入分析思想政治工作协同效应的表征与影响因素的相关性,建构思想政治工作协同效应的评价指标体系及评价模型,提出增强高校思想政治教育工作协同效应的行动方案,不仅具有较高的理论价值,而且需要高校思想政治教育工作的实践创新。

第一节 高校思想政治教育工作的协同效应的内涵及表征

一、高校思想政治教育工作的协同效应的基本内涵

"高校思想政治工作的协同效应研究"属于思想政治教育学和协同学交叉学科的研究内容。20世纪70年代,德国科学家赫尔曼·哈肯发表《协同学导论》,首提"协同效应"概念,简单地说,就是"1+1>2"的效应。协同效应可分外部和内部两种情况,外部协同是指一个集群中的企业由于相互协作共享业务行为和特定资源,因而将比作一个单独运作的企业取得更高的盈利能力;内部协同则指企业生产、营销、管理的不同环节、不同阶段、不同方面共同利用同一资源而产生的整体效应。

如上所述，作为"处理复杂系统的一种策略"，"协同效应"的理论最初主要被应用于企业经营管理领域，后向公共政策、教育管理等多个领域和学科扩展。

"高校思想政治教育工作的协同效应"，不仅仅是一种具体教育教学工作手段，而且是一种体系化、多元化和长效化合力育人的新的智识境界，其实现载体是贯穿于人才培养过程整体之中的协同理念及其实现机制。具体是指，通过规制高校权力秩序和盘整内外部资源而实现思想政治工作"1+1>2"效应的一种新的智识境界。主体协同、平台协同、场域协同和制度协同是现代思政工作协同体系中四个最重要的次级体系。思想政治协同效应的三大要素是协同体系、协同过程和协同效果，对应三个基本问题：谁协同、如何协同、协同得怎样。有效的思想政治工作协同体系就是通过有机、协调、动态和整体的协同运行系统，实现整体效果大于各个独立组成部分总和的协同效应。

1. 主体协同

高校思想政治教育工作中的"主体协同"，指自觉培育思想政治工作各权力主体的能动性，重构高校的行政权力、学术权力和民主权利之间有效的协同关系。这里包含两层内涵：一是能动的权力主体；二是三大权力主体的协同关系。

（1）能动的权力主体

在高校思想政治教育工作的多元主体中，能动的权力主体是有机协同的基本条件。它不仅决定着不同权力的清晰责任边界是否有实效性的前提，而且也是完善的过程控制能否贯彻以及高效的协作结果能否实现的基础。本研究的"能动主体"概念，从哲学层面来自马克思在19世纪提出的"主体能动性"的说法。在《关于费尔巴哈的提纲》中，马克思通过对旧唯物主义和唯心主义关于主体能动性的片面观点的批判，首次对主体能动性作了科学阐释，指出"主体能动性"是主体在认识、改造世界中所体现出的能动的创造力。主体能动性的发挥有质和量的差别，因而就存在着如何正确发挥的问题。学术界的其他专家也对能动性展开了研究，如卡尔·波兰尼对"能动社会"谈了自己的思考和理解。他认为在市场经济中能动的社会可以反制市场带来的危害，这种能动社会就是可以自主自为的社会。在社会学领域中，社会的两种形态，"机械"和"有机"也体现了能动性观点。"机械社会"强调外力干预，管理者积极性高老百姓的积极性弱。与之相对立的"有机社会"则是老百姓积极性强、参与度高，社会更加有活力，是期待和追求的社会形态。

总而言之,"权力主体的能动性"在本研究中指高校思政工作所涉及的三大权力主体,都是有活力和积极性的、"可以自主自为地"参与协同的主体。传统中国社会的一个特征是士大夫阶层与地方自治。而在后来,如我们所熟知的,在某种程度上这个中间层被抽掉了,且并未因为改革与转型而得到充分建构。当下的中国社会,依然缺乏有活力的、发育完善的社会主体来制约和改进政治权力主体的能动性。具体而言,党组织、教学机构、学工机构、学生教师管理人员等都应当自觉发挥在思想政治工作中的主动性和积极性,成为推进协同效应实现的能动主体。

(2) 权力主体的协同关系

中国特色社会主义新时代与过去的区别在于:过去高校思政工作的协同进程是在"举国体制"下由行政权力设定与推进的,而在今天,这个进程必须依靠多元行动主体共同设定与协同推进。

近些年来,能动主体的缺失在一定程度上导致了高校思想政治的协同工作走过很多弯路。所谓的"协同",很多时候都是行政权力的"独孤求剑",这是一种资源消耗巨大且可能顾此失彼的发展路径。因此,培育权力主体的能动性只是第一步,在此前提下合理安排组织结构与制度机制,促使各个权力主体之间相互配合与相互制约,共同实现思想政治工作的育人目标,才是实现协同效果的关键。

综上所述,自觉培育党组织、教学机构、学工机构、学生教师管理人员等思想政治工作多元主体的能动性,重构行政权力、学术权力和民主权利之间相互合作的制度化联系,推进高校思想政治教育工作的主体协同,仍然是我国高校思想政治教育工作发展的新阶段的核心任务。

2. 制度协同

高校思想政治教育工作中的"制度协同",指思想政治工作的各项制度相互配合、相互协调,调动并保障各主体的协商合作,共同推动高校思想政治教育工作目标的实现。包括党务管理制度、行政管理制度、教学管理制度和学业管理制度之间的协同。

制度机制设计的系统性与逻辑性,是决定协同效应能否实现的关键条件。能否系统、合理地设计协同制度和机制,是能否落实不同权力主体的清晰责任边界的关键,也是过程控制能否真正完善的制度载体,从这个意义上说,这也是高效的协作结果能否实现的核心因素。

对当下中国而言,一个有效的协同体系不是自然生成的,而是建设而成的。这首先需要一系列前置性条件，特别是高校内部各部门之间，高校与家庭、社会之间的制度化联系，也需要新的建设机制，以在行动中促进协同能动性（自在自为性）的增加。而制度创新，正是这种新的行动机制。

对于当前高校的思想政治工作而言，完善的制度体系设计，是协调好党政权力的主导性、职能部门的有效性、学术和社会各方力量的自觉性的核心要素。而要建构思政工作统一有序的协同制度体系，必然包含把多元协同、过程协同和系统协同的理念，贯彻到党务管理制度、行政管理制度、教学管理制度和学业管理制度四个制度层面的机制设计。

具体来说，协同制度体系设计包括三个方面的基本内容：其一，在权力秩序规制上，应当采取垂直权力机关的权威性、管理机构的制衡性与社会力量的自觉协同性相结合的架构；其二，在资源盘整上，形成以党委领导、党政齐抓共管、职能部门组织协调、社会公众积极参与的协同配置资源模式；其三，在机制保障上，要实现高校思想政治教育工作协同的自组织性，不仅要完善思政协同工作自身的评价机制，而且要在协调利益、化解矛盾、激活社会能量的社会化协同运行机制（包括高校思想政治教育工作协同的沟通反馈机制、考核监督机制、协调创新机制等）上狠下功夫。

3. 平台协同

高校思想政治教育工作中的"平台协同"，指思想政治工作的课程体系和学科体系的体系内部和体系之间形成相互配合、相互协调的关系。这包括两个维度：一个是课程协同，指显性和隐性思想政治教育课程的协同；另一个是学科协同，指马克思主义理论学科与其他学科的协同。

习近平总书记在哲学社会科学工作座谈会上的讲话中提出，要构筑学生学术学科一体的综合发展体系。这一体系的关键环节，在于课程体系的建设。显性思想政治理论课程是正面开展思想政治理论教育课程，主要指作为大学生基础必修课的思想政治理论课，在当前主要包括思想道德修养与法律基础、近现代史纲要、马克思主义基本原理、毛泽东思想与中国特色社会主义理论概论、形势与政策等。隐性思想政治教育课程主要针对其他各类课程在知识传授的同时，亦要增强价值引领。依据与思想政治工作的相关程度，其他类课程主要分为三种：综合素养课程、哲学社科专业课程和自然科学专业课程。

学科协同主要指马克思主义理论一级学科、思想政治教育二级学科和其他学科在思想政治理论教育隐性课程建设的过程当中协同合作，形成高校思想政治理论教育的课程合力。学科协同要求准确把握各门学科教育教学的基本规律，从学科基本属性出发，对学术平台、学生社团、实践基地等进行顶层内容设计与制度安排，在此基础上选取相关学科门类中的若干门核心课程，制定课程思政实施方案，加强课程效果评价，努力促进知识体系和价值体系的有机统一、学科内容和科学方法的有机统一。

4. 场域协同

高校思想政治教育工作中的"场域协同"，指思想政治工作在网络场域、社交场域、学习场域和家庭场域中通力合作，集思想政治理论教育资源、专业学科资源、社会实践资源和网络资源于一体，构建课程思政的理论教学与社会实践体验有机结合、"教学—教辅—学工—行政"一体化管理、"学校—企业—社会"合力育人、"课堂教学—社会实践—网络运用"三维贯通的立体化高校思想政治协同工作新形式。

当前高校思想政治教育工作中存在实效性缺乏、管理不规范、理论与实践"两张皮"等突出问题。究其成因，人力物力、社会渠道和协作方式等教育资源相对缺乏是主要瓶颈。探索能对现有教育资源有效整合与充分协同的场域协同形式，是实现思想政治教育转型的关键。

在思想政治工作协同的所有场域中，网络教学和实践教学是思想政治体验的内容得以实现的重要方式和载体。理论课程教学和实践教学二者具有相互生成与相互制约的内在关联性。在从"思政课程"主渠道育人向"课程思政"立体化育人转化的理念与背景下，伴随着网络教学和实践教学内容的功能突显，思想政治教育工作的形式也面临意义转换。

高校思想政治工作在新时代广义化的内涵，不仅是与"核心—重点—基础—支撑"四级课程有机结合的课程教学，而且包括贯穿大学教育全过程的一以贯之的网络语境和实践体验。社会主义核心价值观唯有经由实践体验形式才能进入学生深层观念世界，并转化为自觉行动，进而螺旋式推进公民、社会、国家三个层次的核心价值引领与理想人格的塑造。

二、高校思想政治教育工作的协同效应的实现表征

增强思想政治工作的协同效应，要求高校思想政治教育工作围绕立德树人这一根本任务，树立"大思政"理念，在高校党委自觉做好顶层设计基础上，推动高校思想政治教育工作不同方面、不同领域的同向同行，协调推进，形成整体合力。因此，厘清高校思想政治工作协同效应的实现表征，进而在

此基础上对其和高校思想政治教育工作协同效应的影响因素进行相关性分析，是深入研究高校思想政治教育工作的协同机理和有效实践路径的基础，也是建立高校思想政治教育工作的协同效应的指标前提。

1. 责任边界的明确性

高校思想政治教育工作涉及三种主要权力主体——学术权力、行政权力和民主权利，这是三种不同性质、不同功能的权力。"责任边界的明确性"在本研究中主要是指，通过清楚明确的清单划分，明确不同权力主体的权利、责任边界，使权利和责任对称，两者能够为各自行为承担责任，杜绝权责模糊不清、权责对立或多头交叉等情况。

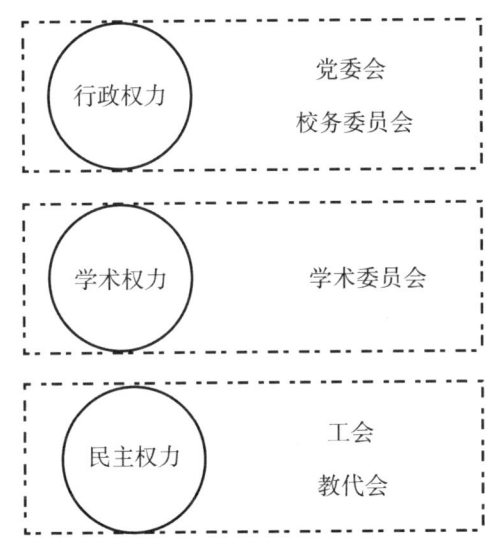

图 9-1　高校思想政治教育工作涉及的三种主要权力主体

权责一致原则的要求是权力就是责任。主体的权力边界清晰必然要求坚持分类责任原则，而分类责任原则往往是以权力与责任清单为标识并得以贯彻的。权力清单与责任清单是相辅相成的，但是在具体设计方面，权力清单应当定位于"穷尽"权力方案设置。法定权力不可疏漏。责任清单应当定位在"补充"责任方案设置。法律法规有的责任，按照法律规程进行。而且，责任清单之中的责任不限于处罚性的法律责任，其中的多元责任（政治、行政、道德、组织等责任）被法律责任所包含。

公布高校权力与责任清单的战略性意义在于，公布各主体责任边界与权力底数，列出高校各项办学权运行的标准化流程，高校以该流程为标杆运行权力，师生和公众亦可以视之为标杆监督办学权。国家行政学院的汪玉凯教授指出："公布权力清单其实是一个长期被忽略的基础工作。我们一直在要求推行政务公开、信息公开，但干部到底有哪些权力，权力从哪里来、到哪里去，干部自己不清楚，群众则更是不清楚，监督权力也就无从谈起。"[1]

鉴于此，公布三种权力的清单以确立责任边界，是高校思政工作协同效应实现的首要表征。

（1）学术权力的边界是学术领域的治理权力

伯顿·克拉克是学术界最早研究"学术权力"的代表性学者，他的著作《学术权力——七国高等教育管理体制比较》完整地论述了学术权力的内涵、谱系和构成。他认为，学术权力包括了个人统治、专业权力、魅力权威、董事权力、院校权力、政府权力、学术寡头权力等十余种类型。高校系统从最上层到最底层的管理机构及人员都享有这种权力。从此观点中可见，最初的"学术权力"内涵十分广泛，既有政府机构的权力，也有高校的权力；既有高校内的行政权力，也有狭义上的学术权力。与此相反，近来流行的观点认为，学术权力和行政权力的关系是对立的二分法，二者的关系实际上是谁支配谁的权力博弈，即行政权力与学术权力在大学治理中，谁是主角、谁是配角的问题。

本研究认为，上述两种观点都是片面的。学术权力有独特的性质和功能，不能与其他权力相混淆，但也不是与行政权力对立的，二者具有共同治理的领域。但是归根结底，大学作为研究高等学问的场所，是学者组成的社团。从权力主体上讲，学术权力首先应当是学术人员和学术组织。从权力属性上讲，学术权力主要表现为学术权力行使者对学术资源、学术事项、学术评价等方面的支配和决策。主要着眼于大学的学术事务，如学科规划、教学规划、职称评定、聘任、解聘、晋升、学位颁发与授予等。其运作范式主要是用平等协商讨论的方式开展，学术自由、中立、自主等是其行使权力的基本原则。

在中国高校的思想政治工作中，学术权力应该在以下领域行使决策权，或者说以下活动应该在学术权力主导下完成。① 教学活动，包括课程设置、教材建设、教学评价、教学资源分配、教学任务安排等；② 科研活动，包括学术方向确定、学术规范制定、学术评价标准、学术人员安排、学术资源分

---

[1] 汪玉凯. 党和国家机构改革与国家治理现代化［J］. 中共天津市委党校学报，2018，20（03）：59-65.

配、学术成果奖励等；③ 教师发展活动，包括师资聘任、教师晋升、教师培养、教师待遇等；④ 学生事务，包括学位授予、学生培养等；⑤ 学科建设，包括学科方向确定、学科人才培训、学科平台建设、专业设置等①。

总之，高校中的学术权力，主要是指学者进行知识和思想生产、传播、应用而产生的责任和影响力②。这种学术责任和影响力的蓄养，首先需要一种特殊的精神境界，即学术自由。自由对协同机制所提出的核心挑战，就是绝不允许专制主义的权力保障。因此，应当由教师，特别是教授、学术委员会为代表的学术主体在学术领域内行使的治理权力，尤其是赋予其有力的学校事务监督职能。唯其如此，才可能真正构建中国高校的学术权力。正如卡内基教学促进基金会在一份报告中所明确指出的："董事会构成了（美国）高等教育管理结构的基石。"对于我国高校思想政治教育工作协同方面同样重要的就是，思想政治工作的健康发展必然有一种监督保证，这就要求赋予学术委员会以监督的力量。因此，我们主张高校学术委员会责无旁贷地承担起高校的内部监督职能，充分地享有神圣的监督权。

（2）行政权力的边界是行政领域的治理权力

高校行政权力主要通过以下三个群体体现出来，一是以校长为代表的校级行政权力，二是以高校职能部门负责人为代表的行政权力，三是以学院负责人为代表的行政权力，这是高校通行的三类行政权力承载者。

在我国的高校中，行政权力应该在以下领域行使决策权，或者说以下活动应该在行政权力主导下完成。① 发展规划，包括长期规划、中期规划和年度规划制定、招生计划与方案制定与执行、基本建设规划等；② 机构设置，包括职能部门与学院、系的设置，相关制度制定，人员调配与人事任免等；③ 技术推广与社会服务，包括成果转化、专利申请、知识推广、校办产业发展计划与年度经济活动等；④ 对外合作，包括对外合作与交流项目的选择、审查与审定等；⑤ 财务预决算，包括学校财务预算、项目投资、资金管理、财政收支平衡、基金会运作等；⑥ 学生事务，包括学生奖惩与思想品德教育、

---

① 刘广明. 大学行政权力与学术权力之间边界设置的理念和方式 [J]. 北京教育（高教），2013（05）：7-10.
② 杨克瑞. 中国高校的权力结构与监督模式 [J]. 清华大学教育研究，2010，31（02）：84-87，95.

就业推荐、校友服务等①。

本研究认为，在学术领域内，应当由学术权力行使治理权力；在行政领域，则应当由行政权力行使治理权力；在二者的交叉领域，双方可采取联合决策，或者由学术权力提供咨询和参与讨论，进而由行政权力进行决策。行政权力承载者应当尽量不做或者少做学术工作。其主要职责是为大学发展服务，他们的重点工作应该放在大学如何科学发展上。他们从事学术工作，往往会不自觉地挤占学术资源，影响学术资源的分配，容易形成行政权力通吃的现象。以学院负责人为代表的行政权力承载者，也应该少做学术工作，并公开、公正、公平地处理学术资源的分配问题。

（3）民主权利的边界是民主管理领域的治理权力

实施民主管理是各级各类学校在思想政治工作协同中一项重要的工作和十分紧迫的任务。高校思想政治教育工作的协同效应的实现，必然要求吸纳高校内部各种力量和社会力量来共同治理。基于此，应当充分认识工会、教代会组织的职能和作用，充分利用校务公开、干部评议制度的有利平台，以制度建设为着力点，在努力探索学校民主权利参与管理新举措和实施途径的实践过程中，明确落实民主权利的职责范围。

在中国高校的思想政治教育工作中，民主权利应该在以下领域行使职责。

（1）法律法规赋予教育工会四项基本职能，即维护职能、建设职能、参与职能、教育职能。这是我国教育工会在学校民主管理中发挥作用的主要依据。学校工会组织在学校民主管理过程中，就要找准位置、把握好角色，担负起组织者、引导者、服务者的责任，推动学校民主管理的顺利开展②。

（2）学校民主管理的形式虽有不同，但大多通过教职工代表大会或全体教职工大会来行使民主权利，依照高等教育法，选举具有群众基础和较好代表性的教职工代表，组成教职工代表大会。按照民主集中的原则，在学校党委的指导下，依法行使民主权利。根据法律规定，教职工代表大会享有审议建议权、审议通过权、审议决定权、评议监督权等四项职权。

2. 过程控制的完善性

过程控制也称实时控制，是计算机及时地采集检测数据，按最佳值迅速

---

① 刘广明. 大学行政权力与学术权力之间边界设置的理念和方式［J］. 北京教育（高教），2013（05）：7-10.

② 李海江. 学校民主管理与教职工民主权利实现途径研究［J］. 广西职业技术学院学报，2009，2（06）：20-22.

地对控制对象进行自动控制和自动调节。本研究将"过程控制的完善性"引入高校思想政治教育工作的协同表征，指高校思想政治教育工作的协同具有自始至终的完善制度和机制，推动高校思想政治教育工作的协同实现自洽的循环和自组织运行。换言之，指高校思想政治教育工作的协同系统在没有外部指令的条件下，其内部子系统之间能够按照某种规则自动配合，从而形成一定的结构或功能，从而避免协同行为短期化、碎片化和互相冲突等问题。

从范围上看，对我国高校思想政治教育工作的协同进行完善的过程控制，主要指从主体协同、平台协同、场域协同和制度协同四个方面，进行完善的制度机制设计，以盘整跨界甚广、差异甚大的协同资源，实现思想政治工作整体"1+1>2"的效应。

国内外相关研究在不同层面已经取得了一些重要成果，但总体上还呈现为一种"碎片化"的研究景观，对于"如何对思想政治工作的协同效应"进行过程控制，更是缺乏系统性的深度研究。在对思想政治工作协同效应的科学内涵做出正确阐释的基础上，对有效地推动思想政治工作的协同的过程提供制度支撑和方案设计，才是过程控制的精髓和意义所在。

3. 协作结果的高效性

"协作结果的高效性"指各个主体配合良好，高效率地实现协作目标。对于协作结果是否高效的测评，主要依托于协同效应所对应的高校思政教育质量评价。

国外对高等教育质量评价的关注，可以追溯到19世纪末20世纪初的教育革新运动。至今已逐步形成以英国为代表的"政府主导型评价"、以美国为代表的"市场主导型评价"和以北欧为代表的"政府委托（中间组织实施）型评价"为基本模式的格局：①20世纪80年代初，北欧四国率先成立了高等教育质量评估机构并制定相关法规，主要采取以（独立于政府和高校的）中间机构为主体的政府委托模式；②1992年，英国成立教育标准局作为中央政府对全国教育质量进行监测的权威机构，制定"共同评价框架"，在全英国范围内招聘注册督学，全面负责组织和管理评价督导活动。③2001年，美国开始进行"社区学院学生参与度调查"，这是一种以"学生参与度"为核心要素的质量评价工具，接受由高等教育研究者、社区学院领导者、基金会合作伙伴和其他重要代表者组成的"国家咨询委员会"的领导。总体而言，国外在理论与实践方面对高等教育质量的评价目的、基准和实施过程等的探索，对探索我国思政工作的协同的效果评价模式，具有重要的借鉴与启发意义。

我国高等教育评价研究始于 20 世纪 80 年代中期，迄今为止，历经"集中的行政评价、探索综合评价模式、建构多元参与的评价体系"三个发展阶段，并取得丰硕成果，但目前仍然存在着教育评价主体一元化、评价模式单一化、评价程序和手段僵化等问题。

当前，我国高校思政工作协同效果的评价模式面临从行政化的传统评价制度体系向多元协同的现代化评价制度体系转型：一是评价体制设计上，从单向度、权责不清的传统评价体制向网络式、透明化的现代评价体制的转型；二是评价机制建构上，从事后的、结果性的、惩戒型的评价机制向事前的、过程性的、改善型的评价机制转型；三是评价模式转换上，从行政化的单一评价模式，转向注重下对上的反评价和上下之间反馈的多元协同模式。而如何通过现代化的高校思想政治教育工作质量评价指标体系设计，平衡好三种基本评价主体的权责与协作关系，充分发挥社会评价组织、第三部门、用人单位、公众、媒体等各类社会评价的主导作用，是实现高校思政工作协同效应的重要突破口。

简言之，高效的协作结果作为我国高校思政工作协同效应实现的重要表征，应当具备外在结构特点，即内部评价、外部评价与保障机制有机结合；从内在运行机理看，包括如下三个特征：一是评价体制设计上，网络式、透明化的现代评价体制；二是事前的、过程性的、改善型的评价机制；三是注重自下而上的反评价和上下之间反馈的多元评价模式。

第二节　我国高校思想政治教育工作协同效应存在的主要问题

一、思想政治教育工作的协同现状

1. 我国高校思想政治教育工作协同的发展历程

20 世纪 80 年代初，我国高校思想政治教育学作为一门学科诞生。30 多年来，我国高校思想政治教育工作的协同体系建设历经学科建设与部门合作、学段衔接与整体规划、跨地区教育综合改革和"课程思政"等协同创新体系探索四个发展阶段并取得丰硕成果，但目前仍然存在着协同体系碎片化、协同行为短期化以及协同评价模式僵化等问题。

从交叉学科视野下的高校思想政治工作协同研究视角来看，相关研究迄今历经了三个阶段的发展历程，在不同阶段也呈现出各自的特点。

（1）学科创建阶段（1984—1995年）的"自发性协同"：思想政治教育在自主性发展和原生性发展模式下，逐渐寻找可以利用的外部资源，初步形成了理论研究、互鉴研究和比较研究三类主要的研究范式。

（2）学科发展阶段（1996—2005年）的"集成性协同"：典型特征是集成性或整合性发展。开始从开放、比较、借鉴的视野反观自身发展的动力、瓶颈与突破。截止至1996年年底，全国有70所院校设置了思想政治教育专业，教材建设与专著并举，"两课"（即政治理论课和思想品德课）建设取得很大进展。

（3）学科繁荣阶段（2006年至今）的"创新性协同"：呈现多样综合、创新发展的态势。表现在三个方面：①理论的综合创新。比如思想政治教育主导性理论、校园文化建设与思想政治教育的互动理论、心理健康教育与德育相渗透理论、思想政治教育与通识教育相渗透理论、"三观"教育的统一性理论等等。②研究领域的拓展。特别是在网络思想政治教育方法的创新方面，涌现出与"互联网+""大数据"等时代背景密切结合的协同思路和机制，形成比较丰富的研究成果。③各种研究方法的创新。如规范研究、实证研究、试验比较研究、结构——功能分析、生态分析、发生学分析、矛盾分析等等，都得到一定程度的展现。

综上所述，国内外相关研究在不同层面已经取得了一些重要成果，但总体上还呈现为一种"碎片化"的研究景观，对于"如何增强思想政治工作的协同效应"更是缺乏系统性的深度研究。问题的关键在于，如何盘整跨界甚广、差异甚大的主体、平台、场域、制度等资源，实现思想政治工作整体"1+1>2"的效应？除了必需的资源保障，必须对思想政治工作协同效应的科学内涵做出正确阐释，对有效地推动思想政治工作的协同的制度支撑及实现途径提供实践方案和理论支撑。

2. 我国高校思想政治教育工作协同发展趋势

当前，我国高校思想政治教育工作的协同体系建设正面临着三大重要转型：一是协同体系上，由片面化、表面化、简单化的协同转向全面的、系统性的协同体系；二是过程控制上，从注重事后-结果控制转向更加注重协同体制机制建设的过程控制；三是评价模式上，从政府自上而下的传统评价模式转向现代化"多元评价"模式。

二、我国高校思想政治教育工作协同存在的主要问题

在肯定我国高校思政工作协同成果的同时，也要看到我国高校思政工作协同体系中还存在着一些问题。主要包括：

1. 各协同主体权责边界不明确

目前，我国高校思想政治教育工作在主体权力边界方面存在的问题主要有：①行使主体以行政人员和行政组织为主，学术人员、学术组织对学术事务的权力式微，民主权利在民主管理领域虚化、形式化；②学术权力主体没有建立回避制度、公开制度、话语权平等制度等；③从权力属性上讲，学术权力与行政权力混同，大学事务混同，决定主体混同，最终形成了行政主体"权力通吃"的现象；④从调整范围上讲，学术事务无边界，或者说学术事务被行政事务所侵蚀；⑤从运行机制上讲，学术事务行政化、官僚化、市场化、庸俗化。要改变现状，就必须在学术事务与行政事务之间划分出清晰的边界，并规定学术事务的议事规则①。

新形势下我国高校思想政治教育工作协同效应研究要解决的重大命题是，如何实现习近平总书记提出的高校思想政治教育工作做到"全程育人"和"全方位育人"的要求，协调好党政权力的主导性、职能部门的有效性、学术和社会各方力量的自觉性的关系，进而推动高校内部各个部门之间、校内校外、课内课外、线上线下的多元主体的"同向同行"和多重资源有效整合。具体应当解决三大主要问题：一是明确不同协同主体的权力与责任范畴；二是多元主体之间如何形成思想政治工作科学高效的协同机制；三是如何确立公正评判思想政治工作协同效果的评价体系。

这背后根本的制约因素是，"一强两弱（强行政权力、弱社会权力、弱学术权力）"的传统权力模式及其伴生的体制、机制障碍。比如现实中，思想政治教育工作系统既当运动员又当裁判员，第三方评价参与不足。仅有的社会评价组织，缺乏监督和规范。普通师生参与的沟通和评价渠道并不通畅，某些评价体系和机制僵化等。在众多问题中，多元主体参与的过程控制和进行科学评价的指标体系尚未建立，是实现高校思想政治教育工作协同目标的根本问题之所在。

---

① 李爱华，孙晓艳. 高校"课程思政"标准化评价体系建设的问题与对策［J］. 科教导刊，2020（33）：81-82.

2. 过程控制缺乏科学高效的协同机制

我国思想政治工作缺乏系统的过程控制机制，不健全主要表现在：缺乏盘整思想政治工作的各类资源的合理模式，缺乏调动各个主体参与协同创新的动力机制，利益分配方式的构成不合理，资源共享的利益分配关系尚未理顺，等等。通过政府部门有计划的政策引导和资金支持，构建高校思政工作的多元协同的过程控制机制，确立符合市场经济规律的高校思政工作的合理利益分配方式，推进高校思政工作协同工作的健康发展。

先以利益协调机制的不健全为例。全社会参与高校思想政治教育工作的各个部门，如企业、政府部门、社会力量等，都有自己的利益诉求，实际工作人员都隶属于不同的部门，都有自己的工作领域和方向。因此，在没有建立统一的顶层设计、系统协同机制的情况下，是无法真正地将各个部门融合到一起的，各方资源、信息和数据也难以实现共享，这对大数据背景下推进高校思想政治教育工作极为不利。当前出现的部分高校思想政治教育工作协同不够的现象，在知晓其背后的缘由之后，也就更加清晰了。各方主体的协同参与，或是简单地理解"经费分配"，或是停留在表面口号上的参与，很少有主体基于自己部门的资源禀赋、数据信息优势，扎实开展思想政治教育工作。经费的分配和使用，相关数据信息成果的归属，也是当前制约高校思想政治教育工作协同的主要障碍。究其原因，参与协同创新的人员代表不同的协作主体，面对缺乏有效分配利益的机制，没有固定的标准和奖励体系的主体时，极易诱发各方的矛盾和分歧。

现有的高校思想政治教育工作过程，缺乏健全的协同机制，各个主体责任权力分散，部分责任混淆、责任交叉的现象也时有发生。没有形成统一的规划、管理和协调，造成了高校思想政治教育工作资源的浪费。除此之外，高校、政府部门、企业等社会力量在运行、沟通、评价、激励等方面存在着不足，相关法律、法规和制度的落后，更加制约了高校思想政治教育工作协同的开展。因此，为了实现高校思政工作协同的规范化和法治化，必须在相关部门的管理职能和责任之间寻求恰当的协调分工机制。其中，利益分配是协同效应发挥的关键机制。但是，合作各方不可能仅仅从分配制度本身来找原因，而是必须要从利益分配的源头、过程和结果的整个体系上深挖根源，才可能在整个过程控制机制的总体系统中解决分配的具体问题。

3. 缺乏科学合理的协同效果评价模式

多年来，我国高校内部治理中的评价体制机制建设历经"集中的行政评价、推进民主评价与学术评价、探索综合评价模式、多元协同评价制度体系建设"四个发展阶段并取得丰硕成果，对高校思想政治教育工作产生了积极影响，但目前仍然存在着如下问题。

（1）多元评价主体权力交织权责不清。在高校思想政治教育工作评价的过程中，行政权力导向的评价体系存在监督难的弊端，存在部门之间的利益协商问题，缺少学术权力和民主权利参与评价的权力清单和责任清单，其他主体的参与不足。

（2）监督程序和手段可操作性不强。虽然对不同主体的责权进行了界定，但在高校思想政治教育工作协同的过程中，党委会、校务委员会、教代会、学术委员会等各类组织协同缺少监督职能，学校的纪律监察部门的独立性也没有给予充分保障，具体开展监督的程序和有效手段并未完全明确。

（3）公众评价意识淡薄等问题。高校内部缺乏思想政治工作协同的评价软环境，缺乏开启权力监督之门的信息公开途径，民主监督主体监督意识和行为能力不足，不具备评价制度的过程化、常态化的社会条件。

大数据时代高校思想政治教育工作的协同效果不佳，除上述问题外，更深层次的问题在于不同主体的利益没有协调好，以至于不同主体的参与性、主动性不足。导致这些问题的一个重要原因在于评价模式的滞后，大数据时代要不断创新多元协同的评价模式。要实现对不同参与主体的科学评价，首先要对参与高校思想政治教育工作的不同主体利益分配机制进行梳理，建立科学、合理、有序的体制机制，在此基础上，针对不同的参与主体，进行分类评价和精准评价，为高校思想政治教育工作的协同提供制度保障。

第三节　我国高校思想政治教育工作协同的实现机制及对策建议

一、多元协同：建构党委领导下多元共治思政权力结构与发展模式

1. 构建党委领导下的多元共治思政权力结构

大数据信息化时代下我国高校思想政治教育工作协同效应研究要解决的重大命题是，如何实现高校思想政治教育工作做到"全程育人"和"全方位育人"的要求，建构高校思想政治教育工作的现代权力结构安排，是克服缺乏制约的行政主导体制弊端,实现高校思想政治教育工作协同效应长效性的首要条件。高校思想政治教育工作中存在着利益诉求不同的多元主体,对于思想政治工作,他们有分享权力、维护权益、参与治理的需求,因此,兼顾不同主体的权力分享需求,是构建科学、合理权力格局、推进多元共治成为当前高校提升思想政治工作协同效应的必然选择。

2. 构建党委领导下的多元共治思政工作体系

明晰高校党委在思想政治教育工作中的主导性地位,这是开展工作协同的前提。教育教学等行政管理部门发挥有效性,积极开展与之相匹配的思想政治教育工作。学术部门和社会其他各方,发挥自觉性作用,积极参与高校思想政治教育工作,形成校内各个部门、校内校外、课内课外、线上线下的多主体"同向同行",实现资源的有效整合。

在协同参与高校思想政治教育工作体系中,关键是高校党委要转变观念,以协同的思想,积极组织教学、学工、后勤、财务等职能部门和广大师生一起共同参与思想政治教育工作。在此基础上,建立健全多元参与的工作机制,完善信息公开、平等对话机制。各个参与高校思想政治教育工作的主体,要以开放、包容、共享的态度开展对话,达成共识,在相互支持、相互信任中协同参与,实现利益共享、补偿机制,让思政工作各个参与主体能够从中受益,进而形成稳固的多元共治模式。

二、过程协同:创新高校思想政治教育工作的协同制度体系

1. 构建思想政治工作的全面、系统协同体系

构建思想政治工作的全面、系统协同体系,高校要把营造浓厚的校园文化氛围和确立积极的价值取向放在首位,通过文化熏陶和价值引领,使之成为凝聚高校思想政治教育工作多元主体的纽带。从发展趋势上看,我国高校思想政治教育工作的协同体系建设呈现由片面化、表面化、简单化的协同转向全面的、系统性的协同体系。因此,要围绕"立德树人"高校思想政治教育工作目标,着力推动思想政治工作的系统性、全面性、协同性,加强主体协同、平台协同、场域协同和制度协同等在内的全面的、系统性的协同体系建设,建立覆盖主体、平台、场域和制度四个维度的协同体系。

2. 构建思想政治工作的多元参与工作格局

建构基于协同机制、协同主体建设、协同方法手段建设于一体的现代高

校思想政治教育工作制度，是扎实推进高校思想政治教育工作协同、实现协同有效性的关键所在。首先，在机制建设方面，构建党委集中领导、党政齐抓共管、各个职能部门组织协调、全体师生共同参与的工作机制，构建大思政工作格局。其次，在协同主体建设方面，加强学校党委的领导建设，进行顶层设计和统一谋划。发挥学校教育教学各个职能部门的作用，各个院系、学术研究机构、实验实习基地、学术社团组织的作用，提高其参与的专业性和主动性。调动全体教职员工和大学生参与的意识，形成主体合力。最后在方法手段上，借用大数据技术方法，广泛运用网络信息平台、教学实践平台，实现课程思政与思政课程相结合，理论教学与社会实践相结合，构建一体化服务育人平台、一体化育人场域、一体化育人实践，打造立体式的高校思想政治教育工作协同新模式，使大数据时代高校思想政治教育工作协同更加科学、更加有效。

3. 建立思想政治工作的协同效应评价体系

立足于我国思想政治工作协同建设的实际需求，改变从政府教育行政主管部门自上而下的传统评价模式，转向现代化"多元评价"模式。加快建立思想政治工作多元协同过程控制机制，实现高校思想政治教育工作多元协同的制度化、规范化、程序化。加快建立思想政治工作多元协同效应的综合评价体系，建立科学思想政治工作多元协同效应评价指标，构建客观效果和主观满意度兼顾的现代"多元评价"模式。

三、系统协同：开拓高校思想政治教育工作的协同场域和平台

1. 拓宽思想政治工作的协同场域

不断拓展高校思想政治教育工作的协同场域，推进高校思想政治教育工作中的"场域协同"。使高校思想政治教育工作多元主体在网络场域、社交场域、学习场域和家庭场域中实现有效合作。使教育资源、专业学科资源、社会实践资源和网络资源于一体，建设与完善贯通课堂教学、网络教学、实践教学和社会教育的立体育人模式。

在思想政治工作协同的所有场域中，网络教学和实践教学是思想政治工作的重要载体。思想政治理论课程教学和实践教学二者具有相互生成与相互制约的内在关联性，在从"思政课程"主渠道育人向"课程思政"立体化育人转化的理念与背景下，发挥网络教学和实践教学内容的功能，推动思想政

治教育工作的形式创新。

2. 搭建思想政治工作的协同平台

要着力于建设高校思想政治教育工作的协同平台，不断拓宽高校思想政治教育工作的协同平台，推动课程平台、学科平台和管理平台有机统一。从学科基本属性出发，对学术平台、学生社团、实践基地等进行顶层内容设计与制度安排，在此基础上选取相关学科门类中的若干门核心课程，制定"课程思政"实施方案，提高"课程思政"实施效果，在思想政治工作的协同平台上，促进知识体系和价值体系的有机统一、学科内容和科学方法的有机统一。

深入研究高校思政工作协同效应问题，是高校加强思想政治工作、提高思想政治工作有效性的重要前提。党中央明确提出要"使各类课程与思想政治理论课同向同行，形成协同效应"，但当前高校思政工作的协同依然存在协同机制不健全、缺乏自主运行能力、与内在协同程度低等问题。因此，要从高校思想政治教育工作全员、全过程、全方位育人的战略要求出发，基于理论与实践结合的系统视野和跨学科的综合视角，推进高校思想政治的协同工作，不断增强高校思政工作协同效应。

参考文献

一、专著

[1] 习近平. 决胜全面建成小康社会 夺取新时代中国特色社会主义伟大胜利 [M]. 北京：人民出版社，2017.

[2] 涂子沛. 大数据：正在到来的数据革命，以及它如何改变政府、商业与我们的生活 [M]. 桂林：广西师范大学出版社，2012：57.

[3] 邱伟光，张耀灿. 思想政治教育学原理 [M]. 北京：高等教育出版社，1999.

[4] 陈万柏，张耀灿. 思想政治教育学原理 [M]. 3版. 北京：高等教育出版社，2015.

[5] 刘书林. 思想政治教育学原理专题研究纲要 [M]. 北京：人民出版社，2018.

[6] [英] 迈尔-舍恩伯格，库克耶. 大数据时代 [M]. 盛杨燕，周涛，译. 杭州：浙江人民出版社，2013.

[7] 郭晓科. 大数据 [M]. 北京：清华大学出版社，2013.

[8] 陈潭，等. 大数据时代的国家治理 [M]. 北京：中国社会科学出版社，2015.

[9] 陈明. 大数据概论 [M]. 北京：科学出版社，2015.

[10] 周涛. 为数据而生：大数据创新实践 [M]. 北京：北京联合出版公司，2016：38.

[11] 成媛. 思想政治教育学原理 [M]. 上海：上海中医药大学出版社，2007.

[12] 王伟光. 开辟当代马克思主义哲学新境界 [M]. 北京：中国社会

科学出版社，2019.

［13］郑永廷．思想政治教育方法论［M］．2版．北京：高等教育出版社，2010.

［14］黄河．新媒体发展与社会管理［M］．北京：中国传媒大学出版社，2013.

［15］唐亚阳，等．网络思想政治教育学［M］．北京：人民出版社，2016.

［16］宋元林．网络思想政治教育［M］．北京：人民出版社，2012：5.

二、杂志

［17］邬贺铨．大数据时代的机遇与挑战［J］．求是，2013（4）：47-49.

［18］李希光．大数据时代的舆情研判和舆论引导［J］．思想政治工作研究，2014（1）：10-16.

［19］常宴会．思想政治教育者把握大数据时代的意义和方式［J］．思想理论教育，2022（9）：94-99.

［20］翟乐，李建森．大数据时代思想政治教育的演进理路、现实困境及实践策略［J］．思想教育研究，2022（7）：47-52.

［21］许烨．大数据时代提升高校思想政治教育实效性的策略研究［J］．湖南社会科学，2022（3）：134-139.

［22］付安玲．大数据思想政治教育价值的人学向度［J］．思想教育研究，2021（12）：48-53.

［23］王绍霞．大数据时代高校思想政治教育时效性探析［J］．学校党建与思想教育（高教版），2015（12）：23-26.

［24］冯多，李大棚．大数据驱动高校思想政治教育创新的活力、困境及进路［J］．现代教育管理，2022（7）：113-121.

［25］胡启明．大数据视域下思想政治教育研究反思［J］．思想理论教育，2020（4）：75-80.

［26］虞亚平．大数据驱动高校思想政治教育：价值定位与价值实现［J］．中国高等教育，2020（6）：31-33.

［27］崔海英．大数据时代高校网络思想政治教育的价值维度与实现方式

[J].黑龙江高教研究,2015(3):33-36.

[28] 辛宝忠,于钦明,姚凤祯.运用大数据创新高校思想政治教育工作路径探究[J].思想理论教育导刊,2019(8):138-141.

[29] 檀江林,吴玉梅.大数据时代大学生思想政治教育路径探究[J].思想理论教育(上半月综合版),2016(3):72-75.

[30] 崔建西,邹绍清.论大数据时代思想政治教育方法的创新[J].思想理论教育(上半月综合版),2016(10):83-87.

[31] 王颖,戴祖旭.大数据时代高校思想政治教育评价方式改革探究[J].学校党建与思想教育,2018(16):52-54.

[32] 王功敏.大数据时代大学生思想政治工作导向力研究[J].思想理论教育导刊,2018(2):137-140.

[33] 王卫国,陈迪明.大数据时代高校思想政治理论课创新路径探析[J].思想教育研究,2017(7):84-88.

[34] 张林茂.在大数据时代创新高校个性化思想政治教育[J].中国高等教育,2018(15):47-49.

[35] 周洁琴.大数据时代网络舆论引导策略研究[J].传播力研究,2018,2(10):237.

[36] 胡纵宇,黄丽亚.大数据时代大学生思想政治教育面临的问题及应对[J].学校党建与思想教育(高教版),2014(7):64-66.

[37] 夏晓东.大数据时代下思想政治教育面临的机遇与挑战[J].前沿,2014(19):211-212.

[38] 黄欣荣.大数据对思想政治教育方法论的变革[J].江西财经大学学报,2015(3):94-101.

[39] 金林南,王燕飞.思想政治教育环境研究的实践性思考[J].思想理论教育,2022(6):65-70.

[40] 卢忠萍,王欣.全媒体时代思想政治教育环境研究[J].思想理论教育导刊,2021(12):119-123.

[41] 郑含.高校思想政治教育环境建构的反思及优化[J].江苏高教,2021(09):110-114.

[42] 陈国青,吴刚,顾远东,等.管理决策情境下大数据驱动的研究和应用挑战——范式转变与研究方向[J].管理科学学报,2018(7):1-10.

[43] 邵长安,关欣.网络舆情数据驱动的决策模式分析[J].情报理

论与实践, 2018, 41 (5): 32-38.

[44] 张强, 余钦, 程玉莲. 新时代职业院校"三全育人"质量提升: 现实困境、学理渊源与优化路径 [J]. 职业技术教育, 2022, 43 (16): 24-28.

[45] 林江梅. 翻转课堂在高校思想政治理论课课堂中的应用研究 [J]. 学校党建与思想教育（普教版）, 2014 (11): 36-37.

[46] 叶宗波. 文化自觉: 多元文化背景下增强高校思想政治教育实效性的新向度 [J]. 学校党建与思想教育: 理论（中旬）, 2011 (8): 4-6

[47] 夏红辉, 王强. 高校网络思想政治教育的现状及对策研究 [J]. 兰州交通大学学报, 2008, 27 (2): 132-135.

[48] 仲素梅, 胡玉霞. 论新媒体时代的高校思想政治教育 [J]. 教育探索, 2009 (9): 114-115.

[49] 王永友, 宋斌. 论自媒体时代的意识形态传播 [J]. 重庆邮电大学学报（社会科学版）, 2016, 28 (1): 66-71.

[50] 潘开艳, 刘宏达. 大数据与思想政治教育研究述评 [J]. 社会科学动态, 2017 (6): 64-68.

[51] 胡翼青. 试论21世纪受众在传播中的地位 [J]. 新闻与传播研究, 2000 (4): 70-74.

[52] 张强, 程玉莲, 吉祥. "三全育人"视域下高校档案管理育人路径探析 [J]. 浙江档案, 2021 (1): 62-63.

[53] 冯春芳, 成长春. 理解网络思想政治教育涵义的新视角 [J]. 江淮论坛, 2004 (6): 153-155, 106.

[54] 刘梅. 思想政治教育的现代方式——论网络思想政治教育建设 [J]. 河南师范大学学报（哲学社会科学版）, 2000, 27 (2): 103-106.

[55] 张强. 大学生职业价值观的形成机理探析 [J]. 青年与社会（中）, 2014 (9): 33-34.

[56] 刘广明. 大学行政权力与学术权力之间边界设置的理念和方式 [J]. 北京教育（高教）, 2013 (5): 7-10.

[57] 杨克瑞. 中国高校的权力结构与监督模式 [J]. 清华大学教育研究, 2010, 31 (2): 84-87, 95.

[58] 张强. 学生画像、动态监测、行为预测: 大数据时代高校思想政治工作创新研究 [J]. 现代教育科学, 2019 (4): 65-69.

[59] 李方裕, 杨霞. 大学生思想状况分析元问题研究 [J]. 中国校外教育 (理论), 2008 (2): 2, 27.

[60] 杨茹玮. 当代大学生政治信仰现状调查与对策探析 [J]. 佳木斯教育学院学报, 2011 (2): 33, 35.

[61] 李爱华, 孙晓艳. 高校"课程思政"标准化评价体系建设的问题与对策 [J]. 科教导刊 (下旬刊), 2020 (33): 81-82.

[62] 保建云. 新时代、新思想与中国式现代化新篇章——"五个牢牢把握"的理论阐释 [J]. 人民论坛, 2022 (20): 34-37.

[63] 万传华. 论法治视野下大学生爱国行为教育的定位 [J]. 当代青年研究, 2013 (1): 85-89.

[64] 张秀云. 大数据时代的大学生思想政治教育探析 [J]. 吉林省教育学院学报 (下旬), 2015, 31 (6): 18-19.

[65] 张强, 张健明. 思想政治理论课翻转课堂育人的实践与思考 [J]. 实验室研究与探索, 2016, 35 (7): 281-283, 301.

[66] 赵玥. 高校学生骨干队伍建设研究 [J]. 吉林省教育学院学报 (学科版), 2008 (5): 110.

[67] 王海涛, 朱宇. "大思政"视野下大学生心理健康教育课程发展探析 [J]. 江西电力职业技术学院学报, 2021, 34 (4): 93-95.

[68] 吴涛, 王继元, 徐利新. 协同视阈下大学生心理健康教育体系的构建 [J]. 中国高等教育, 2015 (10): 53-55.

[69] 郑学琴. 大学生多维协同心理健康教育模式的实践与思考 [J]. 怀化学院学报, 2008, 27 (10): 116-117.

[70] 郭佳慧. 高校网络舆情引导机制研究 [J]. 图书馆学刊, 2012, 34 (9): 1-3.

[71] 黄传球, 戴锐. 网络思想政治教育环境及其建设路径探析 [J]. 山东青年政治学院学报, 2017, 33 (4): 68-72.

[72] 刘刚, 颜玫琳, 王春玺. 网络意识形态安全的隐患及其防御 [J]. 思想教育研究, 2016 (6): 78-82.

[73] 刘萍. 新媒体与高校思政教育的融合研究 [J]. 齐鲁师范学院学报, 2019, 34 (5): 50-55.

[74] 荆媛. 网络环境下高校思想政治教育工作的机遇与挑战 [J]. 教育理论与实践, 2010, 30 (36): 27-29.

[75] 白璟, 安涛. 浅谈高校网络舆情与思想政治教育工作的应对策略 [J]. 教育与职业, 2011 (30): 48-49.

[76] 董卓宁. 高校网络思想政治教育工作的实践探索——以北京航空航天大学为例 [J]. 思想教育研究, 2012 (12): 55-57.

[77] 吴坤, 吴伟. 新闻传播在思想政治教育中的作用 [J]. 新闻传播, 2017 (20): 83-84.

[78] 邱伟光. 课程思政的价值意蕴与生成路径 [J]. 思想理论教育 (上半月综合版), 2017 (7): 10-14.

[79] 王玉萍. 网络时代加强高校思想政治教育工作的探讨 [J]. 学校党建与思想教育 (高教版), 2006 (6): 55-56.

[80] 赵卫川. 创新与发展: 网络时代大学生思想政治工作的必由之路 [J]. 教育探索, 2010 (7): 135-137.

[81] 王彦丽. 运用网络平台创新大学生思想政治教育工作 [J]. 中州学刊, 2014 (7): 27-31.

[82] 杨克瑞. 中国高校的权力结构与监督模式 [J]. 清华大学教育研究, 2010, 31 (2): 84-87, 95.

三、学位论文

[83] 周琪. 思想政治教育环境论 [D]. 重庆: 西南师范大学, 2002.

[84] 李振. 大数据时代对国家信息安全的面临挑战及对策研究 [D]. 苏州: 苏州大学, 2018.

[85] 钟家伟. 大数据时代高校大学生思想政治教育方法创新研究 [D]. 牡丹江师范学院, 2022.

[86] 宁先江. 大数据时代大学生思想政治教育创新研究 [D]. 西南石油大学, 2016.

[87] 陈顿. 大数据时代高校思想政治工作路径创新研究 [D]. 成都: 电子科技大学, 2019.

[88] 朱新荣. 关于提高大学生学习积极性的研究 [D]. 郑州: 河南工业大学, 2010.

[89] 田仁波. 高校心理健康教育模式的理论研究 [D]. 重庆: 西南政法大学, 2008.

[90] 王灵芝. 高校学生网络舆情分析及引导机制研究 [D]. 长沙：中南大学，2010.

[91] 陈欣欣. 高校网络舆情疏导路径研究 [D]. 天津：天津工业大学，2017.

[92] 薛利锋. 我国大学生职业价值观教育研究 [D]. 长春：东北师范大学，2011.

[93] 刘峥. 大学生认同与践行社会主义核心价值观研究 [D]. 长沙：中南大学，2012.

[94] 朱妍妍. 新媒体对大学生思想政治教育的影响及对策研究 [D]. 信阳师范学院，2015.

[95] 王萍萍. 大学生思想政治教育微传播研究 [D]. 南京：南京师范大学，2017.

[96] 包海涛. 构建高校网络思想政治教育机制问题研究 [D]. 信阳师范学院，2013.

[97] 刘慧. 高校网络思想政治教育的现实困境及对策研究 [D]. 沈阳：沈阳师范大学，2017.

四、网址

[98] 吴晶，胡浩. 习近平：把思想政治工作贯穿教育教学全过程 [EB/OL] 新华网，2016-12-08.

[99] 中华人民共和国国家互联网信息办公室. CNNIC 发布第 46 次《中国互联网络发展状况统计报告》[EB/OL]. 中国网信网，2020-09-29.